21 世纪高职高专规划教材·汽车运用与维修系列

汽车文化（第二版）

主　编　凌永成　李美华
副主编　董　旭　王冠五
主　审　黄晓云

中国人民大学出版社
·北京·

第二版前言

Preface

汽车发明至今已经走过了100多年的发展历程，人们对汽车的认识也经历了由交通运输工具到生活必需品的转变。而且，随着越来越多的汽车进入普通家庭，中国百姓对汽车的兴趣与日俱增，汽车文化方兴未艾。

为开阔在校大学生的知识视野，丰富校园文化生活，普及汽车基本知识，传播和弘扬汽车文化，我们在2008年编撰了《汽车文化》一书。

本书是在第一版的基础上根据教育部关于高职高专汽车运用与维修专业教育目标和人才培养方案及课程教学大纲的要求撰写的。

《汽车文化（第二版）》是一本将知识性与趣味性结合为一体的有关汽车基本知识和汽车文化的教材。全书较为系统地阐述了汽车发展历程、汽车的分类与性能、汽车基本构造、汽车品牌、汽车运动、安全行车知识等知识，对汽车的设计、试验与生产过程以及汽车展览会、汽车博物馆、汽车名人、汽车网络文化等也作了充分的介绍。

本书为高等学校学生学习汽车基本知识，感受并传播和弘扬汽车文化提供了一个很好的平台。需要指出的是，虽然本书是为在校大学生准备的教材，但全书内容翔实、语言流畅、图文并茂、可读性强，对汽车行业的各类人员及广大汽车爱好者来说，本书也是一本很好的参考读物。

本书由凌永成、李美华主编，董旭、王冠五为副主编。参加编写工作的还有李雪飞、赵炬、沈越、曹师今、孟宪臣、韩瑞华、厉承玉、周大军、李明杰、于非非、王彦光、崔永刚、赵海波、王凤兰、叶旭明、王树逵等同志。

沈阳大学黄晓云教授作为主审，对全书进行了认真的审阅，并提出了许多宝贵意见，使本书结构更为严谨，在此深表感谢！

在编写本书过程中，我们参考借鉴了大量的图书和网络资料，并得到了许多专家和同行的大力支持，在此一并致谢。

由于时间仓促，作者水平有限，书中难免有疏漏和不足之处，敬请广大读者不吝指正，以便再版时修订。

为方便选用本书作为教材的任课教师授课，我们还制作了与本书配套的电子课件。有需要的教师可致信凌永成邮箱 lyc903115@sohu.com 索取，作者会无偿提供。

凌永成

2011年8月

第一版前言

Preface

汽车发明至今已经走过了100多年的发展历程，人们对汽车的认识也经历了由交通运输工具到生活必需品的转变。而且，随着越来越多的汽车进入普通家庭，中国百姓对汽车的兴趣与日俱增。

为开阔在校大学生的视野，丰富校园文化生活，普及汽车基本知识，传播和弘扬汽车文化，我们编撰了《汽车文化》一书。

《汽车文化》是一本将知识性与趣味性融为一体的有关汽车基本知识和汽车文化的教材。全书较为详细地阐述了汽车发展历程、汽车的分类与性能、汽车基本构造、汽车品牌、汽车运动及安全行车知识等内容，对汽车的设计、试验与生产过程以及汽车展览会、汽车俱乐部、自驾游等也作了充分的介绍。

本书为高等学校学生学习汽车基本知识，感受、传播和弘扬汽车文化提供了一个很好的平台。需要指出的是，虽然本书是为在校大学生准备的教材，但全书内容翔实、语言流畅、图文并茂、可读性强，对汽车行业的各类人员及广大汽车爱好者来说，同样是一本很好的读物。本书由凌永成、李美华主编，孟宪臣、厉承玉为副主编。具体写作分工如下：第1章、第2章和第6章由凌永成编写，第3章由赵炬编写，第4章由李美华编写，第5章由孟宪臣编写，第7章由李雪飞编写，第8章由厉承玉编写。

沈阳大学黄晓云教授作为主审，对全书进行了认真的审阅，并提出了许多宝贵意见，使本书结构更为严谨，在此深表感谢！

在本书编写过程中，我们参考借鉴了大量的图书和网络资料，并得到了叶旭明、王凤兰、王树逵等同志的大力支持和帮助，在此一并致谢。

由于时间仓促，水平有限，书中难免有疏漏和不足之处，敬请广大读者不吝指正，以便再版时修改。

编者

2008年4月

目录

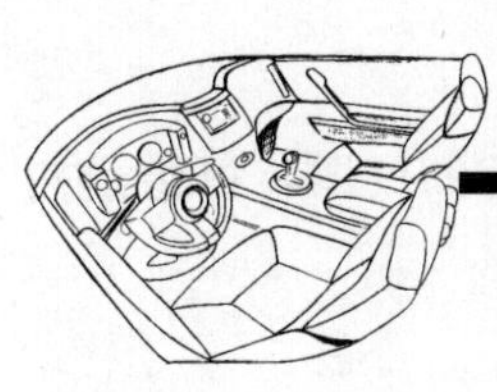

第 1 章

秉烛谈“车”——汽车史话

1.1 汽车的产生与发展

汽车作为现代高速行走机械，其发明、发展和完善经历了一个漫长的过程。下面，就让我们遵循历史的足迹走进汽车的世界吧。

1.1.1 愿望与设想时期

1. 我国的古代车辆

提到汽车的发展，追溯其渊源，可以从原始社会讲起。在那时，人们的生产劳动都是靠肩扛手提，后来在实践中发现，将圆木置于重物下拖着走，可以轻松地将重物由一个地方移到另一个地方，这便是早期的木轮运输。后来人们发现用直径大的木轮运输速度较快，于是木轮直径越来越大，逐渐演变为带轴的轮子，这就是最早的车轮雏形。

人类历史上的第一部车是中华民族的祖先发明的。据史料记载，在公元前 2000 多年的大禹时代，有一个叫奚仲的人，他发明的车由两个车轮架起车轴，车轴固定在带辕的车架上，车架附有车箱，用来盛放货物。这就是世界上的第一辆车。

最初的车辆，都是由人力来推动的，称为人力车。后来人们开始用牛、马拉车，称为畜力车。据传说，畜力车是商汤的先祖相土和王亥共同发明的。

在历代车辆发展过程中，有重要技术价值的还要数指南车和记里鼓车。

图 1—1　马钧发明的指南车（复制品）

在三国时期，有一位叫马钧的技术高明的大技师，他发明了指南车（图 1—1）。指南车是一种双轮独辕车，车上立一个木人伸臂南指。只要一开始行车，不论向东或向西转弯，木人的手臂始终指向南方。

记里鼓车（图 1—2）是早在公元 3 世纪时中国最先发明的记录里程的仪器，可惜最初结构已失传，到宋代才由燕肃重新制造成功。

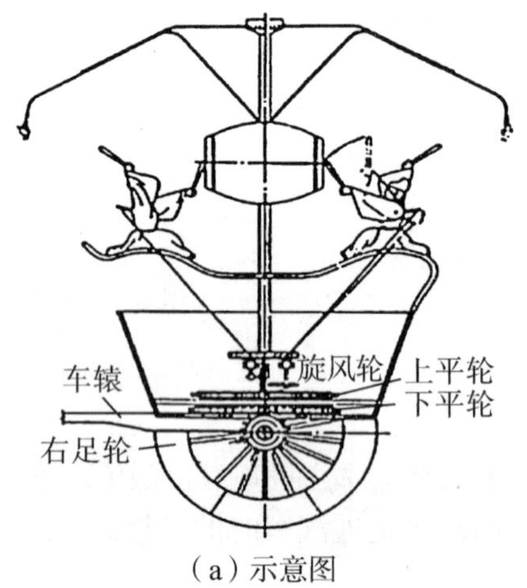

（a）示意图

（b）复制品

图 1—2　记里鼓车

指南车和记里鼓车都是利用齿轮传动原理来进行工作的。它的出现，表明 1 700 多年前我国车辆制造工程技术已达到相当的水平，是我国古代技术的卓越成就。

2. 自走式车辆的幻想与探索

一直以来，车辆都是由人力或畜力驱动，能不能发明一种机器来代替呢？也就是能不能发明一种自走式车辆呢？

带着这个问题，人类开始了不断的探索与研究。1420 年，有人制造出了一种滑轮车（图 1—3）。人坐在车内，借用人力使绳子不停地转动滑轮。车虽然走了起来，但由于人力有限，这辆车的速度就不能充分地得以发挥，比步行还要慢。

后来，大画家达・芬奇设想了一种车，利用发条机构使一个带齿的圆盘进行水平旋转，旋转的力通过带有齿轮的车轴和车轮连接起来，车就可以前进了。但他仅仅提出了设想，并没有进行实际的研究。

1649 年，德国一个钟表匠汉斯・郝丘制造了一台发条式的汽车（图 1—4）。但是这台发条车的速度不到 1.6km/h，而且每前进 230m，就必须把钢制发条卷紧一次，这个工作的强度太大了，所以发条车也没有能够得到发展。

图 1—3　滑轮车

图 1—4　发条车

到了 17 世纪后期，利用火药爆发力、蒸汽压力、活塞运动机构等技术和发明纷纷提出，终于导致1705年纽可门（Thomas Newcomen）的活塞往复运动压板式蒸汽机作为扬水泵而付诸实用。接着，在1759～1769年间，瓦特（James Watt）进一步改良了蒸汽机，将利用蒸汽冷凝产生真空从而产生动力的方式改为直接利用蒸汽压力的方式，制成了以曲轴变往复运动为回转运动的人类最初的通用动力机械，使蒸汽机进入了实用时期，同时也加速了依靠自身的动力驱动车轮回转的车辆诞生前的胎动。

蒸汽汽车是在18世纪后半期开始进入实用阶段的。到了19世纪末期已有了制作得非常精巧的汽车问世。可以说这些技术是产生今天以内燃机为动力的现代汽车的母体。从这个意义上讲，不断发展并一直延续至今的汽车的历史是与蒸汽汽车的历史密切相连的。

1.1.2　汽车早期探索时期

1. 蒸汽汽车

毫无疑问，世界上最初可载人的自备动力的车辆就是蒸汽汽车了。最早的一辆是法国人居纽（Nicolas Joseph Cugnot）在1769年制造的。这是一辆用来拉炮的蒸汽三轮车（图1—5），一个硕大的铜制锅炉被放置在前轮的前方，蒸汽通过燃烧柴禾来产生，它进入两个汽缸，使两个活塞交替运动。由于没有曲轴，故活塞的作用力通过车爪传给前轮。由于锅炉、汽缸等机件的重量都加在前轮上，使得方向操纵十分困难。

这辆车试车时时速仅3.6km/h，只行驶了1km左右就发生锅炉爆炸，汽车失去了控制，结果车仰人翻，还撞坏了路边房屋的墙壁，车子本身亦受到严重损坏。尽管如此，这毕竟使汽车朝实用化方向迈出了第一步，开创了轮式车辆用自备动力装置进行驱动的新纪元。第二年，亦即1770年，这辆车经过修整成为世界上第一辆汽车，至今珍藏在巴黎的国家技术及机械品博物馆内。

此后，各国机械师开发设计蒸汽汽车的热情高涨。进入19世纪，在实验的基础上，设计与制作都有了进步，逐渐地开始有实用的蒸汽汽车问世。1825年英国公爵古涅（Goldsworthy Gurney）制成了第一辆蒸汽公共汽车（图1—6）。这辆车的发动机装在后部，后轴驱动，前轴转向。它采用了巧妙的专用转向轴设计，最前面两个轮并不承担车重，可由驾驶者利用方向舵柄轻便地转动，然后通过一个车辕，引导前轴转动，使转向可以轻松自如。1831年古涅利用这辆车开始了世界上最早的公共汽车运营业务，在相距15km的格斯特夏和切罗腾哈姆之间作有规律的运输服务，跑完单程的时间约45min。所以这辆车也被认为是世界上最早的公共汽车。

图1—5　蒸汽三轮车

图1—6　第一辆蒸汽公共汽车

19世纪末20世纪初，蒸汽汽车使用的燃料由煤转为石油，行驶时速增加至50km/h左右，操作简便性和乘坐舒适性也大为改善。当然这些与1839年固特异（Charles Goodyear）提出的加硫橡胶的利用和1845年汤姆逊（William Thompson）发明的充气轮胎所作出的贡献是分不开的。

2. 电动汽车

就在蒸汽汽车产生的初期，已有许多人投入到对电动汽车的研制中。一般认为，1873年英国戴维森制造的四轮卡车是最早的电动汽车。19世纪80年代，在法国已制造了多辆名副其实的电动汽车。在美国，爱迪生和福特都对电动汽车的开发作出了很大贡献。19世纪90年代，电动汽车有了较快的发展，于1898年创立的哥伦比亚电气公司当时曾生产了500辆电动汽车。1899年，法国的杰那茨（Camille Jenatzy）驾驶着电动汽车创造了时速105km/h的最高车速纪录（图1—7）。

图1—7　1899年杰那茨驾驶的电动汽车

在以后的20年间，电动汽车与蒸汽汽车展开了竞争。但无论是电动汽车还是蒸汽汽车，最后都在竞争中让位于后起之秀——装有内燃机的汽车。其主要原因是电动汽车一次充电的续驶里程太短，而且蓄电池的质量和体积都很大（这一直是制约电动汽车发展的“瓶颈”问题），在车上安放电池使车内空间过于狭小。对蒸汽汽车来说，则存在给水繁琐、起动时为达到必要的蒸汽压力所需时间太长以及安全方面的缺陷等。

1.1.3　近代汽车的诞生与技术发展时期

1. 近代汽车的诞生

蒸汽汽车的缺陷促使人们寻求一种质量轻、功率大、可直接使燃料在气缸中燃烧做功的内燃机来作为汽车动力。1838年，英国人巴尼特（Barnett）研制了原始的二冲程煤气机，后来英国人克拉克（Clerk）试图进一步完善它，但都未能投入实际使用。1860年，法国人雷诺尔（Etienne Lenoir）终于制成了第一辆可供实用的常压煤气发动机，并申请了专利。当时的煤气机无压缩行程，煤气用电火花点火燃烧而产生动力。由于无压缩行程，这种发动机的热效率很低。

1862年，法国人罗彻斯（Beau de Rochas）发表了四冲程发动机循环理论（该理论今天仍为内燃机所采用），并取得四冲程的专利。

1876年，一直从事煤气机试验的德国人奥托（Nieolaus August Otto，图1—8）运用循环理论，成功试制了第一台活塞与曲轴相结合，将煤气与空气的混合气经压缩冲程后再点火燃烧的往复式四冲程煤气机，为提高内燃机特效率开辟了新途径。

这种内燃机利用活塞往复四冲程，将进气、压缩、燃烧膨胀、排气四个过程融为一体，使内燃机结构简化、整体紧凑。为了纪念奥托对内燃机发展所作的贡献，人们称这种循环为奥托循环。奥托本人的那个试制车间后来发展为赫赫有名的道依茨（DEUTZ）发动机公司。

图1—8　奥托

随着石油开始取代煤气，以及汽油汽化性好这一特点被研究者所注意，在奥托四冲程煤气机和梅巴克关于汽化器设想的基础上，1886 年戴姆勒将他制造的排量 0.46L、功率 0.82kW、转速 650r/min 的发动机（图 1—9）装在一辆据说由美国制造的马车上，最高车速达到 18km/h。这辆车被公认为世界上第一辆汽油发动机驱动的四轮汽车（图 1—10）。

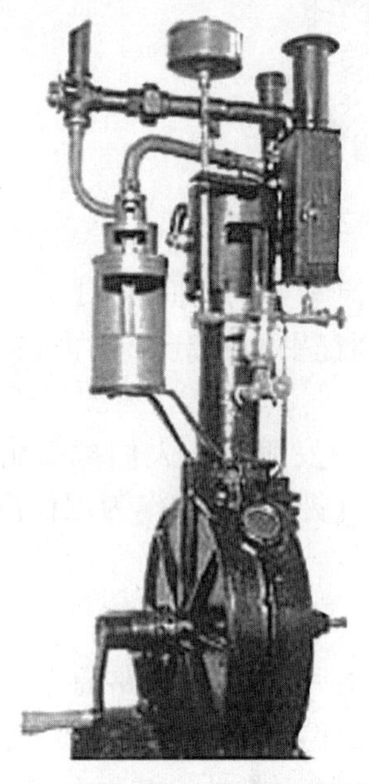

图 1—9　戴姆勒制造的汽油发动机

图 1—10　1886 年戴姆勒的装有汽油机的四轮汽车

同样在 1886 年，另一位德国人卡尔·本茨（Carl Benz，图 1—11）成功研制一台单缸二冲程汽油机，并将其装在一辆三轮车上进行了公开试车（图 1—12）。

图 1—11　卡尔·本茨

图 1—12　卡尔·本茨的妻子（贝尔塔）在试车

这辆车可以说是近代汽车的原型。该车的单缸机排量为 0.576L，输出功率约 0.52kW，转速为 300r/min，车速约 15km/h，并具备了近代汽车的一些基本特点，如：火花点火、水冷循环、钢管车架、后轮驱动、前轮转向、带制动手把等。这辆车现保存在慕尼黑科学博物馆内（图 1—13）。

图 1—13　1886 年本茨制造的装有汽油机的三轮汽车

1886 年 1 月 29 日，卡尔·本茨向德国皇家专利局申请汽车专利，同年 11 月 2 日获得批准。图 1—14 为属于卡尔·本茨的世界上第一张汽车专利证书，专利号为 37435，类别属于空气及气态动力机械类，专利名为气态发动机车。

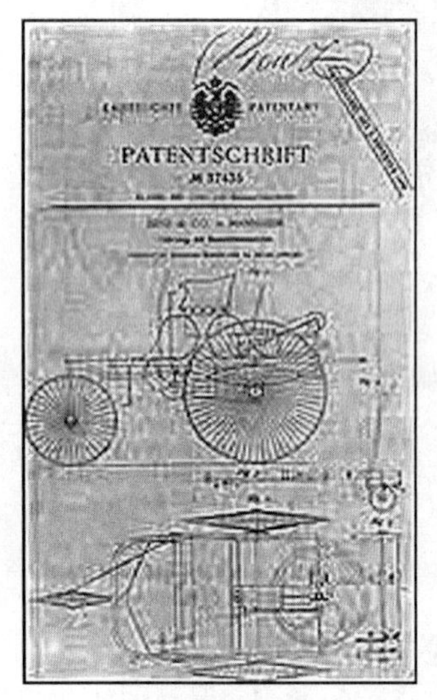

PATENTSCHRIFT

№ 37435

图 1—14　第一张汽车专利证书

为了纪念这两位天才的发明家，人们把戴姆勒和卡尔·本茨称为汽车之父，并把 1886 年作为现代汽车诞生元年。

2. 汽车的发展完善

汽车刚发明时，并没有马上在各式路面车辆中显示出很强的竞争力。20 世纪初，销量最大的还是蒸汽车，电车也比汽车发展得充分。在欧洲的城市公共交通中，有轨电车和无轨电车占据着优势地位。汽车经过几十年的发展完善，才在路面车辆中占据了主导地位。

德国人发明了汽车，但在促进汽车初期发展方面作出贡献最多的却是法国人。

1889 年法国人标致（Peugeot）研制成功齿轮变速器、差速器；1891 年法国人首次采用前置发动机后轮驱动，开发出摩擦片式离合器；1895 年法国人开发出充气式橡胶轮胎；1898 年法国的雷诺 1 号车采用了箱式变速器、万向节传动轴和齿轮主减速器；1902 年法国的狄第安采用了流传至今的狄第安后桥半独立悬架。同一时期，德国在 1893 年发明了化油器；1896 年英国首次采用石棉制动片和转向盘。

（1）发动机的完善。

在这一时期，车用汽油机逐渐完善起来。汽油气化与点火问题得到了解决。内燃机的冷却最初是用一根长而弯的管子让水循环流动来实现的。1901 年，迈巴赫发明了蜂窝状的冷却水箱，为高效率的冷却打下了基础。

早期的汽车是靠手摇转动曲轴来起动发动机的。这种方式既费力又不方便，需要有两个人配合。最初消除手摇起动的设想是将压缩空气按点火顺序依次送进各缸以使曲轴转动。压缩空气是靠发动机以前工作时带动一个气泵而储存的，除了用于起动发动机外，还可给轮胎充气及带动千斤顶工作。但是这种起动方法并不成功。

1917年，美国凯迪拉克公司研制了第一个电起动器，它是用一个小电动机带动与曲轴相联的飞轮转动来起动发动机的。这项发明的关键在于认识到电动机能在瞬时超负荷运转，所以一个小电动机就可以带动曲轴转动至发动机点火起动。

有趣的是，这项发明最初是凯特林（Kettering，图1—15）为电动点钞机设计的，却歪打正着地用到了汽车上。

图1—15 凯特林在修理一辆别克汽车

到了1930年，虽然摇动手柄仍然是汽车的一个附件，但是摇动曲轴起动发动机的事，除极偶然的情况外，已经不大出现了。

（2）传动系统的完善。

汽车靠传动轴传递功率后，在传动轴与发动机之间安置了变速箱，使发动机在一定的转速内工作，而汽车可以有不同的行驶速度。变速箱中是靠齿轮传动的，主动齿轮与发动机连接，从动齿轮与驱动轴联接，行驶中换挡由于两个齿轮转速不同而啮合困难，强行啮合就有打齿的危险。

开始人们在变速箱的前后各装一个离合器。换挡时，用这两个离合器将变速箱中的齿轮轴与发动机和驱动轴都脱开。但是由于惯性，两齿轮转速达到同步还得有一段时间，再加上两个离合器配合操纵很复杂，使行驶换挡非常困难。

1929年，凯迪拉克公司首先研制出同步器（图1—16），它是通过同步器中锥面相互摩擦使两个齿轮转速相同时才允许啮合。这样只要有一个离合器就行了，换挡时既轻便又不打齿，换挡时间也大大缩短了。

图1—16 同步器

（3）制动系统的完善。

汽车制动器开始是照搬马车上的结构，即用手刹带动一个单支点的摩擦片来抱住后轮。但是汽车所需的制动力要比马车大得多，而且汽车倒退时这种制动器常常失灵。当时一些汽车在底部安装一根拖针，当汽车在坡路上下滑时，拖针会扎入地下使车停住。

后来在车上又增加了脚刹，控制传动轴的转动。1914年开始出现轮内鼓式制动器（图1—17）。1919年，法国海斯柏诺—索扎公司制成用脚踏板统一控制的四轮鼓式制动器，并由变速箱驱动一个机械伺服机构来增加制动力，使制动效果大为改善。

1921 年，美国的杜森伯格公司又推出了液压助力器，由一个主液压缸来放大制动力；以后又出现了气动助力的制动器。制动装置逐渐形成了脚刹控制轮边制动、手刹控制传动轴制动的普遍的结构形式。

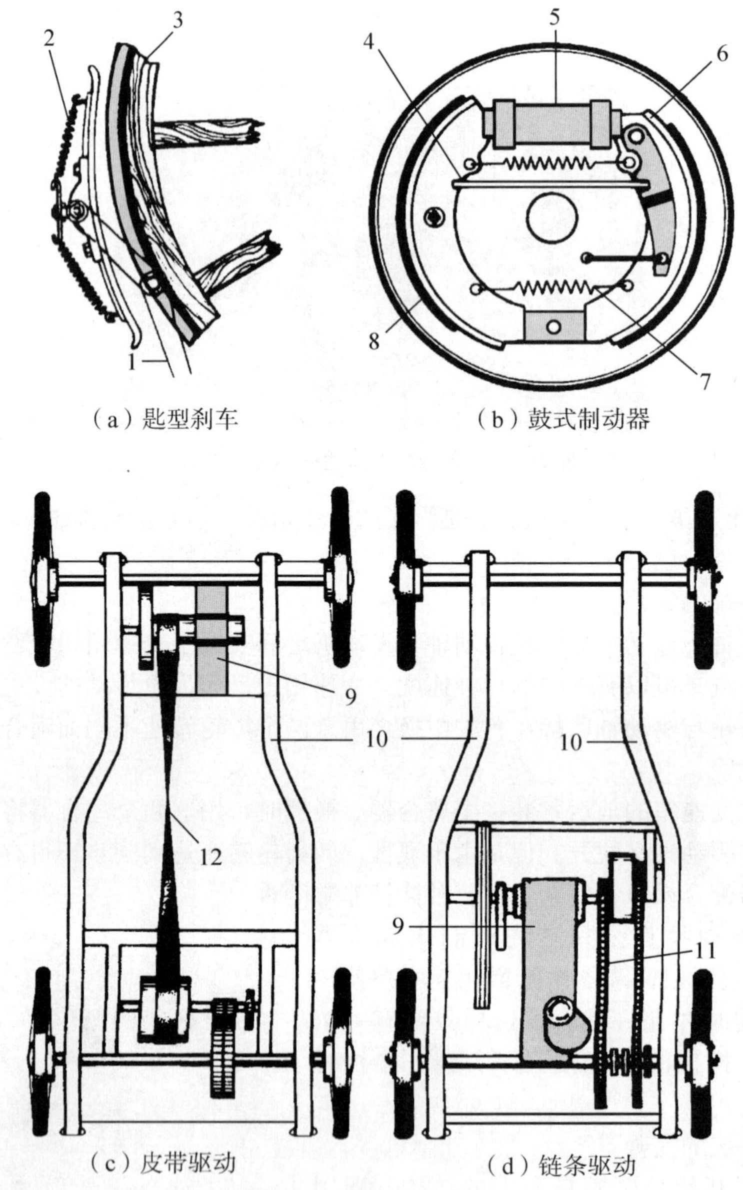

图 1—17　早期的汽车制动与传动装置

1—操作杆；2—弹簧；3—车轮；4—平衡棒；5—车轮分泵；6—制动蹄片；7—回位弹簧；8—制动鼓；9—发动机；10—底盘；11—链条；12—皮带

（4）行驶系统的完善。

初期的汽车使用实心木轮，随着发展很快大部分汽车都采用了自行车所用的辐条式的铁制车轮，外套实心橡胶轮。采用这种实心轮，当车速超过 16km/h 时，车身会跳起来，司机和乘客常被颠簸得无法忍受。这种实心轮有个非常形象贴切的名字——震骨架！

邓洛普（图 1—18）发明了用于自行车的充气轮胎后不久，1895 年，法国的米其林兄弟（Andre and Edouard Michelin，图 1—19）就制造出了用于汽车的充气轮胎。

图 1—18　邓洛普

图 1—19　米其林兄弟

当时这种轮胎虽然改善了汽车的舒适性，但漏气问题却成了司机最头痛的事。当时汽车轮子还是不可拆卸的，所以补胎和换胎都要费很多时间。为了解决这个问题，先是出现了辅助轮缘（Stepney）。当轮胎漏气后，靠这个轮缘行驶到最近的修车场去更换轮胎；后来出现了可拆卸的车轮，轮胎也分为内胎外胎两层，外胎中用金属丝予以加强，从而使轮胎寿命大大增长，更换车轮（图 1—20）也成了一件比较容易的事。到了 20 世纪 20 年代后期，一般妇女都能完成换车轮的工作。

图 1—20　更换车轮

（5）对道路建设的促进。

汽车发展起来后，公路还是由碎石和土填成的，汽车行驶时不仅颠簸，而且扬起大量尘土，后来人们发现沥青既可以消除尘土又可使路面平坦。1910 年，英国成立了“公路署”专门负责修筑沥青公路。1914 年又开始出现水泥公路。

1924 年，意大利首先建造了高速公路，当然它还达不到现代高速公路的标准。1942 年，由于战事的需要，德国修筑了符合现代标准的高速公路。

第二次世界大战之后，欧美各国都相继修筑大量的高速公路，其中美国的高速公路修得最长，达到 70 000km。

高速公路的特点是每个行驶方向都有两条以上的行车道，相反方向的行车道之间有草地或灌木的隔离带，行车道之间没有平面交叉，也没有陡坡、急弯和其他不利于汽车行驶的障碍。在高速公路上行驶的汽车车速一般都在 80km/h 以上，欧洲一些国家车速可超过 120km/h，这就使得汽车的运行效率大为提高。

3. 汽车的大量生产和销售

汽车技术的日益成熟使生产销售成为可能。1901 年，美国人奥得尔生产和销售了 425 辆奥斯莫比尔牌（Oldsmobile）轿车（图 1—21），1905 年达 6 500 辆，从此开始了汽车大量生产的新纪元。

图 1—21 奥斯莫比尔牌（Oldsmobile）轿车

1913 年，福特首先发明了科学设计的汽车流水生产线（图 1—22）并且很快被其他汽车厂商所仿效而风行一时。

图 1—22 汽车流水生产线

图 1—23 德国大众公司的甲壳虫式轿车

福特汽车公司的 T 型轿车从 1908 年到 1927 年共生产了 1 500 万辆，这一大量生产的世界纪录，到 20 世纪 60 年代才被德国大众公司的甲壳虫式轿车（图 1—23）打破。据记载，到 1923 年美国已有 2/3 的家庭拥有至少一辆轿车。

为了汽车能得到大量销售，在 1927 年以前，汽车技术集中解决经济性（包括购置、使用和维修费用在内）、可靠性和耐久性这类基本要求。例如 1915 年以前，前轮因转向而没有装设制动装置，而在这以后，出现了机械式四轮制动方式，大大提高了汽车的安全可靠性。

1926年，汽车上开始有了液压制动器。为了提高燃油经济性，这一时期汽油机的压缩比有了提高，一些载货车上采用了更省油的柴油发动机。

1905年，在美国的圣·路易斯发生了最初的汽车被盗事件，于是发明了带钥匙的点火开关。1911年发明了自动起动机，这大大方便了驾驶员，否则司机每次要下车起动汽车。雨刷、制动灯、反光镜等也逐渐在这一时期被开发和使用。

1922年，在仪表板上出现了燃油表。1929年出现了车用收音机。渐渐地，现代汽车的基本要素均已具备。

4. 注重美观和舒适的时期

在解决了汽车的有无以后，人们开始追求外形、色彩的多样化以及乘坐的舒适性、操纵的便利性。车身变得越来越长和低，车体的整体性和刚度增强，其振动和噪声水平不断下降。车型变化越来越快，各种变型车和选用款式出现。在这里，回顾一下车身的发展是很有意思的。

（1）马车型汽车。

最早出现的汽车，其车身造型基本上沿用了马车的形式，因此被称为“无马的马车”。英文Sedan就是指欧洲贵族乘用的一种豪华马车（图1—24），不仅装饰讲究，而且是封闭式的，可防风、雨和灰尘，并提高了安全性。

1908年福特推出T型车时，车身由原来的敞开式改为封闭式，其舒适性、安全性都有很大提高。福特将他的封闭式汽车（Closed car）称为Sedan。著名的福特T型车（图1—25）、1892年的标致汽车（图1—26）、1902年的梅赛德斯汽车（图1—27）和雷诺汽车（图1—28）都属于马车型汽车。

图1—24 19世纪流行于欧洲的马车

图1—25 1908年开始生产的美国福特T型轿车

图1—26 1892年的标致汽车

图 1—27　1902 年的梅赛德斯汽车

图 1—28　1902 年的雷诺汽车

（2）箱型汽车。

随着车速的提高，迎面风使乘员难以忍受，为此考虑到改变汽车的外型，出现箱型汽车。这种造型的汽车，从整体上看是四方形的，形似箱子，并装有车门和车窗，称箱型汽车。

DUESENBERG J 型轿车（图 1—29）、1928 年的奥斯汀 12 型汽车（图 1—30）和 1932 年的杜森博格 SJ 高级轿车（图 1—31）都属于箱型汽车。

图 1—29　1930 年的 DUESENBERG J 型轿车

图 1—30　1928 年的奥斯汀 12 型汽车

箱型汽车在造型中没有引进空气动力学原理，可以说是技术尚未成熟时代的产物。

图 1—31　1932 年的杜森博格 SJ 高级轿车

（3）甲壳虫型汽车。

1934 年，流体力学研究中心的雷依教授，采用模型汽车在风洞中试验的方法测量了各种车身的空气阻力，这是具有历史意义的试验。

1934 年，美国的克莱斯勒公司首先采用了流线型的车身外形（图 1—32）设计。

1937 年，德国设计天才费尔南德·波尔舍开始设计类似甲壳虫外形的汽车（图 1—33）。甲壳虫汽车不但能在地上爬行，也能在空中飞行，其形体阻力很小。波尔舍博士最大限度地发挥了甲壳虫外形的长处，使甲壳虫汽车成为当时流线型汽车的代表作。

图 1—32　1934 年的克莱斯勒气流牌轿车

图 1—33　德国大众公司的甲壳虫式轿车

此外，1940 年的林肯高级轿车（图 1—34）、1946 年的福特轿车（图 1—35）等采用流线型车身外形设计的汽车也属于甲壳虫型汽车。

从 20 世纪 30 年代流线型汽车开始普及到 40 年代末的 20 年间，是甲壳虫型汽车的黄金时代。

图 1—34　1940 年的林肯高级轿车

图 1—35　1946 年的福特轿车

（4）船型汽车。

前面提到的甲壳虫型车存在着乘员空间过分狭小、车身过长过矮、对横向风的稳定性差等问题。甲壳虫型车的全盛时期从 1934 年起，大约延续了 15 年时间。1949 年起，无论是美国还是欧亚大陆均风靡船型车身，这种车身是福特汽车公司首先推出的，既考虑了机械工程学、流体力学诸因素，又强调了以人为主体，注重乘员舒适性和驾驶员操纵性的新车型。

图 1—36 所示 1952 年的福特轿车是船型车的典型代表。此外，1952 年的别克轿车（图 1—37）、1956 年的雪佛兰轿车（图 1—38）和 1959 年的凯迪拉克轿车（图 1—39）也都属于船型汽车。

图 1—36　1952 年的福特轿车

图 1—37　1952 年的别克轿车

图 1—38　1956 年的雪佛兰轿车

图 1—39　1959 年的凯迪拉克轿车

船型车改变了以往汽车造型的模式，使前翼子板和发动机罩，后翼子板和行李舱罩融于一体，大灯和散热器罩也形成一个平滑的面，车室位于车的中部，整个造型很像一只小船，所以人们把这类车称为“船型汽车”。

船型车是设计者首次把人体工程学应用在汽车的设计上，强调以人为主体的设计思想。船型汽车不论从外形上还是从性能上来看都优于甲壳虫型汽车，而且还解决了甲壳虫型汽车对横风不稳定的问题。

从 20 世纪 50 年代开始一直到现在，不论是美国还是欧亚大陆，不管是大型车或者是中、小型车都采用了船型车身，从而使船型造型成为世界上数量最多的一种车型。

（5）鱼型汽车。

为了克服船型汽车的尾部过分向后伸出，在汽车高速行驶时会产生较强的空气涡流作用于这一缺陷，人们又开发出像鱼的脊背的鱼型汽车。

1952 年，美国通用汽车公司的别克牌轿车（图 1—40）开创了鱼型汽车的时代，而 1969 年的捷豹（Jaguar）轿车（图 1—41）则把鱼型汽车的设计推向极致。

图 1—40　1952 年生产的别克牌轿车

图 1—41　1969 的捷豹（Jaguar）轿车

如果仅仅从汽车背部形状来看，鱼型汽车和甲壳虫型汽车是很相似的。但如仔细观察，会发现鱼型汽车的背部和地面所成的角度比较小，尾部较长，围绕车身的气流也就较为平顺些，所以涡流阻力也相对较小。另一方面，鱼型汽车是由船型汽车演变而来的，所以基本上保留了船型汽车的长处，诸如车室宽大、视野开阔、车身侧面的形状阻力较小、造型更具有动感、乘坐舒适等，这些都远远地超过了甲壳虫型汽车的性能。

另外，鱼型汽车还特别地增大了行李舱的容积，所以更适合于家庭外出旅行等使用。正因为如此，鱼型汽车才得以迅速地发展。但也同时存在着一些致命的弱点：一是由于鱼型车的后窗玻璃倾斜得过于厉害，致使玻璃的表面积增大了 1～2 倍，强度有所下降，产生了一些结构上的缺陷；二是当汽车高速行驶时汽车的升力较大。

鉴于鱼型汽车的缺点，设计师在鱼型汽车的尾部安上了一个上翘的“鸭尾巴”来克服一部分空气的升力，这便是“鱼型鸭尾式”车型（图 1—42）。

图 1—42　1992 年的 porsche turbo 鱼型鸭尾式轿车

（6）楔型汽车。

为了从根本上解决鱼型汽车的升力问题，人们设想了种种方案，最后终于找到了一种楔型的设计方法。就是将车身整体向前下方倾斜，车身后部像刀切一样平直，这种造型能有效地克服升力。1963 年阿凡提（Avanti）第一次设计了楔型小客车。楔型车在高速汽车设计方面已接近于理想的造型。

现在世界各大汽车生产国都已生产出带有楔型效果的小客车，这些汽车的外形清爽利落、简洁大方，具有现代气息，给人以美的享受。未来小客车的造型必然是在楔型车的基础上加以改进。例如，把前窗玻璃和发动机罩进一步前倾，尾部去掉阶梯状，成为真正的楔型。车窗玻璃和车身侧面齐平，形成一个平面，后视镜等将通过合理的造型，以取得最低的风阻力，或者由车内的电视屏幕来代替。总之，未来的小客车的造型将更为平滑、流畅。

雪佛兰子弹头多功能轿车（图 1—43）、兰博基尼康塔什跑车（图 1—44）、法拉利 521 型跑车（图 1—45）、阿库拉 NSX 跑车（图 1—46）和 1996 年的莲花跑车（图 1—47）都是典型的楔形汽车。

图 1—43　雪佛兰子弹头多功能轿车

图 1—44　兰博基尼康塔什跑车

图 1—45　法拉利 521 型跑车

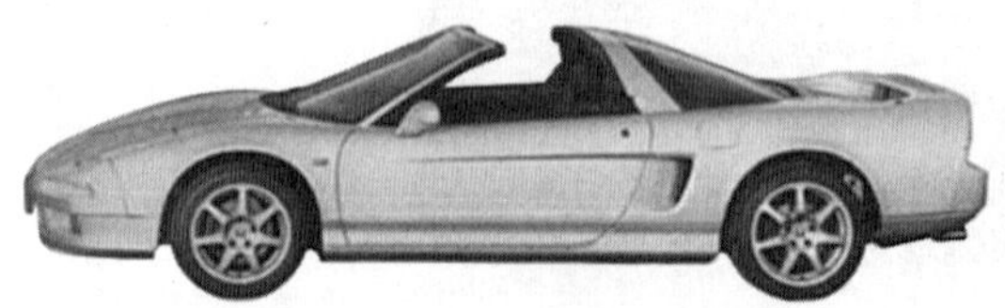
图 1—46　阿库拉 NSX 跑车

图 1—47　1996 年的莲花跑车

5. 注重节能、环保和安全的时期

汽车保有量的不断增加使汽车排放物对人类健康的危害越来越明显。公众越来越注意到环境保护问题，各国竞相制定了环境保护法规，限制汽车排放物。最早立法的是美国加利福尼亚州，规定 1961 年新车应装有防止曲轴箱窜气的装置。1966 年以后，又规定新车需符合 CO、HC 的排放浓度限值（七工况法）。

1968 年，美国联邦政府采纳了加州法规，1971 年又增加了对 NOX 的限制。环保要求对汽车技术，特别是车用发动机的技术发展起了很大的推动作用。曲轴箱强制通风系统（PCV）、废气再循环系统（EGR）、排气三元催化系统、分层燃烧系统、稀混合气燃烧系统等新措施和新技术不断推出，缓解了汽车排放对人类健康和环境的威胁。

节能是汽车技术发展的永恒课题。1973 年～1974 年以及 1979 年～1980 年两次大的能源危机，使得汽车节能得到了进一步的强调。美国生产的大排量轿车逐步为日本和欧洲生产的小排量到中等排量的汽车所取代，继而美国各大汽车制造厂家也开始缩小所生产的轿车的排量和车型尺寸。1980 年，美国公布实行的企业平均燃油经济性标准（CAFE）促进了汽车节能技术的快速发展。与此同时，寻求其他能源（代用燃料）在汽车上应用的研究也受到广泛注意，特别是甲醇燃料、液化石油气和压缩天然气燃料已有一定的商业应用。

汽车增多、车速提高以及人类对生存环境的进一步关心，促使公众越来越重视汽车的安全性。为解决安全性问题，汽车碰撞试验和设计中的人体工程学成为热门课题。

美国联邦安全委员会制定了一系列的安全法规，包括汽车碰撞时对乘员的保护、撞击时转向柱向后的位移量限制、车顶抗撞强度和侧门强度要求以及燃油系安全性要求等。

为了满足安全法规要求，汽车设计中发展了可吸收能量的转向柱和前、后保险杠；安全挡风玻璃；软化的仪表板、遮阳板、头枕；强化的前门柱和中立柱；抗撞击的车门等，从而显著提高了汽车的安全性。

1956 年，美国福特公司率先在轿车上普遍采用安全带，随后其他厂商纷纷效仿，以后则成为法定必装器具。近年来，安全性又得到新的强调，在车身结构中，提高最接近乘客处的车身骨架结构强度；制动系统中普遍采用防抱死系统（ABS），以提高制动效能和制动时的操纵稳定性；撞车时自动吹涨的安全气囊（图 1—48）逐步成为轿车的必备装置；各种安全报警装置不断为用户所接受。

图 1—48　安全气囊

6. 电子技术与计算机技术的应用

尽管在 20 世纪 80 年代以前电子技术与计算机技术已开始在汽车上得到应用，但广泛而大量地应用则是 80 年代以后的事。目前，汽车的设计靠 CAD，通过大量设计计算、方案优化，使各部分构件的设计更合理，材料利用率更高，汽车进一步轻量化，性能指标进一步提高。汽车制造靠计算机控制的柔性生产线，各种机器人保证了产品的制造质量与生产节奏，一条生产线可同时生产几种不同选择的车型。

电子技术在汽车上的应用快速增长。美国 1980 年每辆车平均装用的电子装置价值不到 300 美元，到了 1990 年这个值已增加到每辆车 872 美元。电子装置的应用改善了排气污染，节省了燃料消耗，提高了驾车、乘车的舒适性。许多操作和控制均可由电子器件自动完成。在高速公路上恒速行驶可不踩油门；行驶中遇有危险时，自动报警器会给驾驶员以提示；在车内可享受与家里一样的高仿真音响；当存在道路堵塞时，车上的电脑可指示你如何避开堵塞路段；修车这种工作可由车内的故障自动诊断系统和维修站的功能齐全的智能化检测设备完成。总之，计算机技术和电子技术的应用已成为衡量汽车水平高低的重要标志。

除了在燃料供给系统中采用电控喷射技术之外，电子控制技术还逐步渗透到内燃机的点火正时、废气再循环、可变配气正时系统中来，并与自动变速器、主动悬架、全自动空调、自动巡航、防抱死制动系统等实现协同控制，组成整车控制网络，控制系统综合化、网络化特点日益明显。

1.2　汽车工业的发展

从第一辆汽车诞生至今已有 100 多年的历史。这期间，汽车工业历经了规范化的变革，经济危机的打击和第二次世界大战后无节制地疯狂发展及市场的空前繁荣，从一国经济走向多国经济，成为世界上第一个全球性充满剧烈竞争的产业。目前，美国、日本和欧洲 3 个区域是世界汽车生产中心。

1.2.1 汽车工业的形成

具有现代汽车雏形的汽车虽然是欧洲人发明的，然而美国在汽车的推广和生产方面从一开始就超过了它的欧洲伙伴。

汽车发明之初，由于售价高昂，只是少数绅士贵族们的娱乐工具，还不能体现其交通工具的本质。从 19 世纪末到 20 世纪初，欧洲和美国相继出现了一批汽车制造公司，如德国的戴姆勒—奔驰公司（Daimler-Benz AG，1890 年戴姆勒发动机公司建立，1883 年奔驰公司和莱茵煤气发动机厂成立，1926 年两公司合并为戴姆勒—奔驰公司），美国的福特公司（Ford，1903 年创建），英国的劳斯—莱斯公司（Rolls-Royce），法国的雪铁龙公司（Citroën，1919 年在一个齿轮公司的基础上创立），意大利的菲亚特公司（Fiat，1899 年创建）等，但在当时由于技术发展还不具备生产汽车这种大型复杂机械产品的水平，加之汽车成为贵族们的奢侈品，一味追求豪华，售价昂贵，销售额不高，无论是在欧洲还是美国，都未形成具有一定规模的汽车工业。

汽车诞生于欧洲，但最早形成的汽车工业却在美国。说到汽车工业的形成，汽车大王——美国人亨利·福特（Henry Ford）功不可没。

福特于 1903 年成立了福特汽车公司，提出了将汽车由奢侈品变为人们必需品的主张，要求汽车可靠、耐用、操作简便、售价低廉、使用和维护费用低，即生产普及型汽车。此后，福特致力于普及型轿车 T 型车的开发。

图 1—49 福特 T 型车

1908 年秋，令人瞩目的福特 T 型车（图 1—49）隆重问世了。T 型车在设计思路、生产工程、零售定价、销售组织、售后服务等许多方面都采用了与众不同的方法。

T 型车的各种零件被首次设计成统一规格，实现了总成互换；在大型总装车间，钟表制造业采用的总成装配法被他发展成为了由机械传送带运送零件和工具的流水线装配法（图 1—50），极大地提高了工作效率；采用低定价（每辆车只售 850 美元，后又降至 360 美元）的销售策略，使大多数人都能购买得起；提供充足的零部件和及时的售后服务保障，消除了用户的后顾之忧；大幅度提高工人工资，以求提高工作效率、降低生产成本（1914 年，公司以不足 13 000 人生产了 730 000 辆汽车，获利 3 000 万美元）。

由于该车价格低廉、使用方便、维护容易，销售异常火爆。累计 1 500 多万辆的产量更是创造了空前的纪录，图 1—51 为第 1 500 万辆福特 T 型车下线纪念仪式。

图 1—50　福特汽车公司的装配流水线

图 1—51　第 1 500 万辆福特 T 型车下线纪念仪式

T 型车使福特获得了巨大的成功，为福特赢得了汽车大王的美誉。同时，T 型车成为普通民众的交通工具，改变了人们的生活方式、思维方式和娱乐方式，将人类带入了汽车时代。

图 1—52 为美国农民开着福特 T 型车给牛奶销售网点送货的情形。

图 1—52　美国农民开着福特 T 型车给牛奶销售网点送货

福特生产 T 型车的经验不仅为美国，甚至为世界的汽车工业发展奠定了基础。美国汽车工业的形成和发展与当时美国在资本、国民收入、石油资源、市场等各方面都优于欧洲的具体条件有关，加之美国政府十分重视国民交通工具的现代化，有意识地引导人们购买汽车，巨大的国内市场造成了美国汽车工业的大发展，通用汽车公司（General Motors）、克莱斯勒公司（Chrysler）等汽车公司纷纷建立，最多时全美国曾有181家汽车厂。

到1927年通过竞争存留了44家，其中汽车三巨头的销售量占全国汽车总销售量的90%以上。那时，欧洲由于第一次世界大战的影响，刚刚形成的汽车工业几乎停产了5年，这使得美国成为第一个以汽车工业为支柱产业的国家。美国在世界汽车生产中的霸主地位从此确立起来，这种优势直到20世纪70年代才遭到日本、西欧的挑战。

这一时期在汽车大规模生产的组织模式上出现了以福特公司为代表的全能厂模式和以通用汽车公司为代表的通过专业化协作、由一些汽车制造企业联合起来建立集中管理和销售体系的模式。以后的事实表明，后者优于前者，并为世界上许多企业所效仿。

1.2.2 汽车工业的发展

汽车工业是关联产业最广、工业技术涉及面最大的综合性工业。因此，汽车工业的发展不仅依赖于汽车行业本身的技术进步，而且取决于相关产业的技术进步、汽车工业应用这些技术的能力、世界汽车市场的容量、能源和原材料的供应、人们对环境的要求、国家政策和意外变化等。

例如，第一次世界大战中显示了汽车运输的机动性，而且还训练出了不少军用汽车的驾驶员，他们中很多人还学到了一些汽车技术，于是，在战后出现了汽车需求的迅速增长，汽车市场买卖兴隆。但时隔不久，资本主义世界的经济萧条使汽车的需求量一落千丈。

由于欧洲汽车工业发展缓慢，美国汽车大量销往欧洲，美国汽车厂家为了降低运输成本并避免整车运输造成的车身外壳损伤，就采用所谓CKD（Completely Knocked Down）方式，将美国生产的零部件运到欧洲就地装配成车出售。最早是福特公司1911年在英国建立了一个装配厂。

到了1929年，福特和通用已分别在21个国家和16个国家建立了总装厂。到1930年，欧洲各国为了保护本国的汽车工业，开始对美国汽车增加进口关税，尤其对汽车零部件进口课以重税，致使美国在欧洲各国的CKD总装厂改为全部零部件就地生产的汽车制造厂。

当时，欧洲各国的汽车制造厂虽不能在售价上与美国竞争，但它们凭借技术优势，在品种上、车型风格上、道路适应性上以及某些性能上具有特色，因此，也占据了一定的市场份额。有许多新技术，例如发动机前置前驱动、后置后驱动、承载式车身、节能型微型轿车等，都首先出现在欧洲，从而为欧洲汽车工业的大发展奠定了基础。

第二次世界大战期间，各国汽车工业均为军事目的服务，生产坦克、装甲车等军用装备和物资。这也起到了缓和美国与欧洲汽车工业竞争的作用。

第二次世界大战以后，随着经济复苏与政府支持的加强，欧洲汽车工业开始大发展。特别是联邦德国在战后仅用了5年时间，就使汽车产量达到30万辆，超过了其战前的最高水平，1960年年产量达205.5万辆，超过了英国，成为当时仅次于美国的世界第二大汽车制造国。联邦德国汽车高速发展的主要动力是将轿车迅速普及到国内劳动阶层，以国内市场为基础，同时扩大国际市场。如大众汽车（Volkswagen）公司的“甲壳虫”（Beetle）普及型车对德国轿车的普及起了关键作用。

到1973年，“甲壳虫”成了全世界的畅销车。欧洲汽车工业的大发展使世界汽车工业的重心逐步由美国移向欧洲。例如，第二次世界大战以前，西欧各国的汽车产量仅为北美（美国和加拿大）的 11.5%；到 1950 年，这一数字提高到 16%；而到 1970 年，北美仅生产 749.1 万辆，而西欧各国却超过北美产量的 38.5%，达到 1 037.8 万辆。

许多欧洲汽车厂家，如德国大众（Volkswagen）、奔驰（Benz）、宝马（BMW）、法国雷诺（Renault）、标致（Peugeot）、雪铁龙（Citroën）、意大利菲亚特（Fiat）、瑞典沃尔沃（Volvo）等，均已闻名遐迩。

总之，在这一时期汽车工业保持了大规模生产的特点，世界汽车保有量激增，汽车工业发展的重心由美国转移到西欧。汽车技术的高科技含量增加，汽车品种进一步增多。汽车工业界对于汽车造成的安全问题、污染问题在政府的督促和支持下制定了许多对策，并使汽车在结构、性能等方面都得到了大幅度提高。

1.2.3 德国汽车工业的发展

第二次世界大战前，德国汽车工业已具有很好的基础，戴姆勒—奔驰、奥迪、大众、宝马等汽车公司均形成一定规模。第二次世界大战期间，汽车工业转为为战争服务，大部分工厂遭到破坏（图 1—53）。

图 1—53 被炸成一片废墟的宝马工厂

第二次世界大战后，德国处于战败国地位，在比较困难的条件下，汽车工业仍得到较快恢复和发展，1950 年汽车产量达到 30 万辆。随着德国国内高速普及汽车以及汽车出口竞争能力不断提高，汽车产量大幅度上升。1960 年，德国汽车产量达到 200 万辆，10 年内，汽车产量增长 5.7 倍，年均增长率 21%，从此成为欧洲最大的汽车生产国和出口国。然后继续以较高速度增长，到 1971 年，汽车产量进一步达到 400 万辆。此后，由于受两次石油危机影响，汽车出口势头减慢，而进口量有较大增加，从而使汽车产量呈现下降、徘徊和低速增长状态。20 世纪 70 年代，汽车产量波动在 300 万～400 万辆之间；20 世纪 80 年代以来，汽车产量波动在 400 万～500 万辆之间，1998 年达到 570 万辆。

在德国汽车发展史上，值得一提的是"甲壳虫"汽车的发展。

20 世纪 30 年代初，德国经济危机发展到了顶点，失业率剧增，罢工运动高涨，德国政府也不断更迭。1933 年，希特勒上台执政。1934 年 1 月 17 日，著名汽车设计大师波尔舍（Porsche）向德国政府提交了一份设计一种新型的、广大群众买得起的"大众"牌轿车的建议书。波尔舍的建议得到了"汽车迷"希特勒的批准，并迅速投入设计和试制。同时，德国政府提出一项措施计划，筹建了由 34 万人集资入股的大众汽车公司。在希特勒的亲自过问下，这种大众汽车的外形被设计成甲壳虫状，因而得名"甲壳虫"。

1938 年，"甲壳虫"的最后一辆样车完成。1939 年 8 月 15 日，第一批甲壳虫汽车问世。随后，由于第二次世界大战爆发，甲壳虫牌汽车的生产中断了，这种问世不久的新型汽车第二次世界大战前总共才生产了 800 辆。

第二次世界大战后，大众汽车公司被盟国监管。1948 年，大众恢复了甲壳虫汽车的生产，但年产量仅为 1.9 万辆。由于这种汽车结构简单、价格低廉、外形可爱，而二战后人们恰好能承受该车的价格，于是需求猛增。1949 年，大众公司归还联邦德国后，进入稳定发展阶段，甲壳虫汽车开始大批量生产，到 1955 年，这种颇受市场青睐的甲壳虫车累计生产量达 100 万辆，出口到 100 多个国家。10 年后的 1965 年，由于畅销不衰、购销两旺，累计产量已达 1 000 万辆。1972 年 2 月 17 日，甲壳虫车累计生产量达 15 007 034 辆。1974 年，甲壳虫在生产了近 30 年之后，由于产品进入不可抵御的衰落期，除在其他分厂和子公司继续以日产 3 300 辆的速度生产外，在大众总部沃尔夫堡全部停产。1981 年，第 2 000 万辆甲壳虫车在墨西哥的大众分厂开下了装配线。尽管后来这种车被高尔夫新型车取代，但无论如何，甲壳虫车型仍然是世界上最畅销和最流行的车型。

德国的汽车厂总数不多，但是却个个大名鼎鼎，奔驰（Benz）、宝马（BMW）、大众（Volkswagen）、奥迪（Audi AG）、欧宝（Adam Opel AG）、波尔舍（Porsche AG，国内也称保时捷）、曼（Man AG）都是在全球范围内久负盛名的企业。

1.2.4　日本汽车工业的发展

日本汽车制造业的开山者应是吉田真太郎，1904 年他成立了东京汽车制造厂（现五十铃汽车公司），3 年后制造出第一辆国产汽油轿车“太古里 1 号”。随后日本国内出现了众多汽车制造厂，情形不亚于 20 世纪 80 年代的中国。出于军事的需要，政府颁布了《军用汽车补助法》，对汽车厂商进行扶持，这成为早年日本汽车业发展的原动力。

在第二次世界大战期间，日本的汽车工业为侵略战争服务，到 1941 年年产量 5 万辆，绝大部分是载货车。

1950 年，朝鲜战争爆发。日本的特殊地理位置使它成为美国军需的一个重要供应地，美国为不景气的日本汽车工业输血，极大地刺激了日本汽车工业的发展。

1955 年，日本通产省公布了发展国民车的大胆构想，他们提出鼓励企业发展一种供日本老百姓使用的微型汽车的计划。当时通产省的设想是：要求企业设计生产出一种 400kg 以下，时速 100km/h 以上，乘坐 4 或 2 人并可以同时携带 100kg 货物，发动机排量 350～500mL，行驶 10 万 km 无大修的汽车。而且这种汽车生产成本限制在 15 万日元以下，售价 25 万日元以下。通产省要求各汽车厂家都来投标，然后评选出优秀车型，政府给予帮助。国民车构想发布后在日本国内引起极大反响，各大汽车公司竭力想在这场竞争中分得一杯羹。

1960 年时，日本汽车年产量仅为 16 万辆，远远低于同时期美国和西欧各主要汽车生产国的产量。然而仅仅过了 7 年时间，日本汽车年产量就奇迹般达到 300 万辆，超过欧洲各主要汽车生产国产量，跃居世界第二位。

20 世纪 70 年代世界发生两次石油危机，油价的提高使欧美汽车生产厂商纷纷减产，而这时日本却以其小型轿车油耗低的特点博得了消费者的青睐，3 年时间里日本汽车出口量翻了一番。日本凭借着汽车国内销售和出口量双高速增长的现实创造了世界汽车工业发展的奇迹。丰田、本田、日产、富士重工、铃木等公司迅速成为世界级的汽车生产厂，丰田公司在1972年到1976年4年间就生产了1 000万辆汽车。1980年，日本汽车总产量达到1 104万辆，超过美国而成为世界最大的汽车生产国和出口国，日本终于成为美国和欧洲之后世界第三个汽车工业发展中心。

日本汽车工业之所以能在较短时间内赶上并超过西欧、美国，主要是他们在生产组织管理方面，在先进工艺的广泛应用方面取得了突破。丰田汽车公司提出的“丰田生产方式”就是一个典型的例证。

所谓“丰田生产方式”，就是将生产过程的各个环节联系在一起，组成一个完整体系，并以“精益思想”为根基，以寻求“消除一切浪费，力争尽善尽美”为最佳境界的新的生产经营体系。

这一体系从产品计划开始，通过制造的全过程、协作系统的协调一直延伸到用户，它一改以往制造业在大量生产方式体制下的经营思想，以“看板方式”为代表的“三及时”，即“在必要的时间——按必要的数量——生产必要的产品”作为理念精髓，以“及时生产(JIT，just in time)”——不断地降低成本、无废品、零库存和无止境的产品更新为追求目标，因而被理论界称之为“精益生产方式”。

可以说，这一思想是丰田集体智慧的结晶，它由丰田普及到日本汽车工业，又从汽车工业扩展到整个制造业，从而将日本推向汽车工业强国之列，丰田汽车公司也因此享誉全球。

日本现有汽车生产厂11家，它们是丰田、日产、本田技研、东洋工业（马自达)、三菱、铃木、大发、富士重工、五十铃、日野和日产柴油机工业公司。在全球汽车行业的排行榜中，丰田、日产紧跟通用、福特之后，列第3、4位，居克莱斯勒之前，足见日本汽车工业在世界汽车业中的分量。

1.3 我国汽车工业发展史

1.3.1 无汽车工业时期

1. 中国第一辆进口汽车

1901年慈禧庆祝66岁寿辰，直隶总督袁世凯买了一辆汽车，献给慈禧作为寿礼（图1—54)。而今，这辆珍贵的汽车——中国头号汽车古董，仍然静静地停放在北京颐和园的“德和园”，这是中国第一辆进口汽车。

经考证，该车是由设在美国马萨诸塞州的图利亚汽车与弹簧公司于1896年制造的图利亚（DURYEA）牌汽车。

这是一辆白色木质车厢、黄色木质车轮车辐条、铜质车灯、两轴四轮的敞开式古典汽车。乍看上去，就其外观与其说是一辆汽车，倒不如说它更酷似昔日的一辆四轮马车。在它的车厢内设有两排座位。前排座位是司机席，后排座

图1—54 慈禧太后的御用汽车

位则是乘客席，前排只能乘坐一人，后排可以乘坐两人。

该汽车的心脏是一台横置式气缸、7.35kW（10马力）的汽油发动机。发动机旁的齿轮变速箱将动力传递给后轴，最高时速为19km/h。前悬挂是一横置钢板弹簧，后悬挂是两个普通钢板弹簧。车厢两侧的翼子板系三合板制成。论模样，这一“老爷车”，虽与今日飞驰在公路上的当代汽车的长相相差很远，但其工作原理、发动机、悬挂系统、转向系统、传动系统已与今日汽车很接近。

1901年，上海的商人进口了两辆汽车，这是中国人使用汽车的开始。1908年，福特公司大量生产T型汽车，揭开了工业化生产汽车的帷幕，此后外国汽车源源不断地进入中国。1912年，我国汽车保有量达300辆，汽车维修业应运而生。1920年，全国汽车保有量达2 279辆，上海已有汽车维修厂29家，天津也有20来家。上海宝昌机器厂和郑兴泰机器厂先后开始制造汽车维修所需的配件，浙江、湖南、江西、山西等地也出现了生产汽车易损件的小工厂。

2. 中国第一辆国产汽车

我国第一辆汽车是1929年8月在沈阳问世的。

图1—55　张学良

1928年东北“易帜”后，辽宁迫击炮厂（沈阳五三工厂前身，在今沈阳新北站附近）厂长李宜春等人提出利用兵工厂设备制造汽车的建议。经张学良（图1—55）将军批准后，决定在辽宁迫击炮厂附设民生工厂，专门研制汽车，并以重金聘请美籍技师，集中300名汽车修理工人，拨款75万元作为研制经费。从美国购进“瑞雷”号整车一辆，作为样车，设计制造我国第一辆国产汽车。李宜春对“瑞雷”号整车进行了拆卸，然后除发动机、后轴、电路装置和轮胎等由国外进口外，对其他零件进行重新设计、制造，终于试制成功我国第一辆国产汽车。

1929年8月，我国第一辆自制的载重汽车在人们的殷切盼望中诞生了（图1—56）。此车定名为“民生牌”75型载重汽车，发动机输出功率为48.49kW，额定载质量1.82t，设计车速为25km/h。此车曾于1931年9月12日在全国道路协会主办的上海市展览会上展出，蒋介石派张群作代表参加展览会，当时的外交部长王正延、实业部长孔祥熙等亲自到会祝贺。

由于“9·18”事变，这辆汽车没能返回沈阳。民生工厂80多辆待装的汽车零件被日本侵略者掠走，工厂也被改为“同和自动车工业株式会社”。日本帝国主义入侵东三省，扼杀了中国汽车工业的萌芽。

1933年，山西省利用太原兵工厂的装备和技术，试制成两辆载货汽车。1936年，湖南省机械厂仿制美国道奇牌汽车发动机成功，并试制了两辆货车。后来都由于战乱等原因而夭折。

1936年，以中国银行为主，筹集资金160万元，成立官商合办的中国汽车制造公司，与德国奔驰公司签订合同，先以CKD方式组装柴油机货车，计划5年内达到全部国产化的目标。总厂设在湖南株洲，1937年开始建厂时，当年发生了“七·七”事变。后来该厂辗转迁至桂林、重庆，5年中只组装了一些飞鹏牌柴油货车和一些柴油机，后因无法维

图 1—56　辽宁迫击炮厂研制出中国第一台载重汽车（摄于一九二九年八月）

持而倒闭。

1939～1940 年，当时的中央资源委员会计划在昆明建立汽车制造厂，购买了美国一家汽车厂的图样和部分工装设备，所有的进口设备在运输途中被日军从越南劫走，汽车生产遂成泡影。

1937 年，我国汽车保有量达到 64 635 辆。抗日战争爆发后，沿海港口被封锁，国外汽车配件难以进口，内地汽车配件制造业得以发展。在抗战时期，汽车配件厂达到 400 余家，其中最大的是重庆中央汽车配件厂，能生产汽车配件 100 多种。到抗战胜利后，由于美国汽车和配件的倾销，迫使许多汽车配件厂停产，到 1949 年，我国汽车配件厂只有 9 家还在生产。

由上可知，新中国成立前我国没有真正的汽车工业，只有一些小型的汽车配件制造厂、汽车维修厂和客车改装厂。虽有一些仁人志士曾数次筹划发展中国的汽车工业，但是由于帝国主义的侵略、政府的腐败无能，都未能实现。

1948 年，中国汽车保有量为 69 154 辆，由于石油供应不足，许多汽车都带上一个煤气发生炉或一个大气包。直到新中国成立后我国石油工业的发展才改变了这种落后状态。

1.3.2　中国汽车工业的起步阶段

1953 年～1984 年期间是中国汽车工业的起步阶段。

新中国成立后，建立自己的汽车工业被提到重要的议事日程上来。就在 1950 年初，毛泽东主席和周恩来总理在莫斯科与斯大林会谈时，建设汽车制造厂便被作为第一个五年计划期间苏联援助中国的重要项目之一。1950 年 4 月，中央人民政府重工业部成立了汽车工业筹备组，确定在吉林省长春市建立第一汽车制造厂。

1951 年批准初步设计方案，1952 年开始进行技术设计和施工设计。1953 年 6 月，中央指示力争 3 年建成第一汽车制造厂，同年 7 月 15 日正式破土动工，并由毛泽东主席亲自题写奠基纪念（图 1—57），该奠基纪念碑至今仍保存在长春第一汽车制造厂正门（图 1—58）门前，成为所有去第一汽车制造厂参观访问的客人照相留念的必到之地。

图 1—57　毛泽东主席亲自题写的第一汽车制造厂奠基纪念

图 1—58　长春第一汽车制造厂正门（今一汽集团公司 1 号门）

1956 年 7 月 14 日，第一批解放牌 CA10 型 4t 载货汽车出厂，当年生产了 1 600 多辆。此后，经过改进设计，陆续开始生产解放 CA10B 型（图 1—59）、CA15 型等载货汽车。

图 1—59　解放 CA10B 型载货汽车

如同第一汽车制造厂的厂名和“解放”品牌一样，中国汽车在诞生伊始便被打上浓重的时代烙印。而这种非企业、非经济本身的带有政治色彩的社会责任一直贯穿了中国汽车 50 年的风雨历程。

起步初期的中国汽车步履还是很平稳的。1957 年，一汽稳步发展，生产了近 8 000 辆汽车。

全国一些较大的汽车修理厂在“破除迷信、解放思想”的号召下，投入制造汽车的热潮，全国试制成各种汽车达 200 余种。这种一哄而起的汽车热，对汽车生产的特点、规模经济效益、质量要求和技术指标等均考虑甚少，多数企业及其产品缺乏生命力，能够坚持下来的只有 5 家：南京汽车制配厂试制成跃进牌 NJ130 型 2.5t 货车，后改名南京汽车制造厂；上海汽车装配厂先后试制成 58—1 型三轮汽车和上海牌 SH760 型中级轿车，后改名上海汽车厂；上海货车修理厂试制成交通牌 SH140 型 4t 货车，后改名上海重型汽车厂；济南汽车配件制造厂仿制捷克斯洛伐克的斯可达柴油车，后改名济南汽车制造厂，并于

1960年试制成黄河牌8t柴油车；北京汽车配件厂从1958年起试制了9种车型，1963年研制BJ212型越野吉普车，成为批量生产吉普车的北京汽车制造厂。这些厂不靠国家集中投资，从中、小型汽车修配厂通过开发汽车产品和专业化合作，建成了大、中型汽车制造厂。这有别于依靠国家集中投资建设的第一汽车制造厂，开创了我国汽车工业发展的另一种模式。

1960年，全国汽车总产量已从1955年的61辆提高到22 574辆，尽管其中有“大跃进”的因素，但与日本、韩国等邻国相比，按照苏联模式发展起来的中国汽车的起点并不算低。要知道在20世纪50年代初日本本田还只会造两轮的摩托车，而韩国现代尚没有生产汽车的念头呢。

“大跃进”之后，进入3年经济困难时期，汽车产量从1960年的2.2万多辆下降到1961年的3 000多辆。中国汽车工业在逆境中谋求发展，到1963年又恢复到年产2万多辆，1965年一汽达到了年产3万辆的生产能力，其他一些汽车厂也达到年产数千辆的生产能力。直到1971年，全国汽车产量才突破10万辆，1980年才突破20万辆。而那时，日本汽车正进入跳跃式发展的急增期。

1965年，出于国际形势和国家安全等各方面的考虑，我国开始在湖北十堰筹建第二汽车制造厂。4年之后，二汽破土动工，并从一汽抽调人员援建二汽。全国500多家机床厂、大专院校和科研单位为二汽设计、制造了各种设备1万多台，以一汽为主的国内30多家工厂、企业包建二汽的各个分厂，从产品设计、工艺工装、人员培训直至调试生产完全是自力更生。1976年6月建成东风牌2.5t越野车生产基地。

东风牌EQ240 2.5t越野汽车从1968年提出方案，到1969年出样车，再到1976年正式投产（图1—60），EQ240经历了8年的开发历程，后又经过不断改进，产品品质有了较大提高。在1978年底开始的对越自卫反击战中，EQ240和EQ140开赴前线，深得部队好评。

图1—60 东风EQ240 2.5t越野汽车下线仪式

我国自行研制1984式火箭布雷车（图1—61）就是采用EQ240型6×6越野车为载具。

二汽的建成标志着我国已具备自己设计制造汽车和建设大型货车制造厂的能力。二汽所产车型是一汽刚刚研发的新型卡车（即EQ140），而一汽则继续生产“老解放”。在此后很长一段时间里，特别是20世纪80年代之后，一汽都因车型不如二汽而在市场上苦苦挣扎。直到1986年解放卡车实现垂直换型、CA141问世，才扭转了局面。

图 1—61　采用 EQ240 型 6×6 越野车为载具的 1984 式火箭布雷车

除此之外，四川汽车制造厂于 1974 年正式生产红岩牌 CQ260 型军用 6t 越野车，1968 年开始建设的陕西汽车制造厂于 1975 年投产延安牌 SX250 型 5t 军用越野车。在“文化大革命”的年代能够取得这样的发展是难能可贵的。

在中国汽车的起步阶段里，轿车也曾短暂地繁荣过。1958 年，一汽相继生产了“东风”（图 1—62）和“红旗”（图 1—63）两种轿车，并在“乘东风，展红旗，造出高级轿车去见毛主席”的口号中，把小轿车送进了中南海。

图 1—62　中国第一辆轿车——“东风”牌轿车

图 1—63　中国第一辆“红旗”牌高级轿车

图 1—64　1958 年上汽“凤凰”牌轿车

同样在 1958 年，北京汽车制造厂研制的“井冈山”牌小轿车、上海打造的“凤凰”牌轿车（图 1—64）也被作为向共和国献的礼物生产出来。轿车的第一次浪潮很快因种种原因而偃旗息鼓。从 1958 年到 1983 年，中国轿车用了 25 年的时间才将年产量突破 5 000 辆。其中，1961 年全国轿车产量仅 5 辆。

客观地说，1953 年到 1984 年中国汽车工业基本上是卡车工业，是中国汽车工业的起步阶段。

1.3.3 合资合作阶段

1984～1994 年期间是中国汽车工业与国外汽车制造商合资合作阶段。

1984 年 1 月，中国汽车的第一个中外合资企业——北京吉普汽车公司诞生了。当时的北京吉普是国内越野车企业的绝对“老大”。此后的 19 年里，这块中国汽车改革的试验田经历了兴与衰、荣与辱。

有了问路石的中国汽车很快就进入了第一轮合资浪潮。1985 年，上海大众汽车公司成立。同年，南京汽车制造厂引入了意大利菲亚特的依维柯汽车；广州汽车与法国标致的合资项目也获批准，被桎梏了 30 余年的轿车工业开始大步向前。

在 1986 年的六届四次人大会议上，“把汽车制造业作为重要支柱产业”被写进了“七五”计划。当年，全国轿车总量就突破了 1 万辆，是上一年的 2.3 倍。此后连年大幅上升，到 1994 年，轿车产量就已超过 25 万辆，上海大众这样的单一轿车生产企业也逐渐超越了一汽、二汽等大集团，成为中国汽车的领头羊。

良好的形势使国务院开始审慎研究轿车的发展。1987 年的北戴河会议上，确定了“三大三小”的总体格局，尽管现在来看计划经济的味道过浓，但其毕竟明确了轿车产业向规模化的方向发展。

1990 年，轿车产业的三大基地进一步调整。上海汽车工业总公司宣告成立。同年，投资上百亿、规划 15 万辆的一汽大众合资项目、神龙项目签约。但因种种原因，直到 20 世纪 90 年代中后期，捷达、富康才在市场上初露锋芒。

1.3.4 快速发展阶段

从 1994 年至今，是中国汽车工业的快速发展阶段。

1994 年，是中国汽车史特别是轿车史上值得纪念的一年。在这一年，左右中国汽车近 10 年的《汽车产业发展政策》出台了。虽然用目前的眼光来看，这个产业政策还有许多局限之处，但它还是解决了汽车发展中的许多问题，特别是将汽车和家庭联系到了一起。家庭汽车概念所引发的热情迅速扩散至全国，当时有 20 多个省、市将汽车作为支柱产业。而全国的主要工科大学也都开设了汽车专业，一批又一批带着汽车设计师梦想的青年人走进了汽车的殿堂。

1994 年之后，汽车消费不再受限制，但事实上，在要不要发展汽车工业，特别是是否鼓励轿车进入家庭的问题上还是有很大争议的，由于当时并没有明确鼓励汽车消费，各种税费、地方保护仍十分严重。

同时，汽车工业本身散、乱、规模小的劣势也愈发明显。如在 1995 年，全国汽车产量只有 144 万辆，尚不如国外一家汽车企业的产量多，但却分散在 122 家整车生产企业生产。其中年产量超过 10 万辆的只有 5 家，产量在 1 万至 10 万辆的有 14 家，剩下的企业平均年产只有 1 700 辆左右。

到了 1998 年，中国汽车的总产量达到了 162.8 万辆，从而成为世界上第十大汽车制造国。就在这一年，中国轿车的第二轮合资热潮开始了，上海通用、广州本田破土动工，而后别克、雅阁在中国的问世，使国产汽车的词典里又多了个“中高档轿车”的名词。

在此期间，一汽大众、神龙公司也站稳了脚跟，开始向连续多年位居国内汽车企业榜首的上海大众发出挑战。近年来，又成立了北京现代、华晨宝马、东风日产等合资汽车公司，使我国的汽车产品水平和生产能力进一步提高。

在2001年的“十五”计划中，汽车进入家庭已经被明确提出。赛欧、夏利2000等一批旨在重新定义家庭轿车的新车型涌入了市场。一时间10万元成为了界定家庭轿车的分水岭。同时，国家计委也将汽车价格放开，汽车终于从高高在上的生产资料，还原成了走进平民百姓家庭的商品。在企业层面，新的合资项目越来越多，而像吉利、奇瑞这样的民企也得以进军轿车领域。

1.3.5 成绩与不足

1. 成绩

经过近年来的快速发展，我国汽车产品的质量提高，品种增加，产品全面更新换代。基本车型品种发展到六大类103种，改装车品种发展到六大类800多种。其中，斯太尔、东风和奔驰重型车、依维柯、五十铃和一汽轻型车、大发、铃木微型车、桑塔纳、奥迪、切诺基、夏利轿车、康明斯发动机等产品，都达到20世纪70年代末80年代初的国际水平；解放、东风、黄河、跃进等老产品经过消化、吸收和引进技术自行设计改造，产品全面更新换代，产品质量有了显著提高，基本上满足了市场多层次的需要。

经过近年来的快速发展，我国汽车产品构成趋向合理，与国外发达国家的差距缩短了。在重点引进的重型、轻型和微型车技术中，铃木、大发微型车已形成批量生产能力，轻型车基地建设已全面铺开；重型斯太尔和东风重型车项目已建成投产；轿车及其零部件工业也有了实质性进展。形成了一汽、东风、重型、南汽、上海、北京、天津、沈阳8个主要的汽车工业生产基地，其中上海、一汽和东风公司在1993年全国500家大、中型企业按销售额排序中进入了前10名，机械工业1993年百强企业前10名中有8家汽车企业，提高了汽车工业在国民经济中的地位。

截止到2010年11月，我国汽车产业的总体布局见表1—1。

表1—1　　我国汽车产业布局

制造商	车型
第一汽车集团	一汽轿车：红旗明仕、红旗世纪星、红旗旗舰
	一汽一大众：奥迪A6、宝来
	天津一汽：夏利、威乐、威姿
	一汽丰田：花冠、威驰
	一汽华利：特锐、幸福使者
	一汽马自达：马自达6
上海汽车集团	上汽一大众：帕萨特、POLO、四门高尔、桑塔纳超越者、普通桑塔纳
	上汽通用：别克GL8、别克赛欧、别克君威、别克凯越、荣威
	上汽通用五菱：轻型车、SPARK
东风汽车集团	东风雪铁龙：爱丽舍、毕加索、塞纳、富康
	东风标致：标致307、标致206
	东风日产：蓝鸟、天籁、阳光、颐达、骊威
	东风锐达起亚：千里马、嘉华
	东风本田：东风本田CR-V

续前表

制造商	车　型
北京汽车集团	北京吉普：大切诺基、Jeep2500、帕杰罗 SPORT、欧兰德
	北京现代：伊兰特、索纳塔
华晨汽车	华晨金杯：中华尊驰、中华骏捷、中华 FRV、金杯客车系列
	华晨宝马：国产宝马 325、国产宝马 318i、国产宝马 5 系
长安汽车	长安福特：嘉年华、豪迪欧、新豪迪欧
	长安铃木：羚羊、奥拓、奔奔
石家庄双环	双环来宝
华泰汽车	特拉卡
中兴汽车	中兴 SUV
郑州日产	帕拉丁
长城汽车	长城赛弗、长城哈弗 SUV
哈飞汽车	路宝、中意、赛马
南京菲亚特	周末风、派利奥、西耶那
奇瑞汽车	奇瑞 QQ、奇瑞旗云、东方之子
广州本田	雅阁、飞度、奥德赛
吉利汽车	豪情、华普飚风、美人豹、金刚、熊猫、帝豪
江铃	陆风、全顺
海南马自达	普力马、福美来
昌河汽车	北斗星、爱迪尔
东南汽车	菱帅、菱绅
长丰猎豹	猎豹、飞腾

纵观我国汽车工业的发展历程，尽管遭受了各种艰难险阻，但经过多年建设，特别是近十几年来在改革开放的方针指引下加快发展，已经初步建立了一定规模具有中国特色的汽车工业体系，取得了不少经验和教训，培养了一大批从事汽车研究、设计、生产、管理的人才，这些都为我国汽车工业的腾飞奠定了基础。

2. 不足

中国汽车工业虽然取得了长足的发展，但是，目前至少有三大问题制约着我国汽车工业的发展。

(1) 中国汽车企业仍不具备自主开发能力，这也是中国汽车业最大的软肋。

有关专家认为，以 2003 年为例，上市的数十款新车大部分是合资公司通过 CKD（全散件组装）和 SKD（半散件组装）的方式快速推向市场的，汽车特别是轿车的新产品开发和推出的重要环节基本上被外商所控制。我国汽车企业有沦为跨国公司附庸的危险。

在业内为我国汽车工业应采用韩国模式（产业主导型即自主开发型）还是巴西模式（产业依附型即外资主导型）争论不休的时候，为了短期的利润等考虑，我国汽车工业事实上已不自觉地转向了巴西模式。上海大众和一汽大众这两个我国最大的轿车生产企业都是德国大众公司的子公司。广州本田和上海通用也成为日本本田和美国通用在全球赢利最高的子公司。在汽车企业的成本中，有很大一部分是购买外方的汽车零部件和付给外方的技术开发费用。而且，在汽车企业所赚取的巨额利润中，外方还要再分走一大块。

在目前政策上不允许外方控股的情况下，跨国公司出于自身全球战略和占领我国汽车市场的考虑，有意削弱合资企业中我方自主开发汽车新产品的能力，并控制技术开发的关键环节，以取得合资企业的实际控制权。在基本上没有轿车整车开发能力的情况下，汽车合资企业中，中方随时会处于尴尬境地。国内汽车市场已成为世界几大跨国公司角逐的天下，这已成为影响我国汽车产业发展的重大隐患。

（2）汽车产业存在多年的散乱局面仍未改观。

汽车工业是规模效应比较突出的行业。从世界汽车工业的发展历史看，汽车企业数量不断减少并向寡头企业集中是一个发展趋势。

但是，专家指出，目前我国的汽车整车制造企业却多达100多家，全国有27个省（市）生产汽车，有17个省（市）生产轿车，有23个省（市）已建成轿车生产线，不少地方政府都把汽车工业作为本地区支柱产业。在汽车工业赢利效应的示范下，新的汽车项目纷纷上马。由于整个汽车工业竞争不充分，汽车项目赢利过于容易，导致跨地区的兼并重组仍存在较高的成本，政府主导型投资行为和地区间封锁仍较为严重。

（3）汽车消费环境仍有待改善。

近两年国家将“鼓励汽车进入家庭”作为扩大内需的政策之一，先后出台了汽车信贷消费政策、放开汽车价格、清理各种汽车收费项目等多项利好政策，使汽车进入家庭的时间明显提前。但汽车消费政策酝酿了十多年仍未出台，汽车税费过高和搭车收费及不合理收费等现象仍较为严重；抑制汽车暴利、与国际惯例接轨和维护消费者权益的汽车召回制度在汽车业界的反对下一再流产；国家机关公务用车改革阻力重重；汽车产业政策摇摆不定的情况也时有出现。这些都成为汽车业进一步发展的障碍。

1.4 未来汽车与汽车工业

1.4.1 未来汽车

与物种进化一样，任何工业产品、工程系统都要经历孕育期、发展期、成熟期的演化过程，汽车也不例外。

从汽油机汽车诞生起尽管有100多年的历史，但由于世界经济发展的不平衡，时至今日，像中国这样的发展中国家对汽车的需求还刚处于急剧上升的阶段。到目前为止，还没有出现一种能与汽车竞争的，快速、机动、灵活、舒适而适合个体和小群体活动的陆上交通工具。因此，在可以预见的将来，汽车将仍是人类活动必不可少的重要工具。

然而，未来的汽车终究会不同于今天的汽车，这也是历史发展的必然。未来汽车的发展方向大致如下：

1. 造型美丽

现代科学技术与现代艺术结合，产生了一门新兴学科——技术美学。技术美学使汽车不仅是一种良好的交通工具，更是一种具有很高美学价值的工艺美术品。技术美学应用于汽车设计，根据人机工程学的要求，从汽车内部进行车身艺术造型的设计；在满足汽车空气动力学要求的前提下，运用生物工程学的理论对汽车外形进行艺术雕琢，将使未来的汽车造型更加美丽。图1—65为德国奔驰汽车公司设计的鱼型仿生车，造型圆润，线条流畅，甚是好看。

(a)　奔驰鱼型仿生车（左前）

(b)　奔驰鱼型仿生车（右后）

图1—65　奔驰鱼型仿生车

2. 新材料

新材料的开发和应用将使未来汽车的车身更轻，速度更快，性能更好。绝热陶瓷材料、纳米材料、高性能复合材料将会越来越多地应用到汽车上，使未来汽车的总体水平上升到一个全新的高度。

另外，未来汽车生产所消耗的材料将会进一步节约，并广泛采用具有可回收性的材料，以利于循环经济的发展。

3. 智能化

未来的汽车作为智能交通运输系统（Intelligent Transportation System，简称ITS）的一个组成部分，将更聪明，更加智能化。

智能汽车是许多高新技术综合集成的载体。它包括公共交通支援系统、导航系统、安全驾驶系统、救援系统、自动避撞系统等。图1—66为智能汽车导航系统的组成示意图。

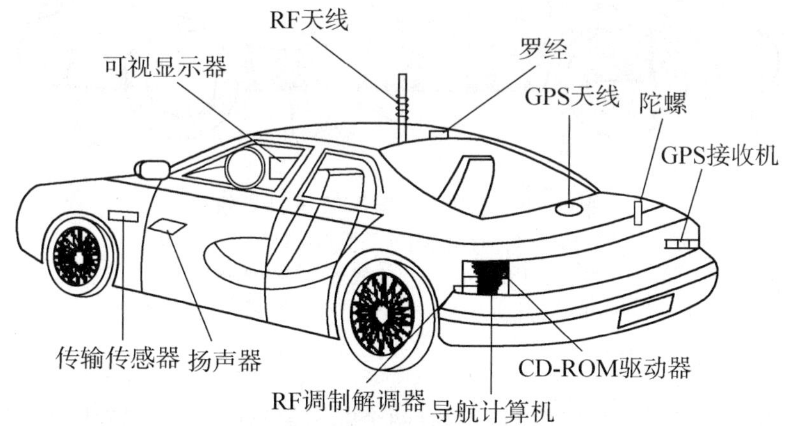

图1—66　智能汽车导航系统的组成示意图

4. 零污染

未来的汽车将是节约能源、对环境污染极小或是零污染的“绿色汽车”。到目前为止，比较有发展前途的“绿色汽车”有零排放车（如电动汽车或太阳能汽车）或排放极小的以天然气、液化石油气、甲醇或氢气等为燃料的汽车。

（1）电动汽车。

电动车或电动汽车是指以电动机为驱动机械，并以蓄电池为能源的车辆（不包括沿轨道和供电架线行驶的有轨电车或无轨电车等）。

电动车是目前可以达到零排放标准的机动车，有混合动力电动汽车（图 1—67）、燃料电池电动汽车等多种。

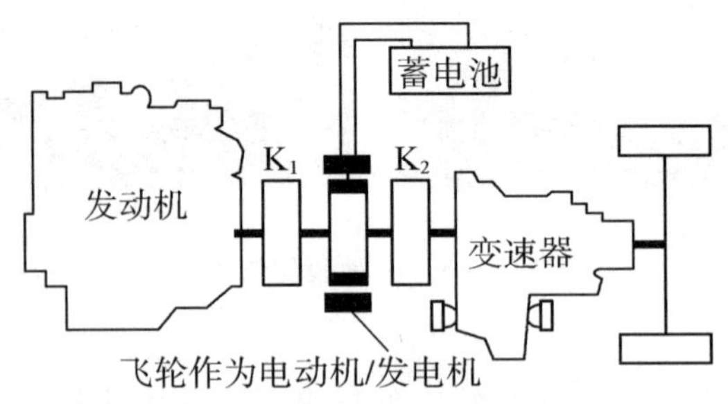

图 1—67　串联混合动力驱动汽车的构成

（2）太阳能汽车。

严格地说，太阳能汽车也是电动汽车。普通电动汽车的储能装置是蓄电池，它通过从电网充电的方式获得能源。太阳能汽车一般也装有蓄电池，但它通过太阳能吸收板上的光电转换器件将太阳能变为电能对电池实行浮充。

（3）多燃料汽车。

图 1—68 所示为美国福特公司最近开发的金牛座 3.0L 多燃料轿车，该车既可使用甲醇，又能使用乙醇，也可使用醇类燃料与无铅汽油任意比例的混合燃料。

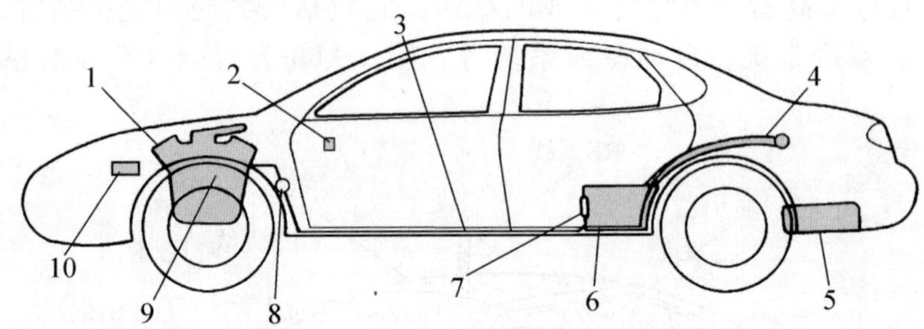

图 1—68　福特金牛座 3.0L 多燃料轿车

1—缸体加热器；2—酒精百分比含量显示表；3—特弗隆外绕不锈钢燃料管道；4—防虹吸加料管总成；5—4L 蒸气储存罐；6—有涂层的钢体燃料箱；7—燃料输送组件；8—电容式燃料成分传感器和混合器总成；9—可烧酒精燃料的 3.0L6 缸灵活燃料改型发动机；10—甲醇/乙醇动力系统校正专用控制模块

（4）氢气汽车。

研究氢气作为内燃机的替代燃料，具有两个非常突出的特点：首先，氢气可用水来制取，并且氢气燃烧后又生成水，这种快速的资源循环，使得氢能源取之不尽、用之不竭，这决定了氢气将在未来可耗尽资源消耗殆尽时起主导作用；其次，氢气是非常理想的清洁燃料，燃烧生成水，无 CO_2、CO、HC、碳烟等污染物质。所以，目前世界上各国都纷纷投入大量人力、物力和财力从事这方面研究。

德国宝马汽车公司（BMW）在液氢汽车研发方面一直处于领先地位，图 1—69 所示即为该公司推出的使用液态氢的 Hydrogen 7 轿车。

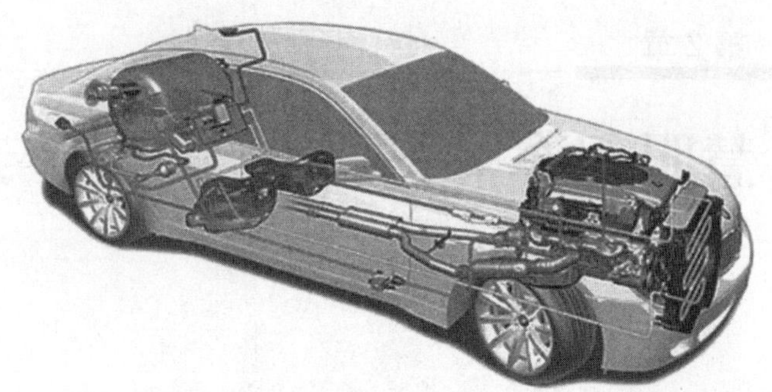

图1—69　BMW推出的使用液态氢的Hydrogen 7轿车

1.4.2　未来的汽车工业

汽车工业的发展主要是轿车工业的发展，而轿车市场的容量取决于人民总数和轿车普及率。根据社会经济的发展趋势，发达国家要继续发展，发展中国家要迎头赶上发达国家的经济和生活水平，全世界的轿车普及率必然会不断提高。由此可知，汽车工业的发展前景是远大的。

如前所述，汽车工业从美国首先发展，其后重心转移，经欧洲到日本，现在正向发展中国家进一步转移。今后，东南亚地区将是世界汽车工业的重要投资区，世界汽车的新增产量将有相当一部分源出于此。韩国商工部制订了汽车工业中长期发展计划，大力发展汽车产业。我国近来也制定了汽车工业产业政策，确定了使轿车进入家庭的方针。

汽车生产国际化在今后将更加突出。现在美国的通用、福特、日本的丰田、日产、德国的大众、奔驰几乎在各大洲均有其生产厂家。新出现的大规模生产的汽车厂多少都会与世界级的几家汽车巨头有关联，或全资，或技术引进，或获得生产许可证等。这种运作方式既是由汽车生产技术的开发特点所决定的，也是防止局部市场波动对企业效益影响的一种措施。

未来汽车工业的另一特征将是高新技术含量的进一步增加，从最近的发展看汽车中所用的各种传感器，计算机专用芯片等已构成了汽车零部件中的重要组成部分，其产值所占的比例迅速上升。汽车业已经并将进一步成为电子产品消耗的一个大户。

从汽车生产本身来说，机器人的使用将变得普遍，品种可变度大的柔性生产线将全面取代过去品种单一、限定性大的刚性生产线。

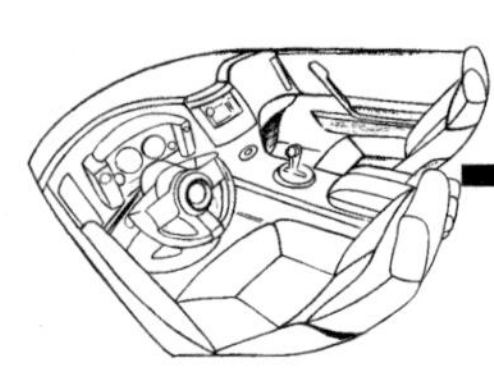

第 2 章

慧眼识车——汽车的分类与性能

2.1 我国汽车分类

汽车（motor vehicle，automobile）是由自身的动力装置驱动，具有4个或4个以上车轮的非轨道承载车辆，其主要用途是载运人员和（或）货物。

汽车的类型较多，分类方法也很多，通常可按其用途、动力装置类型、行驶道路条件、行驶机构的特征、发动机位置及驱动形式、乘客座位数及汽车总质量等进行分类。

2.1.1 按用途分类

根据国家标准 GB/T3730.1—1988 的规定，按用途不同，汽车分为普通运输汽车、专用汽车和特殊用途汽车等类型。

1. 普通运输汽车

普通运输汽车可分为轿车、客车和货车，并按照各自的主要特征参数分级，即轿车按照发动机的工作容积（排量）、客车按照车辆的总长度、货车按照汽车的总质量分级。

（1）轿车。

轿车是供个人使用的、载运少量乘员（2～9 人）的汽车，其分级见表 2—1。

表 2—1　　轿车的分级

轿车分级	发动机工作容积（排量）/L	图例
微型轿车	小于或等于 1.0	图 2—1
普及型轿车	1.0～1.6（包含）	图 2—2
中级轿车	1.6～2.5（包含）	图 2—3
中高级轿车	2.5～4.0（包含）	图 2—4
高级轿车	大于 4.0	图 2—5

图 2—1　奇瑞 QQ 微型轿车（排量 0.8L）

图 2—2　捷达普及型轿车（排量 1.6L）

图 2—3　桑塔纳志俊中级轿车（排量 1.8L）

图 2—4　别克君威中高级轿车（排量 3.0 L）

图 2—5　红旗元首级 HQE 高级轿车
（V12 型发动机排量 6.0 L）

（2）客车。

客车是供公共服务用的、载运较多乘员（9 人以上）的汽车，其分级见表 2—2。

表 2—2　客车的分级

客车分级	车辆总长度/m	图例
微型客车	小于或等于 3.5	图 2—6
轻型客车	3.5～7.0（包含）	图 2—7
中型客车	7.0～10（包含）	图 2—8
大型客车	10～12（包含）	图 2—9
特大型客车	指铰接式客车与双层客车	图 2—10，图 2—11

图 2—6　长安之星 6350 型微型客车

图 2—7　沈阳金杯 SY6480A1C-ME 型轻型客车

图 2—8　金龙海格 H8（KLQ6858）型中型客车

图 2—9　郑州宇通 ZK6120HY1 型大型客车

图 2—10　中大 YCK6140HG 特大型高档豪华客车

图 2—11　北京京华 BK6180D 型特大型铰接客车

（3）货车。

货车是用于载运货物的运输汽车，其分级见表 2—3。

表 2—3　　货车的分级

货车分级	汽车总质量/t	图例
微型货车	小于或等于 1.8	图 2—12
轻型货车	1.8～6.0（包含）	图 2—13
中型货车	6.0～14（包含）	图 2—14
重型货车	大于 14	图 2—15

图 2—12　昌河福瑞达 CH1020E 微型货车

图 2—13　沈阳金杯 SY1040BL6S 轻型货车

图 2—14　东风 EQ1088TZ 中型箱式货车

图 2—15　解放 J6 重型货车

现行国家标准《GB/T3730.1—2001 汽车和挂车类型的术语和定义》(替代 GB/T3730.1—1988) 将汽车分为乘用车和商用车两大类。

所谓乘用车 (passenger car) 是指在设计和技术特性上主要用于载运乘客及其随身行李和临时物品的汽车，包括驾驶员座位在内最多不超过 9 个座位，它也可以牵引一辆挂车。乘用车包括普通乘用车、活顶乘用车、高级乘用车、小型乘用车、敞篷车、舱背乘用车 (这 6 种俗称轿车)、旅行车、多用途乘用车 (MPV)、短头乘用车、越野乘用车、专用乘用车 (旅居车、防弹车、救护车和殡仪车) 等。

现行国家标准《GB/T3730.1—2001 汽车和挂车类型的术语和定义》是依据国际标准 (ISO3833) 制定的，实现了与国际接轨。同时，废除了"轿车"的提法，改称为"乘用车"，使汽车回复到代步工具的本真地位，也有助于消除"人分高低贵贱"的传统等级观念，促进社会和谐。

现行国家标准对乘用车的详细分类见表 2—4。

表 2—4　乘用车的分类

序号	术语	定义
1	普通乘用车 saloon (sedan)	车身：封闭式，侧窗中柱有或无。 车顶 (顶盖)：固定式，硬顶。有的顶盖一部分可以开启。 座位：4 个或 4 个以上座位，至少两排。 后座椅可折叠或移动，以形成装载空间。 车门：2 个或 4 个侧门，可有一后开启门。

续前表

序号	术语	定义
2	活顶乘用车 convertible saloon	车身：具有固定侧围框架的可开启式车身。可开启式车身可以通过使用一个或数个硬顶部件和/或合拢软顶将开启的车身关闭。 车顶（顶盖）：车顶为硬顶或软顶，至少有两个位置：1. 封闭；2. 开启或拆除。 座位：4 个或 4 个以上座位，至少两排。 车门：2 个或 4 个侧门。 车窗：4 个或 4 个以上侧窗。
3	高级乘用车 pullman saloon (pullman sedan) (executive limousine)	车身：封闭式。前后座之间可以设有隔板。 车顶（顶盖）：固定式，硬顶。有的顶盖一部分可以开启。 座位：4 个或 4 个以上座位，至少两排。后排座椅前可安装折叠式座椅。 车门：4 个或 6 个侧门，也可有一个后开启门。 车窗：6 个或 6 个以上侧窗。
4	小型乘用车 coupe	车身：封闭式，通常后部空间较小。 车顶（顶盖）：固定式，硬顶。有的顶盖一部分可以开启。 座位：2 个或 2 个以上的座位，至少一排。 车门：2 个侧门，也可有一个后开启门。 车窗：2 个或 2 个以上侧窗。
5	敞篷车 convertible (open tourer) (roadster) (spider)	车身：可开启式。 车顶（顶盖）：车顶可为软顶或硬顶，至少有两个位置：第一个位置遮覆车身；第二个位置车顶卷收或可拆除。 座位：2 个或 2 个以上的座位，至少一排。 车门：2 个或 4 个侧门。 车窗：2 个或 2 个以上侧窗。
6	舱背乘用车 hatchback	车身：封闭式，侧窗中柱可有可无。 车顶（顶盖）：固定式，硬顶。有的顶盖一部分可以开启。 座位：4 个或 4 个以上座位，至少两排。后座椅可折叠或可移动，以形成一个装载空间。 车门：2 个或 4 个侧门，车身后部有一仓门。
7	旅行车 station wagon	车身：封闭式。车尾外形按可提供较大的内部空间。 车顶（顶盖）：固定式，硬顶。有的顶盖一部分可以开启。 座位：4 个或 4 个以上座位，至少两排。座椅的一排或多排可拆除，或装有向前翻倒的座椅靠背，以提供装载平台。 车门：2 个或 4 个侧门，并有一后开启门。 车窗：4 个或 4 个以上侧窗。

续前表

序号	术语	定义
8	多用途乘用车 multipurpose passenger car (multipurpose vehicle)	上述序号 1～7 车辆以外的，只有单一车室载运乘客及其行李或物品的乘用车。但是，如果这种车辆同时具有下列两个条件，则不属于乘用车： 条件 1：除驾驶员以外的座位数不超过 6 个；只要车辆具有可使用的座椅安装点，就应算“座位”存在。 条件 2：P－（M＋N×68）＞N×68 式中：P——最大设计总质量； M——整车整备质量与 1 位驾驶员身体质量之和； N——除驾驶员以外的座位数。
9	短头乘用车 forward control passenger car	一种乘用车，它一半以上的发动机长度位于车辆前风窗玻璃最前点以后，并且方向盘的中心位于车辆总长的前四分之一部分内。
10	越野乘用车 off-road passenger car	在其设计上所有车轮同时驱动（包括一个驱动轴可以脱开的车辆），或其几何特性（接近角、离去角、纵向通过角，最小离地间隙）、技术特性（驱动轴数、差速锁止机构或其他型式机构）和它的性能（爬坡度）允许在非道路上行驶的一种乘用车。
11	专用乘用车 special purpose passenger car	运载乘员或物品并完成特定功能的乘用车，它具备完成特定功能所需的特殊车身和（或）装备。 例如：旅居车、防弹车、救护车、殡仪车等。
	旅居车 motor caravan	旅居车是一种至少具有下列生活设施结构的乘用车： —座椅和桌子； —睡具，可由座椅转换而来； —炊事设施； —储藏设施。
	防弹车 armoured passenger car	用于保护所运送的乘员和（或）物品并符合装甲防弹要求的乘用车。
	救护车 ambulance	用于运送病人或伤员并为此目的配有专用设备的乘用车。
	殡仪车 hearse	用于运送死者并为此目的而配有专用设备的乘用车。

注：定义中的车窗指一个玻璃窗口，它可由一块或几块玻璃组成（例如通风窗为车窗的一个组成部分）。

所谓商用车（commercial vehicle）是指在设计和技术特性上用于运送人员和货物的汽车，并且可以牵引挂车。商用车包括客车（小型客车、城市客车、长途客车、旅游客车、铰接客车、无轨电车、越野客车、专用客车）、半挂牵引车、货车（普通货车、多用途货车、全挂牵引车、越野货车、专用作业车、专用货车）等。

现行国家标准对商用车的详细分类见表 2—5。

表 2—5　　商用车的分类

序号	术语	定义
1	客车 bus	在设计和技术特性上用于载运乘客及其随身行李的商用车辆，包括驾驶员座位在内座位数超过 9 座。 客车有单层的或双层的，也可牵引一挂车。
	小型客车 minibus	用于载运乘客，除驾驶员座位外，座位数不超过 16 座的客车。
	城市客车 city-bus	一种为城市内运输而设计和装备的客车。这种车辆设有座椅及站立乘客的位置，并有足够的空间供频繁停站时乘客上下车走动用。
	长途客车 interurban coach	一种为城间运输而设计和装备的客车。这种车辆没有专供乘客站立的位置，但在其通道内可载运短途站立的乘客。
	旅游客车 touring coach	一种为旅游而设计和装备的客车。这种车辆的布置要确保乘客的舒适性，不载运站立的乘客。
	铰接客车 articulated bus	一种由两节刚性车厢铰接组成的客车。在这种车辆上，两节车厢是相通的，乘客可通过铰接部分在两节车厢之间自由走动。 这种车辆可以按两节刚性车厢永久联结，只有在工厂车间使用专用的设施才能将其拆开。
	无轨电车 trolley bus	一种经架线由电力驱动的客车。 这种电车可指定用作多种用途。
	越野客车 off-road bus	在其设计上所有车轮同时驱动（包括一个驱动轴可以脱开的车辆）或其几何特性（接近角、离去角、纵向通过角，最小离地间隙）、技术特性（驱动轴数、差速锁止机构或其他型式机构）和它的性能（爬坡度）允许在非道路上行驶的一种车辆。
	专用客车 special bus	在其设计和技术特性上只适用于需经特殊布置安排后才能载运人员的车辆。
2	半挂牵引车 semi-trailer towing vehicle	装备有特殊装置用于牵引半挂车的商用车辆。
3	货车 goods vehicle	一种主要为载运货物而设计和装备的商用车辆，它能否牵引一挂车均可。
	普通货车 general purpose goods vehicle	一种在敞开（平板式）或封闭（厢式）载货空间内载运货物的货车。
	多用途货车 multipurpose goods vehicle	在其设计和结构上主要用于载运货物，但在驾驶员座椅后带有固定或折叠式座椅，可运载 3 个以上的乘客的货车。
	全挂牵引车 trailer towing vehicle	一种牵引牵引杆式挂车的货车。 它本身可在附属的载运平台上运载货物。
	越野货车 off-road goods vehicle	在其设计上所有车轮同时驱动（包括一个驱动轴可以脱开的车辆）或其几何特性（接近角、离去角、纵向通过角，最小离地间隙）、技术特性（驱动轴数、差速锁止机构或其他型式的机构）和它的性能（爬坡度）允许在坏路上行驶的一种车辆。
	专用作业车 special goods vehicle	在其设计和技术特性上用于特殊工作的货车。例如：消防车、救险车、垃圾车、应急车、街道清洗车、扫雪车、清洁车等。
	专用货车 specialized goods vehicle	在其设计和技术特性上用于运输特殊物品的货车。例如：罐式车、乘用车运输车、集装箱运输车等。

2. 专用汽车

专用汽车是用基本车型改装，装上专用设备或装置，完成某种或某些专门作业任务的汽车。按其用途可分作业型专用汽车和运输型专用汽车。

（1）作业型专用汽车。

作业型专用汽车是指在汽车上安装各种特殊设备进行特定作业的汽车。例如：公安消防车（图 2—16）、广播电视转播车（图 2—17）、商业售货车、医疗救护车、环卫环保作业车、市政建设工程作业车、农牧副渔作业车、石油地质作业车、机场作业车等。

图 2—16　公安消防车

图 2—17　广播电视转播车

（2）运输型专用汽车 。

运输型专用汽车是车身经过改装，用来运输专门货物的汽车。例如：运输易污货物的闭式车厢货车、运输易腐食品的冷藏车厢货车、运输砂土矿石的自卸汽车（图 2—18）、运输流体或粉状固体的罐车（图 2—19）。此外，还有挂车、半挂车、集装箱货车等。

图 2—18　自卸汽车（后翻式）

图 2—19　混凝土输送车

3. 特殊用途汽车

（1）竞赛汽车。

竞赛汽车（图 2—20）是按照特定的竞赛规范而设计或改装的汽车。在进行竞赛时，竞赛汽车各种零部件的性能都将经受极其严峻的考验，因而竞赛汽车都经过精心的设计，并集中使用了大量高新科技成果。

（2）娱乐汽车。

随着人民生活水平的提高，要求汽车不仅满足运输需要，而且还要满足精神生活的需要。娱乐汽车的例子如：装备卧具和炊具的旅游汽车（流动住房）、高尔夫球场专用汽车（图 2—21）、海滩游玩汽车等。

图 2—20　法拉利 F1-f2007 赛车

图 2—21　高尔夫球场专用汽车

2.1.2　按动力装置类型分类

1. 内燃机汽车

（1）活塞式内燃机汽车。

活塞式内燃机可按活塞的运动方式分为往复活塞式和旋转活塞式等类型。

目前，汽车几乎都采用往复活塞式内燃机作为动力装置。按照燃料的不同，内燃机汽车又分为汽油机汽车、柴油机汽车和代用燃料汽车。目前，代用燃料主要有：合成液体石油、液化石油气（LPG）、压缩天然气（CNG）、醇类等燃料。

（2）燃气轮机汽车。

燃气轮机汽车（图 2—22）是一种涡轮式内燃机汽车。与活塞式内燃机相比，燃气轮机功率大、质量小、转矩特性好，对燃油没有严格限制；但耗油量较多、噪声较大、制造成本较高。

图 2—22　美国通用汽车公司的火鸟 XP21 型燃气轮机动力汽车（1954 年）

2. 电动汽车

电动汽车是指以电动机为驱动装置，并有自身供电能源的车辆（不包括依靠架线供电行驶的车辆）。

（1）蓄电池式电动汽车（ZEV）。

由于传统的铅酸电池具有质量大、比能量低、充电时间长、寿命短等缺点，使这种电动汽车在车速和续驶里程等方面还无法与轻巧强劲的内燃机汽车相媲美。但是，这种汽车却具有许多优点：不需要石油燃料、零排放、操纵简便、噪声小以及可在特殊的环境（如太空、海洋、真空）下工作。研制出轻巧、高效、价廉的蓄电池是这种车辆进一步发展的关键。

（2）燃料电池式电动汽车（FCEV）。

这种车辆是使燃料在转化器中产生反应而释放出氢气，再将氢气输入燃料电池中与氧气结合而发出电力，推动电动机工作。该项技术问题已基本解决，但汽车的性能仍不及内燃机汽车，而且价格较昂贵。

（3）复合式汽车（HEV）。

复合式汽车又称混合动力汽车，是装备两套动力装置的车辆。这种车辆通常装有内燃机—发电机组以及蓄电池。汽车低负荷时，发电机组除向驱动汽车的电动机供电外，多余的电能存入蓄电池；汽车高负荷时，蓄电池也参与供能。这种车辆的优点是发电机组的内燃机的排量小（小型柴油机工作容积仅 1.0L），而且可调节至恒定的最佳工作状态（效率高达 43%），其油耗和排放仅为同级别内燃机汽车的 1/3，而且克服了蓄电池式电动汽车动力性差、续驶里程短的主要缺点。

可见，复合式汽车是使电动汽车和内燃机汽车两者扬长避短的折中式车型。虽然复合式汽车结构复杂，但如能大批量生产以降低成本，则会有较好的发展前景。

3. 喷气式汽车

这是依靠航空发动机或火箭发动机以及特殊燃料，并以喷气反作用力驱动的轮式汽车。普通汽车和竞赛汽车都不允许采用这种结构形式，这种汽车只能用于创造速度纪录。

英国研究人员研制的新型“猎犬 SSC”喷气式汽车（图 2—23），速度高达 1 690km/h，是一辆比子弹还要快的超音速汽车。“猎犬 SSC”喷气式汽车外形类似铅笔，长

12.8m，高 2.7m，重 6.4t，以喷气式发动机和火箭为动力。

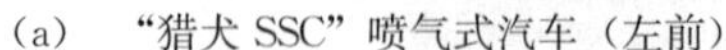

（a）“猎犬 SSC”喷气式汽车（左前）

（b）“猎犬 SSC”喷气式汽车（右后）

图 2—23 “猎犬 SSC”喷气式汽车

4. 其他动力装置汽车

其他动力装置汽车包括早期的蒸汽机汽车和新研制的太阳能汽车（图 2—24）等。

图 2—24 太阳能汽车

2.1.3 按行驶道路条件分类

1. 公路用汽车

公路用汽车是指适于公路和城市道路上行驶的汽车。这种汽车的外廓尺寸（总长、总宽、总高）和单轴负荷等均受交通法规的限制。

根据交通量及其使用任务、性质，我国的公路划分为：高速公路和一、二、三、四级公路。在公路网中起骨架作用的公路称为干线公路，起连接作用的称支线公路。经国家确定的具有全国性政治、经济、国防意义的公路称为国家干线公路，亦称国道。

国道采用 3 位数字编号，首位数字为 1 的，是指以北京为中心的国道；首位数字为 2 的，是指南北方向（纵向）的国道；首位数字为 3 的，是指东西方向（横向）的国道。

2. 非公路用汽车

非公路用汽车分为两类：一类是其外廓尺寸和单轴负荷等参数超过公路用汽车法规的限制，只能在矿山、机场、工地、专用道路等非公路地区使用；另一类是能在无路地面上行驶的高通过性汽车，称为越野汽车。

越野汽车可以是轿车、客车、货车或其他用途的汽车。根据国家标准 GB/T3730.1—2001 的规定，越野汽车按总质量分级，见表 2—6。

表 2—6　越野汽车的分级

分级	汽车总质量/t	图例
轻型越野汽车	小于或等于 5.0	图 2—25
中型越野汽车	5.0～13.0（包含）	图 2—26
重型越野汽车	大于 13.0	图 2—27

图 2—25　北京 BJ2020VA 轻型越野汽车

图 2—26　EQ2080 中型越野汽车

图 2—27　重型越野汽车

2.1.4　按行驶机构的特征分类

1. 轮式汽车

轮式汽车按驱动形式分为非全轮驱动和全轮驱动两种类型。汽车的驱动形式常用符号“n×m”表示，其中 n 是车轮总数（装在同一个轮毂上的双轮胎仍算 1 个车轮），m 是驱动轮数。例如，普通轿车和大多数汽车通常属于 4×2（非全轮驱动）类型，而越野汽车属于全轮驱动类型，有 4×4（BJ2020 轻型越野汽车）、6×6（EQ2080 中型越野汽车）、8×8（三江航天 WS2400 重型越野汽车，图 2—28）、12×12（万山 WS2900 重型越野汽车，图 2—29）等。

图 2—28　三江航天 WS2400 重型越野车

图 2—29　万山 WS2900 重型越野汽车

2. 其他类型行驶机构的汽车

如履带式（图 2—30）、雪橇式（图 2—31）汽车，从广义上讲还可包括气垫式（图 2—32）、公路铁路两用车（图 2—33）等汽车。

图 2—30　履带式汽车

图 2—31　雪橇式汽车

图 2—32　气垫式汽车

图 2—33　公路铁路两用车

2.1.5　按发动机位置及驱动形式分类

按发动机位置及驱动形式分，轿车可分为前置发动机前轮驱动轿车、前置发动机后轮驱动轿车、后置发动机后轮驱动轿车及四轮驱动轿车；客车可分为前置发动机后轮驱动客车、中置发动机后轮驱动客车和后置发动机后轮驱动客车；货车基本上都采用前置发动机后轮驱动形式。

2.1.6　按乘客座位数及汽车总质量分类

国家标准 GB/T15089—2001 按乘客座位数及汽车总质量对汽车进行了分类，见表 2—7。

表 2—7　　　　　　　　机动车辆及挂车分类（GB/T15089—2001[①]）

汽车类型			乘客座位数[②]	厂定汽车最大总质量/t	说明
M 类	至少有四个车轮并且用于载客的机动车辆	M_1 类	小于或等于 9	—	包括驾驶员座位在内，座位数不超过 9 个的载客车辆
		M_2 类	小于或等于 9	小于或等于 5.0	包括驾驶员座位在内，座位数不超过 9 个，且最大设计总质量不超过 5.0t 的载客车辆
		M_3 类	大于 9	大于 5.0	包括驾驶员座位在内，座位数超过 9 个，且最大设计总质量超过 5.0t 的载客车辆
N 类	至少有四个车轮并且用于载货的机动车辆	N_1 类	—	小于或等于 3.5	最大设计总质量不超过 3.5t 的载货车辆
		N_2 类	—	3.5～12	最大设计总质量超过 3.5t，但不超过 12t 的载货车辆
		N_3 类	—	大于 12	最大设计总质量超过 12t 的载货车辆
O 类	挂车（包括半挂车）	O_1 类	—	小于或等于 0.75	最大设计总质量不超过 0.75t 的挂车
		O_2 类	—	0.75～3.5	最大设计总质量超过 0.75t，但不超过 3.5t 的挂车
		O_3 类	—	3.5～10	最大设计总质量超过 3.5t，但不超过 10t 的挂车
		O_4 类	—	大于 10	最大设计总质量超过 10t 的挂车

注：①该标准还包括两轮或三轮机动车辆（L 类）和满足特定要求的 M 类、N 类的越野车（G 类）的分类。
②包括驾驶员座位在内。

2.1.7　国产汽车产品型号编制规则

国产汽车型号应能表明其厂牌、类型和主要特征参数等。该型号由拼音字母和阿拉伯数字组成，包括首部、中部和尾部三部分：

首部——由 2 个或 3 个拼音字母组成，是识别企业的代号。如：CA 代表“一汽”、EQ 代表“二汽”、BJ 代表北京、NJ 代表南京、SY 代表沈阳等。

中部——由 4 位数字组成，分为首位、中间两位和末位数字 3 部分，其含义见表 2—8。

表 2—8　　　　　　　　汽车型号中部 4 位阿拉伯数字的含义

首位数字（1～9）表示车辆类别		中间两位数字表示各类汽车的主要特征参数	末位数字
1	表示载货汽车	数字表示汽车的总质量（t）[①]	表示企业自定序号
2	表示越野汽车		
3	表示自卸汽车		
4	表示牵引汽车		
5	表示专用汽车		
6	表示客车	数字×0.1m 表示车辆的总长度[②]	
7	表示轿车	数字×0.1L 表示汽车发动机工作容积	
8	（暂缺）		
9	表示半挂车或专用半挂车	数字表示汽车的总质量（t）	

注：①汽车总质量大于 100t 时，允许用 3 位数字。
②汽车总长度大于 10m 时，数字×1m。

尾部——由拼音字母或加上阿拉伯数字组成，可以表示专用汽车的分类或变型车与基本型的区别。

例如：型号CA1092表示一汽集团生产的货车，总质量9t，末位数字2表示在原车型CA1091的基础上改进的新车型。型号CA7226L表示一汽集团生产的轿车，发动机工作容积2.2L，序号6表示安装5缸发动机的车型，尾部字母L表示加长型（即小红旗加长型中级轿车）。

2.2 国外汽车分类

2.2.1 欧系汽车分类法

目前，也有许多欧洲汽车公司按照排量或者轴距对乘用汽车进行分类。其中，以德国大众的轿车分类法最具代表性。

在欧系分类法中，通常把乘用汽车分为A、B、BC、D、E、EF和G级。其等级划分主要依据轴距、排量、重量等参数，字母顺序越靠后，该级别车的轴距越长、排量和重量越大，轿车的豪华程度也越高。

1. A级车（包括A0、A00）

A级车（包括A0、A00）是指小型轿车。

A00级轿车的轴距应在2～2.2m之间，发动机排量小于1L，例如奥拓、奇瑞QQ、通用五菱SPARK（图2—34）就属于A00级轿车。

A0级轿车的轴距为2.2～2.3m，排量为1～1.3L，比较典型的是两厢夏利轿车；一般所说的A级车其轴距范围在2.3～2.45 m之间，排量在1.3～1.6L，德国大众的捷达、波罗POLO（图2—35）都算得上A级车当中的明星。

图2—34 通用五菱SPARK

图2—35 波罗POLO

2. B级车

B级车是中档轿车。B级中档轿车轴距在2.45～2.6 m之间，排量在1.6～2.4 L之间。

近年来，B级车市场逐渐成为国内汽车企业拼杀的主战场，奥迪A4、帕萨特、中华骏捷（图2—36）、东方之子等众多车型均属于B级车阵营。

图 2—36　中华骏捷

3. C 级车

C 级车是高档轿车。C 级高档轿车的轴距在 2.6～2.8 m 之间，发动机排量为 2.3～3.0 L，国内名气最大的 C 级车非奥迪 A6 L（图 2—37）莫属。

图 2—37　奥迪 A6 L

4. D 级车

D 级车指的是豪华轿车。D 级豪华轿车大多外形气派，车内空间极为宽敞，发动机动力也非常强劲，其轴距一般均大于 2.8 m，排量基本都在 3.0 L 以上。

目前，常见的 D 级车有奔驰 S 系列、宝马 7 系（图 2—38）、奥迪 A8 和劳斯莱斯、宾利等几个品牌的车型。

图 2—38　宝马 760

5. E 级车

E 级车为高级车，如奔驰 E 级、E280（图 2—39）和 E200K。

图 2—39　奔驰 E280

6. F 级车

F 级车一般为赛车，如宝马索伯车队的 F1 赛车 BMW Sauber F1.08（图 2—40）。

图 2—40　BMW Sauber F1.08

2.2.2　设计理念分类法

近年来，汽车设计理念发生了很大的变化和进步。除上述分类方法之外，按汽车设计理念不同，还可以分为 PICK-UP、SUV、CUV、SRV 等等，下面逐一加以介绍。

1. PICK-UP

PICK-UP 即皮卡，又名轿卡（俗称半截美）。顾名思义，亦轿亦卡，是一种采用轿车车头和驾驶室，同时带有敞开式货车车厢的车型。其特点是既有轿车般的舒适性，又不失动力强劲，而且比轿车的载货和适应不良路面的能力更强。

最常见的皮卡车型是双排座皮卡（图 2—41），这种车型目前保有量最大，也是人们在市场上见得最多的皮卡。

图 2—41　中兴旗舰皮卡

2. SUV

SUV 的全称是 Sport Utility Vehicle，即运动型多用途车，20 世纪 80 年代起源于美国，是为迎合年轻白领阶层的爱好而在皮卡底盘上发展起来的一种厢式车。

SUV 离地间隙较大，在一定的程度上既有轿车的舒适性又有越野车的越野性能。福布斯杂志评选的 2007 年度十佳 SUV 有凯迪拉克 Escalade（图 2—42）、陆虎 Range Rover（图 2—43）、荷兰的世爵 D12、本田阿库拉 MDX、别克 Enclave 等等。

图 2—42 凯迪拉克 Escalade

图 2—43 陆虎 Range Rover

3. CRV

CRV 是本田的一款车，国产的版本叫做东风本田 CR-V（图 2—44），取英文 City Recreation Vehicle 之意，即城市休闲车。

图 2—44 本田 CR-V

4. SRV

SRV 的英文全称是 Small Recreation Vehicle，意为小型休闲车，一般指两厢轿车，比如吉利豪情 SRV（图 2—45）和上海通用赛欧 SRV（图 2—46）。

图 2—45 吉利豪情 SRV

图 2—46 赛欧 SRV

5. RAV

RAV 源于丰田的一款小型运动型车 RAV4（图 2—47）。丰田公司的解释是，Recreational（休闲）、Activity（运动）、Vehicle（车），缩写就成了 RAV，又因为车是四轮驱动，所以又加了个 4。

图 2—47　丰田 RAV4

6. HRV

HRV 源于上海通用别克凯越 HRV 轿车（图 2—48），取 Healthy（健康）、Recreational（休闲）、Vigorous（活力）之意，是一个全新的汽车设计概念。

图 2—48　别克凯越 HRV 轿车

7. MPV

MPV 的全称是 Multi-Purpose Vehicle，即多用途汽车。

它集轿车、旅行车和厢式货车的功能于一身，车内每个座椅都可调整，并有多种组合方式。例如，将中排座椅靠背翻下即可变为桌台，前排座椅可作 180°回转调节等。

长城 2.0L MPV 嘉誉（图 2—49）、金杯阁瑞斯（图 2—50）、上海通用 GL8、普力马、奥德赛等都属于 MPV。

图 2—49　长城 2.0L MPV 嘉誉

图 2—50　阁瑞斯

近年来，MPV 趋向于小型化，并出现了所谓的 S-MPV，S 是小（Small）的意思，车身紧凑，一般为 5～7 座。江西昌河北斗星（图 2—51）是 S-MPV 的典型代表。

图 2—51　北斗星

8. CUV

CUV 是英文 Car-Based Utility Vehicle 的缩写，是以轿车底盘为设计平台，融轿车、MPV 和 SUV 特性为一体的多用途车，也称为 Crossover。

CUV 最初在 20 世纪末起源于日本，之后在北美、西欧等地区流行，开始成为崇尚既有轿车驾驶感受和操控性，又有多用途运动车的功能，喜欢 SUV 的粗犷外观，同时也注重燃油经济性与兼顾良好的通过性的这类汽车用户的最佳选择。

三菱欧蓝德（Outland，图 2—52）和长城哈弗（图 2—53）都是典型的 CUV。

图 2—52　三菱欧蓝德

图 2—53　长城哈弗

9. NCV

NCV 的全称是 New Concept Vehicle，即新概念轿车。NCV 以轿车底盘为平台，兼顾了轿车的舒适性和 SUV 的越野性。

奇瑞瑞虎（图 2—54）和黄海法萨特（图 2—55）都属于 NCV。作为新概念轿车，NCV 比家用轿车的使用范围更广。

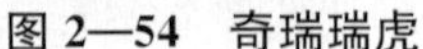
图 2—54　奇瑞瑞虎

图 2—55　黄海法萨特

10. RV

RV 的全称是 Recreation Vehicle，即休闲车，是一种适用于娱乐、休闲、旅行的汽车，首先提出 RV 汽车概念的国家是日本。

RV 的覆盖范围比较广泛，没有严格的范畴。从广义上讲，除了轿车和跑车外的轻型乘用车，如 MPV 及 SUV、CUV 等都可归属于 RV。

如图 2—56 所示的宝马 BMW X5 就是一款相当出色的 RV。

图 2—56　宝马 BMW X5

2.3　车辆识别代号（VIN）

2.3.1　车辆识别代号（VIN）的意义和作用

现在国外各汽车公司生产的汽车大都使用 VIN（vehicle identification number）车辆识别代号。VIN 由一组字母和阿拉伯数字组成，共 17 位，是识别一辆汽车不可缺少的工具。

VIN 的每位编码代表着汽车的某一方面信息参数。按照识别代号编码顺序，从 VIN 中可以识别出该车的生产国家、制造公司或生产厂家、车辆的类型、品牌名称、车型系列、车身形式，发动机型号、车型年款、安全防护装置型号、检验数字、装配工厂名称和出厂顺序号码等等。

17 位编码经过排列组合，可以使车型生产在 30 年之内不会发生重号，又称为“汽车身份证”。因为现在生产的汽车车型使用年限在逐渐缩短，一般 8～12 年就会被淘汰，不再生产，所以 17 位识别代号编码已足够应用。

各国政府及各汽车公司对本国或本公司生产的汽车的 VIN 识别代号都有具体规定。各国的技术法规一般规定车辆识别代号的基本要求，如其应由 17 位编码组成，字母和数字的尺寸、书写形式、排列位置和安装位置都有相应规定等。有的国家规定没有 VIN 识别代号的汽车不准进口，有的国家客户在买车时没有 VIN 识别代号就不购买，因此没有 VIN 识别代号的汽车是卖不出去的。

在我国，原机械部汽车司制订的 CMVRA01《车辆识别代号管理规定》已于 1997 年月 1 日生效，1999 年生产的所有汽车、挂车、摩托车都必须拥有车辆识别代号。

VIN 具有很强的唯一性、通用性、可读性以及最大限度的信息载量和可检索性。VIN 识别代号一般以标牌的形式，装贴在汽车的不同部位。

VIN 识别代号可用于：

(1) 车辆管理：登记注册、信息化管理的关键字。

(2) 车辆检测：年检和排放检测。

(3) 车辆防盗：识别车辆和零部件，盗抢数据库。

(4) 车辆维修：诊断、电脑匹配、配件订购、客户关系管理。

(5) 二手车交易：查询车辆历史信息。

(6) 汽车召回：年代、车型、批次和数量。

(7) 车辆保险：保险登记、理赔、浮动费率的信息查询。

另外，利用 VIN 识别代号还可以鉴别出拼装车、走私车。因为拼装的进口汽车一般是不按 VIN 规定进行组装的。

2.3.2　VIN 相关术语

1. 车身形式

车身形式 (body type) 是指车辆的一般配置或形状，即描述车门和车窗数量、装载特性，如轿车、轻型载货汽车、重型载货汽车等。

2. 发动机形式

发动机形式 (engine type) 是指动力装置的特征，如型号、燃料、缸数、排量等。轿车或多用途载客车 (MPV) 上的发动机，都按规定标明了发动机制造厂、型号及生产编号。

3. 品牌

品牌 (mark) 是制造厂对一类车辆所给予的名称。如别克、奥迪、本田、大众等。有的品牌和制造商名相同，如大众、本田；有的则不同，如别克品牌的制造商是通用汽车公司。

4. 车系

车系 (line) 是指制造商为一个品牌中的一组或一批车辆的命名，这些车辆在结构上(如车身、底盘、驾驶室形式) 具有一定的共性。如普通桑塔纳、桑塔纳 2000 属于桑塔纳车系；别克世纪、别克 GL8 属于别克 G 系列。

5. 型号

型号（model）又称车型，是制造商对具有相同品牌、车系和车身形式的车辆所给予的名称。如别克的赛欧、GL8，奥迪的 A4、A6，大众的帕萨特、捷达等。

6. 子车型

子车型（sub-model）属于同一车型，但某些附件或选装件不同。如 Jetta Ci—经济型两气门，Jetta Gi—豪华型两气门，Jetta CiX—捷达前卫，Jetta GiX—捷达前卫豪华型，Jetta GTX—豪华型 5V 改型捷达王（新捷达王），Jetta AT—自动变速新捷达王（都市先锋）。

子车型对配件和保险行业很重要。在子车型代码中，各个字母的含义为：

C—普及型；G—豪华舒适型；X—新型；I—电喷。

7. 车型年份

车型年份（model year）代码表示车型的年份（年款），不一定是实际生产的年份，一般是制造商指定的车型年份。在北美，每年 9 月份以后上市的车辆，其车型年份都标注为下一年款。现在，新车推出的时间有前移的趋势，甚至 7 月份就推出了下一年份的车辆。

8. 制造工厂

标贴 VIN 的制造工厂（plant），一般就是指装配工厂。同一年款的同一车型，可能出自不同的装配工厂。购买进口车的车主一定要注意车辆的制造工厂。

2.3.3 VIN 识别代号的组成

根据国际标准 ISO3779—1983《道路车辆—车辆识别代号—内容与构成》的规定，VIN 编码的组成如图 2—57、图 2—58 所示。

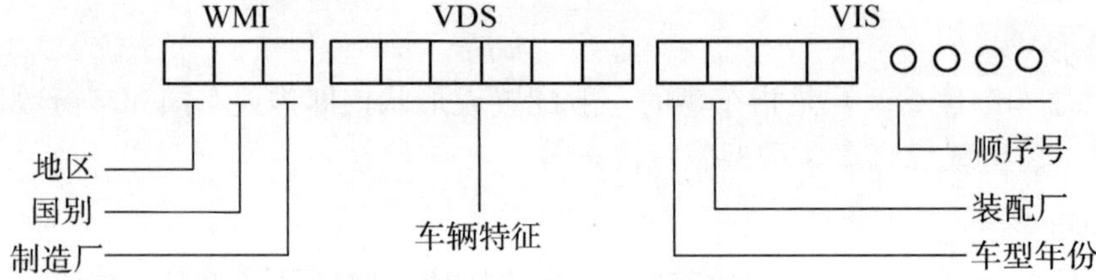

图 2—57 VIN 编码的组成

注：□代表字母或数字；○代表数字。数字为 0～9 共 10 个阿拉伯数字，字母为 A～Z 共 23 个大写英文字母（I、O、Q 不能使用）

L	S	V	H	A	1	9	J	0	2	2	2	2	1	7	6	1
1	2	3	4	5	6	7	8	9	10	11	12	13	14	15	16	17
WMI			VDS					X	VIS							

图 2—58 VIN 码构成

1. 汽车制造厂识别代码（WMI）

汽车制造厂识别代码（见表 2—9、表 2—10）：国际标准化组织按地理区域分配给各国，各国再分配给本国的制造厂，所有的 WMI 代码由美国汽车工程师学会（SAE）保存并核对。中国由天津汽研中心标准所代理，并经国家经贸委备案。其组成含义如下：

表 2—9　　　**中国和日本的 WMI**

中国 LA～L0	LSV	上海大众
	LFV	一汽大众
	LDC	神龙富康
	LEN	北京吉普
	LHG	广州本田
	LKD	哈飞汽车
	LSY	沈阳金杯
	LSG	上海通用
	LS5	长安汽车
日本	JAA、JAJ、JAL	五十铃
	JA5、JB5、JJ5、JMA、JP5	三菱
	JSA	铃木
	JT1、JT7	丰田
	JT6、JT8	凌志
	JHM、JH4、JHG	本田

第一个字码是地理区域代码，如 1～5 代表北美；S～Z 代表欧洲；6、7 代表大洋洲；A～H 代表非洲；J～R 代表亚洲；8、9 和 0 代表南美等。

第二个字码标明一个特定地区内的一个国家的字码。美国汽车工程师学会（SAE）分配国家代码。

第三个字码为汽车制造厂代码，由国家机构指定一个字码来标明本国的某个特定的制造厂。我国实行的车辆识别代码中的 WMI，第 1 位是“L”表示中国，第 2、3 位表示制造厂。若制造厂的年产量少于 500 辆，其 WMI 代码的第三个字码为 9。大厂用于分配车系。

由 WMI 可识别汽车源产地。

表 2—10　　　**德国和美国的 WMI**

德国 W（德国） 8（阿根廷） 9（巴西）	WD3、WDB、8A3、8AB、9BM、3MB	戴姆勒-克莱斯勒
	WV1、WV2、WV3、WVM	大众
	WBA、WBS、WB1、4US	宝马
美国 1A～10、4A～40、5A～50 2（加拿大） 3（墨西哥）	1FD、1FT	福特
	1G0、1G9	通用
	1B3、4P3	克莱斯勒

2. 车辆描述部分（VDS）

第 4～9 位：车辆的类型和配置。若其中的一位或几位字符不用，必须用选定的字母或数字占位。

VDS 一般包含以下信息：

- 车系；

- 动力系统：发动机型号、变速器形式；
- 车身形式。
- 约束系统配置：气囊、安全带等；
- 校验位：第 9 位，0～9 或 X。

3. 车辆指示部分（VIS）

第 10～17 位：制造厂为了区别每辆车而指定的一组字符，最后四位字符应是数字。

VIS 一般包含以下信息：

- 车型年代（见表 2—11）：第 10 位，字母或数字（但数字不能为 0，字母不能为 O、Q、I、Z）。
- 装配厂：第 11 位，字母或数字。
- 生产顺序号：最后 6 位，一般为数字。

如果制造厂生产的某种类型的车辆产量大于或等于 500 辆，VIS 的第 3～8 位表示生产顺序号；如果制造厂的产量小于 500 辆，则此部分的第 3、4、5 位与 WMI 中的第 3 位字码一起来表示一个车辆制造厂。

表 2—11　　标示年份的字码

年代	字码	年代	字码	年代	字码	年代	字码
1971	1	1981	B	1991	M	2001	1
1972	2	1982	C	1992	N	2002	2
1973	3	1983	D	1993	P	2003	3
1974	4	1984	E	1994	R	2004	4
1975	5	1985	F	1995	S	2005	5
1976	6	1986	G	1996	T	2006	6
1977	7	1987	H	1997	V	2007	7
1978	8	1988	J	1998	W	2008	8
1979	9	1989	K	1999	X	2009	9
1980	A	1990	L	2000	Y	2010	A

3.3.4 VIN 标牌的安装位置

VIN 标牌的安装位置各大汽车厂不完全一样，一般在：

- 左风挡仪表盘上；
- 门柱上；
- 发动机、车架等大部件上；
- 左侧轮罩内；
- 转向柱上；
- 散热器支架上；
- 发动机前部的加工垫上；
- 质保和保养手册、车主手册上。

如图 2—59 所示为安装在左风挡仪表盘上的标致 307 的车辆识别代号。

图 2—59　标致 307 的车辆识别代号

2.3.5　车辆识别代号（VIN）实例

1. 上海大众波罗识别代号（VIN）

LSVHA19J022221761

LSV 代表上海大众汽车有限公司；

第 4 位为车身形式字码。A—4 门折背式车身；B—4 门直背式车身；C—4 门加长型折背式车身；E—4 门加长型折背式车身；F—4 门短背式车身；H—4 门加长型折背式车身；K—2 门短背式车身。

第 5 位为发动机变速器字码。上海波罗轿车：A—BCC（036P）/GET（02T. Z）[FCU（02T. 2）]；B—BCC（036P）/GCU（001. H）　[ESK（001. H）]；C—BCD（06A6）/GEV（02T. U）[FXP（02T. U）]。

第 6 位为乘员保护系统字码。0—安全带；1—安全气囊（驾驶员）；2—安全气囊（驾驶员和副驾驶员、前座侧面）；3—安全气囊（驾驶员和副驾驶员、前后座侧面）；4—安全气囊（驾驶员和副驾驶员）；5—安全气囊（驾驶员和副驾驶员、前后座侧面、头部）；6—安全气囊（驾驶员和副驾驶员、前座侧面、头部）。

第 7～8 位为车辆等级字码。33—上海桑塔纳轿车、上海桑塔纳旅行轿车、上海桑塔纳 2000 轿车；9F—上海帕萨特轿车；9J—上海波罗轿车；5X—上海高尔轿车。

第 10 位：年份字码。

第 11 位：装配厂字码。2—上海大众汽车有限公司。

第 12～17 位：车辆制造顺序号。

2. 风神蓝鸟识别代号（VIN）

LGBC1AE063R000814

LGB 代表东风汽车公司；

C 表示品牌系列。C—风神“蓝鸟”EQ7200 系列；E—NISSAN SUNNY 2. 0 系列。

1 表示车身类型。1—四门三厢；2—四门二厢；3—五门二厢；4—三门二厢。

A 表示发动机特征。A—2. 0L；B—待定。

E 表示约束系统类型。

0 表示变速箱形式。0—AT；2—MT。

6 为检验位。

3 表示年份。

R 表示装配厂。R—风神一厂（襄樊）；Y—风神二厂（花都）。

000814 表示生产序号。

2.4 汽车性能指标

各种不同用途的汽车对其性能的要求有所侧重，微型轿车要求经济实用，高级轿车要求动力强劲、豪华舒适，载货车要求多拉快跑，越野汽车要求越障过沟……

概括起来，离不开五个方面的性能要求：动力性、经济性、机动性、安全性和舒适性。这些性能在汽车使用期的保持和恢复构成了汽车的可靠性和可维修性。

2.4.1 动力性

汽车的动力性通常用三个参数来评价，称为动力性指标：

1. 汽车的最高车速 v_{amax}（km/h）

汽车的最高车速是指在水平的良好路面上（混凝土或沥青路面）汽车所能达到的最高行驶速度。一般来说，发动机最大功率越高，汽车的 v_{amax} 就越大。

2. 汽车的加速时间 t（s）

汽车的加速时间是指汽车在水平良好路面上由原地起步的加速时间和超车加速时间，它表征了汽车的加速能力。

3. 汽车的最大爬坡度 i_{max}（%）

汽车的最大爬坡度是指汽车满载时在良好路面上以一挡行驶时可爬越的最大坡度。载货汽车使用范围较广，要求有足够的爬坡能力，一般 $i_{max} \approx 30\%$；越野汽车要求在野外无路条件下行驶，爬坡能力要求更高，通常 i_{max} 达 60%甚至更大。

2.4.2 经济性

汽车的经济性即燃料经济性，指单位燃料消耗量所完成的运输工作量。常用的评价指标是在规定条件下行驶单位里程所消耗的燃料量，如百公里油耗（L/100km）；也有反过来用的，如美国用 MPG，即消耗每加仑燃料所能行驶的英里数。为比较不同货车的运输成本，有时也采用运送单位质量的货物至单位里程所消耗的燃料量作为经济性指标，即 L/(100t・km)。

根据不同的行驶条件规定，用于评价经济性的油耗指标有等速油耗、道路循环油耗和汽车测功器循环油耗三类。

对于不同燃料的汽车，比较其经济性应从总能耗出发，该能耗包括燃料提取、运输等整个过程中所消耗的能量。

2.4.3 机动性

机动性是具有广泛内涵的一种性能，简单地说就是指它的快速运动能力。对于民用车辆而言，机动性主要涉及主动机动性，即指汽车在额定载重下以足够高的平均速度通过各种坏路、坎坷不平地段、无路地带（松土、沙漠、雪地、沼泽等）和克服各种障碍的能力，这种机动性常表示为通过性或越野性。

汽车通过性通常用通过性尺寸指标和通过性支承—牵引指标来评价。前者是与防止汽车间隙失效有关的汽车本身的尺寸参数，后者则表征汽车以足够高的平均速度通过各种坏路和无路地带的能力。

通过性尺寸指标中属于防止顶起失效的有汽车的纵向通过半径、横向通过半径和最小离地间隙（图 2—60），属于触头失效和托尾失效的是接近角和离去角，反映通过弯道能力和转弯所需最小空间的指标是转弯直径和转弯通道圆（均在方向盘极限位置时测定），如图 2—61 所示。当然，除上述几何参数外，汽车本身的长、宽、高和轮胎直径也是一种通过性几何参数。

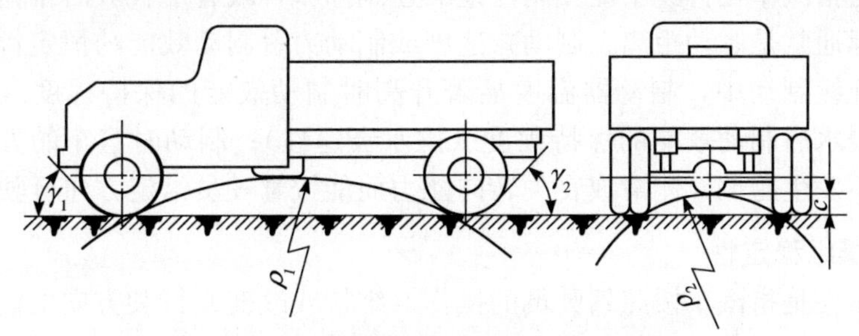

图 2—60　汽车的通过性几何参数

γ_1—接近角；γ_2—离去角；ρ_1—纵向通过半径；ρ_2—横向通过半径；c—最小离地间隙

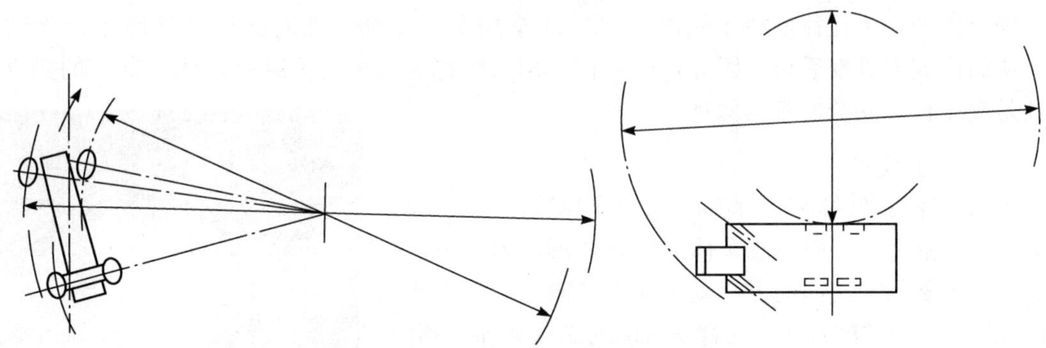

图 2—61　汽车的转弯直径和转弯通道圆

通过性支承—牵引指标可以用挂钩牵引力来描述。挂钩牵引力定义为车辆的土壤推力与土壤阻力之差，它反映了土壤的强度储备，用以使车辆加速、上坡、克服道路不平的阻力和牵引连接在挂钩上的挂车或其他装备。显然，单位汽车质量的挂钩牵引力越大，汽车的越野行驶能力越强。

对各种越野车辆，为提高其越障能力，通常要求：(1) 最小离地间隙接近轮胎半径；(2) 接近角和离去角不小于 45°；(3) 车身下应平坦；(4) 多轴全驱动；(5) 大直径轮胎；(6) 较小的纵向和横向通过半径；(7) 较小的转弯直径；(8) 车体结构具有与地面几何形状相适应的能力。

为提高其在松土上的行驶能力，往往要求：(1) 最小的自重；(2) 大直径、低压轮胎；(3) 良好的轮胎设计；(4) 多轴全驱动；(5) 自锁差速器；(6) 一定的最大轴荷限制。

2.4.4　安全性

汽车的交通安全要素由车辆、道路、驾驶员三者组成。对汽车设计人员来说，其责任是保证汽车自身具有良好的安全性能，它主要涉及主动安全性、被动安全性和环境安全性。主动安全性包括汽车的制动性和操纵稳定性；被动安全性主要是撞车安全性、防火安全性和防盗安全性；环境安全性则涉及废气排放和噪声控制。

1. 汽车的制动性能

汽车制动性能包括制动效能、制动效能的恒定性、制动时汽车的方向稳定性三个方面。制动效能是指汽车在行驶中能强制性地减速到停车，或者下长坡时维持一定车速的能力，其评价指标通常是制动距离、制动减速度或制动力；制动效能的恒定性主要指在高速或下长坡时的连续制动中，制动器温度显著升高时制动效能的保持程度（抗热衰退性），也包括制动器浸水后制动效能的保持程度（抗水衰退性）；制动时汽车的方向稳定性是指汽车在制动中不发生跑偏、侧滑或丧失转向能力而能按驾驶员给定方向行驶的能力。

2. 汽车的操纵稳定性

汽车的操纵性是指汽车按照驾驶员的操作，维持或改变原行驶方向的能力；汽车的稳定性是指汽车行驶过程中，受地面、大气等外界因素干扰后，能自行尽快恢复原行驶状态和方向，而不产生失控、倾翻、侧滑等现象的能力。操纵性和稳定性是两个不同的概念，但又有紧密联系。

操纵性的丧失往往使整车侧滑、回转甚至翻车，而稳定性的破坏又常使车辆无法控制，从而造成灾难性后果。因此，通常把这两者统称为汽车的操纵稳定性。良好的操纵稳定性是汽车行车安全的基本保证。

3. 撞车安全性

车辆高速行驶时冲撞障碍物，会对车辆造成很大的减速度，其冲击力一方面造成车体的破坏变形，另一方面，乘员以撞车前的初速向前方移动，撞击转向盘、仪表盘、前窗玻璃或前座位的背面，这就是所谓的二次碰撞。侧面碰撞或正面碰撞时，驾驶员下意识地打转向盘作避让动作又常造成汽车倾翻。撞车和倾翻时，若车门因变形而脱扣，乘员常会被甩落车外而遭受很大伤害。

近年来，随着车速的提高，汽车安全气囊在防冲撞损伤方面的明显效果受到人们的普遍重视，许多国家已把装置前座安全气囊（图 2—62）作为新车的标准装备。

图 2—62 汽车安全气囊

4. 防火安全性

汽车在使用中有时会发生起火事故，其起火原因有电线短路、燃烧系统起火、吸烟、排气管过热等，因撞车、翻车起火造成重大伤亡的事例也很多。因此，汽车要求具有防火安全性。

5. 防盗安全性

汽车作为财产也有财产安全的问题，盗车一直是令车主头痛的事。现在已有很多防盗报警系统出现，不少汽车在出厂时就装有防盗报警系统。这类系统经常通过车主的遥控器开启，可在盗贼作案时用灯光和声音示警，并通过车主的遥控器向车主报警。遥控器可控制中央门锁系统使盗贼无法进入车内，或通过密码系统使盗贼无法发动汽车。

2.4.5 舒适性

舒适性最基本的要求是行驶平顺性，即汽车在一般使用速度范围内行驶时，要保证乘坐者不致因车身振动而引起不舒适和疲乏的感觉，以及保证所运货物的完整无损。这一特性实际上反映了汽车对路面不平度的隔振特性。

对于汽车平顺性的评价指标，虽然做了很多试验研究工作，但由于不同的人对振动的敏感程度在频率上和强度上均有很大差异，即涉及主观评价标准问题，所以目前还没有非常一致的意见。国际标准化组织在综合大量资料的基础上，提出了“人体承受全身振动的评价指南（ISO2631—1978（E））”，已被许多国家采用。该标准用加速度的均方根值给出了在 1～80Hz 振动频率范围内，人体对振动反应的三种不同感觉界限。

1. 暴露极限

当人体承受的振动强度在这个极限之内，将保持健康或安全。通常把此极限作为人体可以承受的振动频率和振动强度的上限。

2. 疲劳——降低工作效率界限

这个界限与保持工作效率有关，当驾驶员承受的振动在此界限内时，能保持正常地进行驾驶。

3. 舒适性降低界限

此界限与保持舒适有关，它影响人在车上进行吃、谈、读、写等动作。

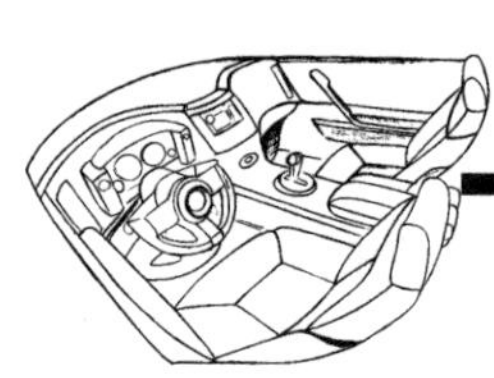

第 3 章 走马观车——汽车基本构造

3.1 汽车总体构造

1. 发动机

发动机（图 3—1）是汽车的动力装置，它的作用是使供入其中的燃料燃烧而发出动力。一般汽车都采用往复活塞式内燃机。车用发动机一般由机体、曲柄连杆机构、配气机构、燃料供给系、冷却系、润滑系、点火系（汽油发动机用）和起动系等几部分组成。

图 3—1 发动机（解剖照片）

2. 传动装置

传动装置（图 3—2）是将发动机输出的动力传给驱动车轮的装置，包括离合器、变速器、传动轴、驱动桥、主减速器、差速器、万向节等部件。

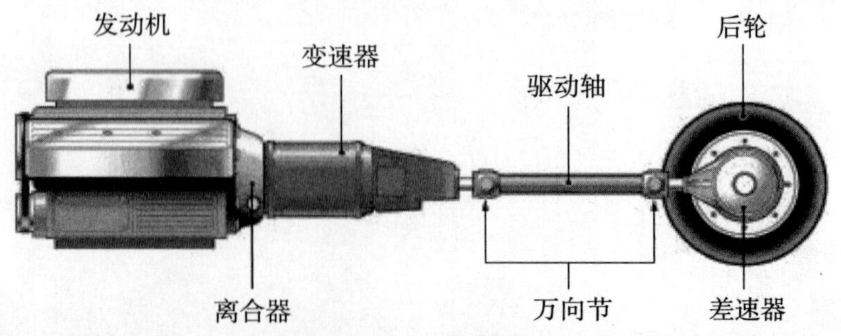

图 3—2 传动装置

3. 行驶和控制装置

行驶和控制装置（图 3—3）是将汽车各总成及部件连接成一个整体、起到支承全车并保证汽车正常行驶的装置，包括制动器、转向器、悬架、车轮等部件。

图 3—3 行驶和控制装置

4. 车身

车身（图 3—4）是形成驾驶员和乘客乘坐空间的装置，也是存放行李等物品的工具。因此，要求车身既要为驾驶员提供方便的操作条件，又要为乘客提供舒适的环境；既要保护全体乘员的安全，又要保证货物完好无损。

图 3—4 车身

也就是说，车身既是保安部件又是承载部件。在现代汽车中，车身又是技术与艺术的有机结合的艺术品。轿车车身由本体、内外装饰和车身附件等组成。

5. 电气设备

电气设备（图 3—5）是汽车的重要组成部分，由电源、发动机点火系（汽油机）和起动系、照明和信号装置、空调、仪表和报警系统以及辅助电器等组成。

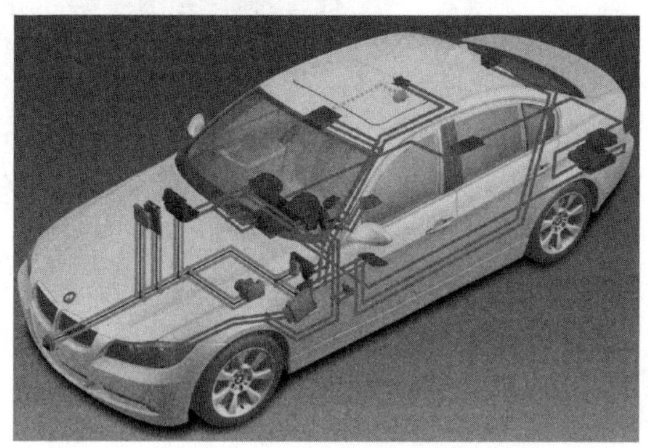

图 3—5 电气设备

高级轿车更多地采用了现代新技术，尤其是电子技术，如微处理机（汽车电脑）、中央计算机系统及各种人工智能装置等，从而显著地提高了汽车的性能。

图 3—6 为典型车身的总体构造。

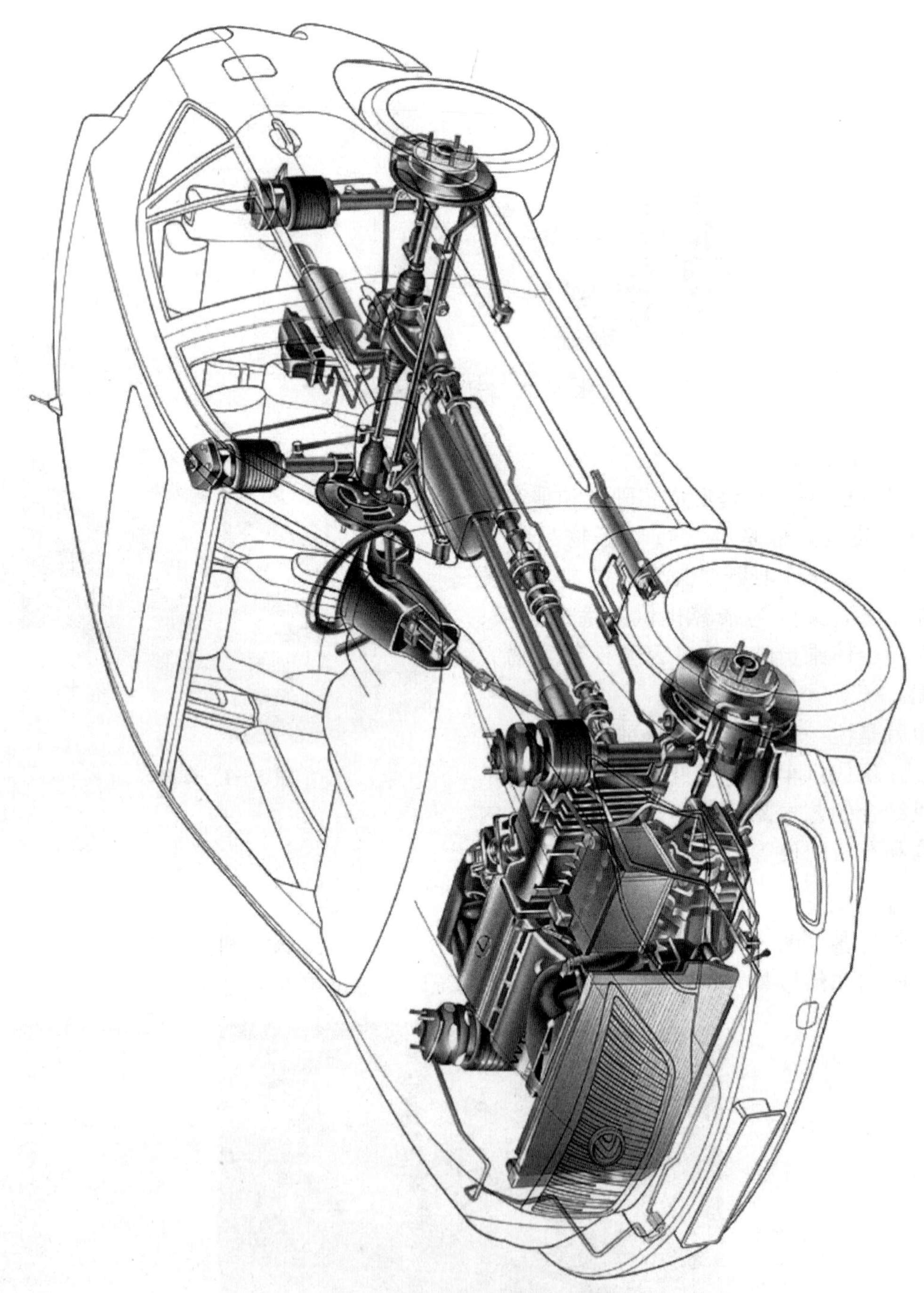

图 3—6　典型车身的总体构造

3.2 发动机构造

3.2.1 发动机工作原理与分类

1. 发动机的分类

发动机是将自然界某种能量直接转换为机械能并拖动某些机械进行工作的机器。将热能转化为机械能的发动机，称为热力发动机（简称热机），其中的热能是由燃料燃烧产生的。

内燃机是热力发动机的一种，其特点是液体或气体燃料和空气混合后直接输入机器内部燃烧而产生热能，然后再转变成机械能。

另一种热机是外燃机，如蒸汽机、汽轮机或燃气轮机等，其特点是燃料在机器外部燃烧以加热水，产生高温、高压的水蒸气，再输送至机器内部，使所含的热能转变为机械能。

内燃机与外燃机相比，具有热效率高、体积小、质量小、便于移动、起动性能好等优点，因而广泛应用于飞机、船舶以及汽车、拖拉机、坦克等各种车辆上。但是内燃机一般要求使用石油燃料，且排出的废气中所含有害气体成分较高。为解决能源与大气污染的问题，目前国内外正致力于排气净化以及其他新能源发动机的研究开发工作。

根据车用内燃机将热能转化为机械能的主要构件形式的不同，可分为活塞式内燃机和燃气轮机两大类。前者又可按活塞运动方式不同分为往复活塞式和旋转活塞式两种。往复活塞式内燃机在汽车上应用最广泛。汽车发动机（指汽车用活塞式内燃机）可以根据不同的特征分类：

（1）按着火方式可分为压燃式与点燃式发动机。压燃式发动机为压缩汽缸内的空气或可燃混合气，产生高温，引起燃料着火的内燃机；点燃式发动机是将压缩汽缸内的可燃混合气，用点火器点火燃烧的内燃机。

（2）按使用燃料种类可分为汽油机、柴油机、气体燃料发动机、煤气机、液化石油气发动机及多种燃料发动机等。

（3）按冷却方式可分为水冷式、风冷式发动机。以水或冷却液为冷却介质的称作水冷式发动机（图 3—7）；以空气为冷却介质的称作风冷式发动机（图 3—8）。

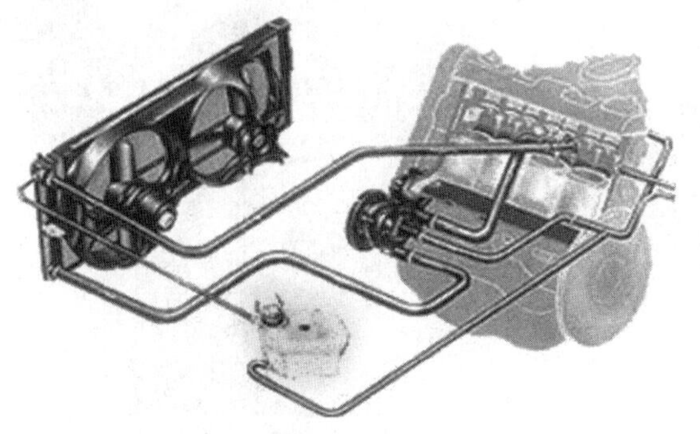

图 3—7 水冷式发动机

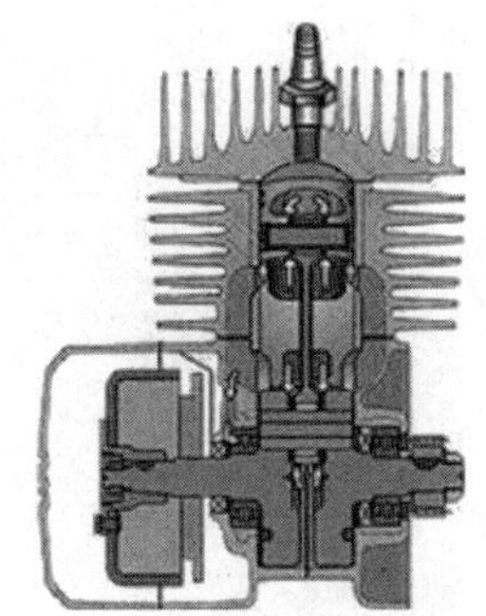

图 3—8 风冷式发动机

（4）按进气状态可分为非增压（或自然吸气）和增压发动机。非增压发动机（图 3—9）为进入汽缸前的空气或可燃混合气未经压气机压缩的发动机，仅带扫气泵而不带增压器的二冲程发动机亦属此类；增压发动机（图 3—10）为进入汽缸前的空气或可燃混合气已经在压气机内压缩，借以增大充量密度的发动机。

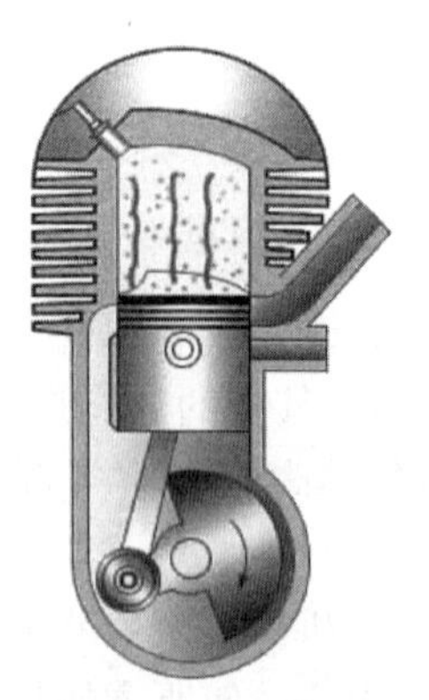

图 3—9　非增压（自然吸气）发动机

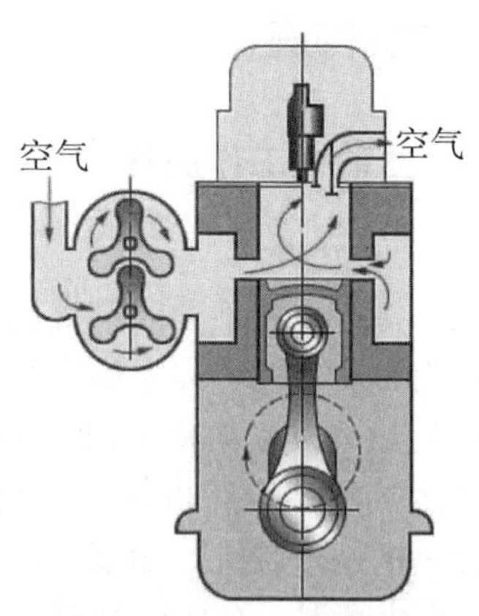

图 3—10　增压发动机

（5）按冲程数可分为二冲程和四冲程发动机。在发动机内，每一次将热能转变为机械能，都必须吸入新鲜充量（空气或可燃混合气）、压缩（当新鲜充量为空气时还要输入燃料），使之发火燃烧而膨胀做功，然后将生成的废气排出汽缸这样一系列连续过程，称为一个工作循环。

对于往复活塞式发动机，可以根据每一工作循环所需活塞行程数来分类。凡活塞往复四个单程（或曲轴旋转两转）完成一个工作循环的称为四冲程发动机；活塞往复两个单程（或曲轴旋转一转）完成一个工作循环的称为二冲程发动机。

（6）按汽缸数及布置方式分类。仅有一个汽缸的称为单缸发动机，有两个以上汽缸的称为多缸发动机；汽缸中心线与水平面垂直、呈一定角度和平行的发动机，分别称为立式、斜置式与卧式发动机；多缸发动机根据汽缸间的排列方式可分为直列式（汽缸呈一列布置，图 3—1）、对置式（汽缸呈两列布置，且两列汽缸之间的中心线呈 180°，图 3—11）和 V 形（汽缸呈两列布置，且两列汽缸之间夹角为 V 形，图 3—12）等发动机。

图 3—11　对置式发动机

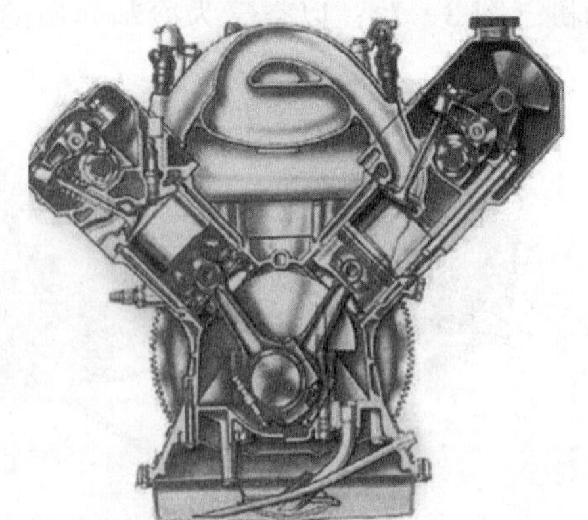

图 3—12　V 形发动机

2. 内燃机产品名称和型号编制规则

根据国家标准 GB/T 725—1991 的规定，我国内燃机名称和型号编制方法如下：

（1）内燃机产品名称均按所采用的燃料命名，例如柴油机、汽油机、煤气机、沼气机、双（多种）燃料发动机等。

（2）内燃机型号由阿拉伯数字、汉语拼音字母和 GB/T 1883—1989 中关于汽缸布置所规定的象形字符号组成。

（3）内燃机型号由下列四部分组成（图 3—13）。

首部：包括产品系列代号、换代符号和地方、企业代号，由制造厂根据需要自选相应字母表示，但需要经行业标准化归口单位核准、备案。

中部：由缸数符号、汽缸布置形式符号、冲程符号和缸径符号（汽缸直径的毫米数取整数）组成。

后部：结构特征和用途特征符号的含义见图 3—13 中的规定。

尾部：区分符号。同系列产品因改进等原因需要区分时，由制造厂选用适当符号表示。

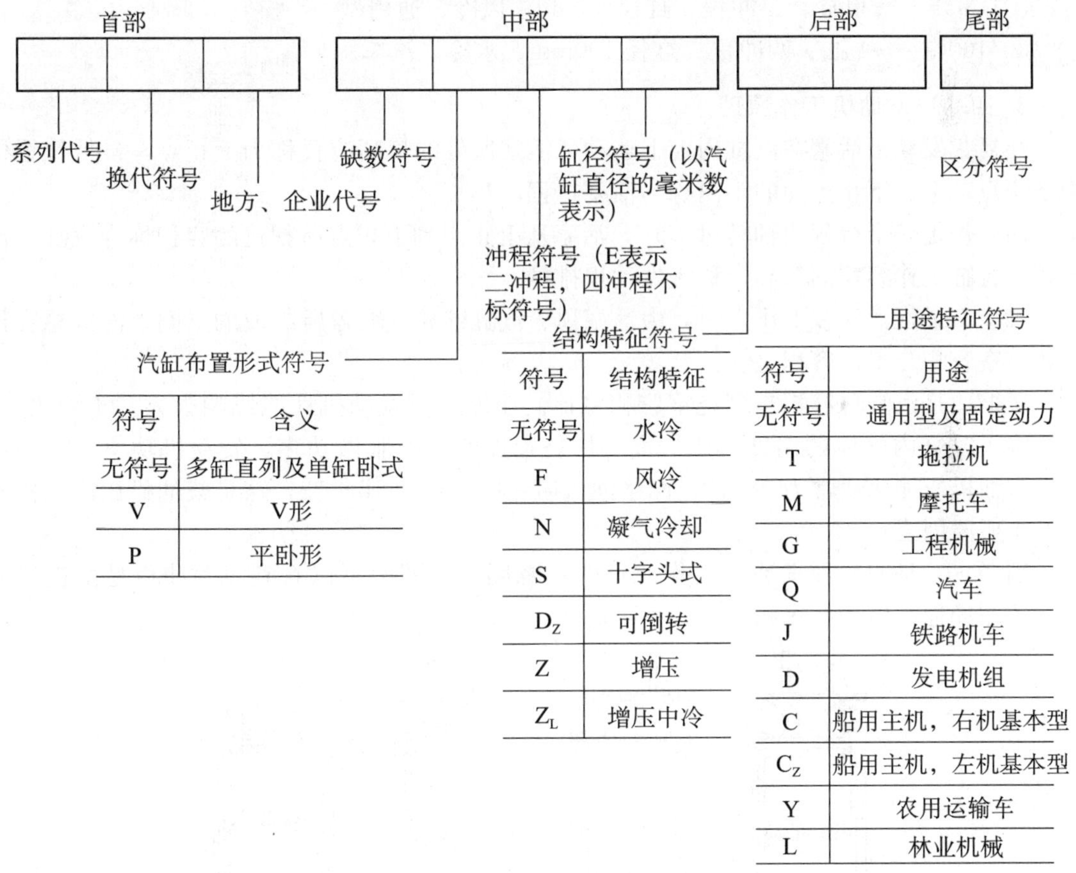

汽缸布置形式符号

符号	含义
无符号	多缸直列及单缸卧式
V	V形
P	平卧形

结构特征符号

符号	结构特征
无符号	水冷
F	风冷
N	凝气冷却
S	十字头式
D_Z	可倒转
Z	增压
Z_L	增压中冷

用途特征符号

符号	用途
无符号	通用型及固定动力
T	拖拉机
M	摩托车
G	工程机械
Q	汽车
J	铁路机车
D	发电机组
C	船用主机，右机基本型
C_Z	船用主机，左机基本型
Y	农用运输车
L	林业机械

图 3—13　内燃机型号组成

型号编制示例：

1）柴油机型号。

①165F——单缸、四冲程、缸径 65mm、风冷、通用型。

②R175A——单缸、四冲程、缸径 75mm、水冷、通用型（R 为 175 产品换代符号，A 为系列产品改进的区分符号）。

③R175ND——单缸、四冲程、缸径 75mm、凝气冷却、发电机组用（R 含义同上）。

④495T——4 缸、直列、四冲程、缸径 95mm、水冷、拖拉机用。

⑤YZ6102Q——6 缸、直列、四冲程、缸径 102mm、水冷、车用（YZ 为扬州柴油机厂代号）。

⑥12VE230ZCZ——12 缸、V 形、二冲程、缸径 230mm、水冷、增压、船用主机、左机基本型。

⑦6E430SDzZCz——6 缸、二冲程、缸径 430mm、水冷、十字头式、可倒转、增压、船用主机、左机基本型。

⑧G6300DzC——6 缸、四冲程、缸径 300mm、可倒转、船用主机、右机基本型（G 为产品系列代号）。

2）汽油机型号。

①1E65F——单缸、二冲程、缸径 65mm、风冷、通用型。

②4100Q——4 缸、四冲程、缸径 100mm、水冷、汽车用。

3. 四冲程发动机工作原理

往复式发动机活塞在汽缸内上下运动，活塞所处的最高位置称为上止点，最低位置称为下止点，上、下止点间的距离称为活塞行程。

活塞每走一个行程曲轴转过 180°。活塞从上止点到下止点所扫过的容积称为汽缸工作容积，各缸工作容积的总和，称为发动机排量。

燃烧室是指活塞在上止点时，由活塞顶、汽缸壁和汽缸盖所组成的空间。汽缸总容积是燃烧室容积与工作容积之和。

压缩比是汽缸总容积与燃烧室容积之比。压缩比对发动机性能影响很大。压缩比大，压缩终了时缸内气体的温度、压力高，燃烧速度快，膨胀做功多，发动机功率大、油耗低。汽油机压缩比通常为 7～11，而柴油机压缩比一般为 16～22，这是柴油机比汽油机省油的主要原因之一。

图 3—14 是四冲程汽油机工作原理的示意图。从图中可以看到，四冲程是由进气冲程、压缩冲程、做功冲程和排气冲程组成的。

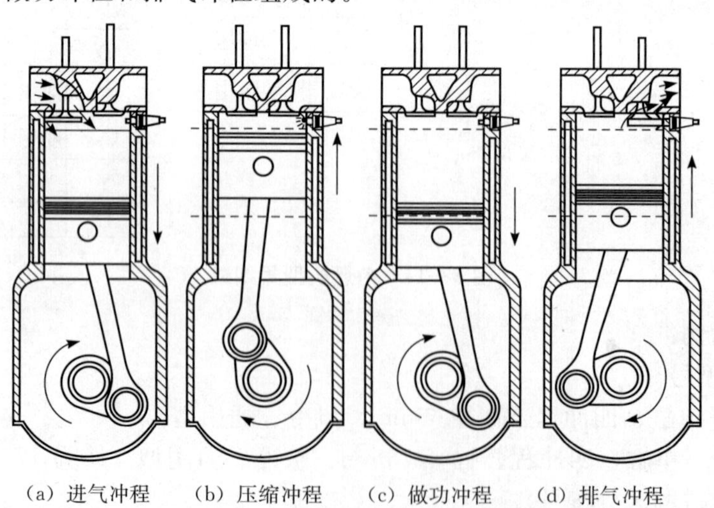

（a）进气冲程　（b）压缩冲程　（c）做功冲程　（d）排气冲程

图 3—14　四冲程汽油机工作原理图

在进气冲程中，进气门打开，排气门关闭，活塞从上止点往下止点行进，吸入混合气；压缩冲程中，进、排气门均关闭，活塞由下止点行进到上止点，压缩混合气为做功做准备；在接近压缩上止点时，火花塞产生火花，点燃混合气，做功冲程便开始了，气体燃烧产生的巨大推力将活塞从上止点往下推；在接近下止点处排气门打开，活塞上行排出废气，这就是排气冲程。在上止点附近先打开进气门，接着又关闭排气门，就开始了下一循环。

四冲程柴油机的工作循环与汽油机类似，所不同的是在进气冲程中柴油机吸入的是新鲜空气，而不是空气与燃料的混合物。

在柴油机中，由于柴油不易蒸发，是通过喷油器（亦称喷油嘴）在压缩冲程终了时用高压喷入燃烧室的。

此外，柴油自燃温度低，加上柴油机压缩比高，因此不需要用火花塞点火，而是靠压燃（自燃）着火。

3.2.2　发动机的总体构造

发动机是一部复杂的机器，不同类型或即使同类型发动机，其具体结构也各不相同，但其基本构造都是相似的。

通常，汽油机由两大机构五大系统组成，柴油机由两大机构四大系统组成（无点火系）。

1. 机体组

发动机的机体组包括汽缸盖、汽缸盖罩盖、汽缸体及油底壳等。汽缸盖和汽缸体的内壁共同组成燃烧室的一部分，是承受高温、高压的机件。

机体作为发动机各机构、各系统的装配基体，其本身的许多部分又分别是曲柄连杆机构、燃料供给系、冷却系和润滑系的组成部分。

在进行结构分析时，常把机体列为曲柄连杆机构。有的发动机将汽缸体分铸成上下两部分，上部称为汽缸体，下部称为曲轴箱。

机体是构成发动机的骨架，是发动机各机构和各系统的安装基础，其内、外安装着发动机的所有主要零件和附件，承受各种载荷。因此，机体必须要有足够的强度和刚度。机体组主要由汽缸体、曲轴箱、汽缸盖和汽缸垫等零件组成。

（1）汽缸体。

水冷发动机的汽缸体和上曲轴箱常铸成一体，称为汽缸体—曲轴箱，也可称为汽缸体（图 3—15）。汽缸体一般用灰铸铁铸成，汽缸体上部的圆柱形空腔称为汽缸，下半部为支承曲轴的曲轴箱，其内腔为曲轴运动的空间。在汽缸体内部铸有许多加强筋，冷却水套和润滑油道等。

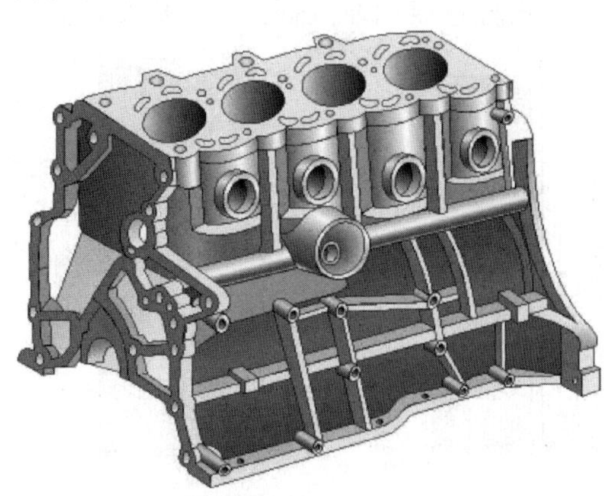

图 3—15　汽缸体

汽缸体应具有足够的强度和刚度，根据汽缸体与油底壳安装平面的位置不同，通常把汽缸体分为以下三种形式（图 3—16）。

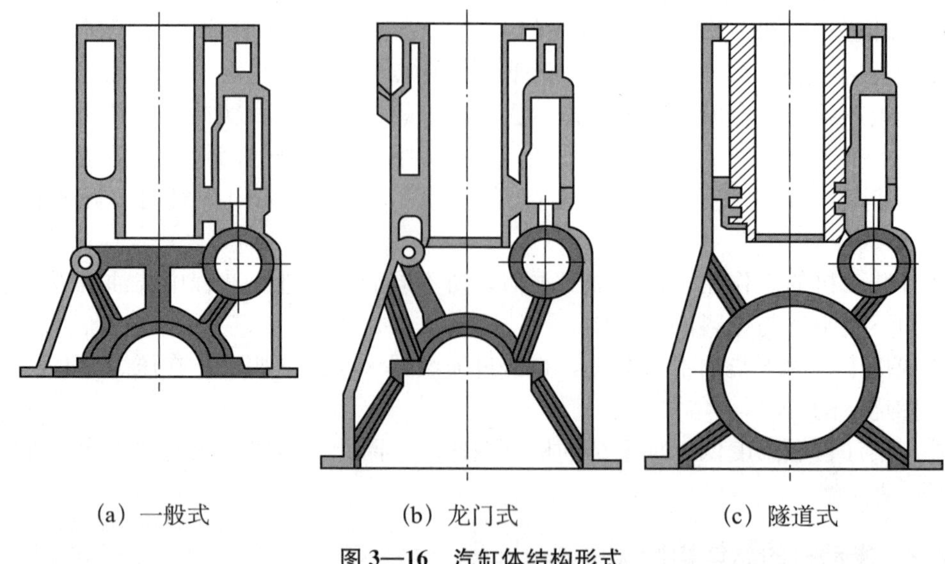

(a) 一般式　　(b) 龙门式　　(c) 隧道式

图 3—16　汽缸体结构形式

1）一般式汽缸体。其特点是油底壳安装平面和曲轴旋转中心在同一高度。这种汽缸体的优点是机体高度小，重量轻，结构紧凑，便于加工，曲轴拆装方便；但其缺点是刚度和强度较差。

2）龙门式汽缸体。其特点是油底壳安装平面低于曲轴的旋转中心。它的优点是强度和刚度都好，能承受较大的机械负荷；但其缺点是工艺性较差，结构笨重，加工较困难。

3）隧道式汽缸体。这种形式的汽缸体曲轴的主轴承孔为整体式，采用滚动轴承，主轴承孔较大，曲轴从汽缸体后部装入。其优点是结构紧凑、刚度和强度好，但其缺点是加工精度要求高，工艺性较差，曲轴拆装不方便。

为了能够使汽缸内表面在高温下正常工作，必须对汽缸和汽缸盖进行适当冷却。冷却方法有两种，一种是水冷，另一种是风冷。水冷发动机的汽缸周围和汽缸盖中都加工有冷却水套，并且汽缸体和汽缸盖冷却水套相通，冷却水在水套内不断循环，带走部分热量，对汽缸和汽缸盖起冷却作用。

汽缸直接镗在汽缸体上叫做整体式汽缸，整体式汽缸强度和刚度都好，能承受较大的载荷，这种汽缸对材料要求高，成本高。如果将汽缸制造成单独的圆筒形零件（即汽缸套），然后再装到汽缸体内。这样，汽缸套采用耐磨的优质材料制成，汽缸体可用价格较低的一般材料制造，从而降低了制造成本。

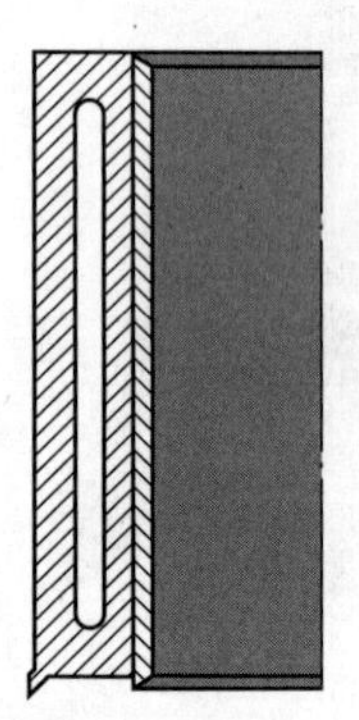

(a) 干式

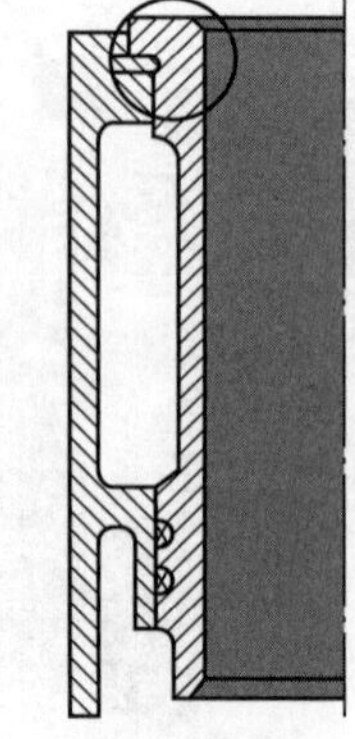

(b) 湿式

图 3—17　汽缸套

同时，汽缸套可以从汽缸体中取出，因而便于修理和更换，并可大大延长汽缸体的使用寿命。汽缸套有干式汽缸套和湿式汽缸套两种（图 3—17）。

干式汽缸套的特点是汽缸套装入汽缸体后，其外壁不直接与冷却水接触，而和汽缸体的壁面直接接触，壁厚较薄，一般为 1～3mm。它具有整体式汽缸体的优点，强度和刚度都较好，但加工比较复杂，内、外表面都需要进行精加工，拆装不方便，散热不良。

湿式汽缸套的特点是汽缸套装入汽缸体后，其外壁直接与冷却水接触，汽缸套仅在上、下各有一圆环地带和汽缸体接触，壁厚一般为 5～9mm。它散热良好，冷却均匀，加工容易，通常只需要精加工内表面，而与水接触的外表面不需要加工，拆装方便，但缺点是强度、刚度都不如干式汽缸套好，而且容易产生漏水现象。应该采取一些防漏措施。

（2）曲轴箱。

汽缸体下部用来安装曲轴的部位称为曲轴箱，曲轴箱分上曲轴箱和下曲轴箱。上曲轴箱与汽缸体铸成一体，下曲轴箱用来贮存润滑油，并封闭上曲轴箱，故又称为油底壳（图 3—18）。

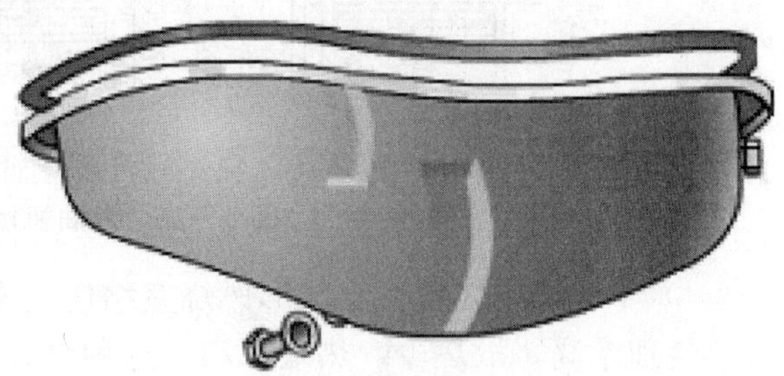
图 3—18　油底壳

油底壳受力很小，一般采用薄钢板冲压而成，其形状取决于发动机的总体布置和机油的容量。油底壳内装有稳油挡板，以防止汽车颠动时油面波动过大。油底壳底部还装有放油螺塞，通常放油螺塞上装有永久磁铁，以吸附润滑油中的金属屑，减少发动机的磨损。在上下曲轴箱接合面之间装有衬垫，防止润滑油泄漏。

（3）汽缸盖。

汽缸盖（图 3—19）安装在汽缸体的上面，从上部密封汽缸并构成燃烧室。它经常与高温高压燃气接触，因此承受很大的热负荷和机械负荷。水冷发动机的汽缸盖内部制有冷却水套，缸盖下端面的冷却水孔与缸体的冷却水孔相通。利用循环水来冷却燃烧室等高温部分。

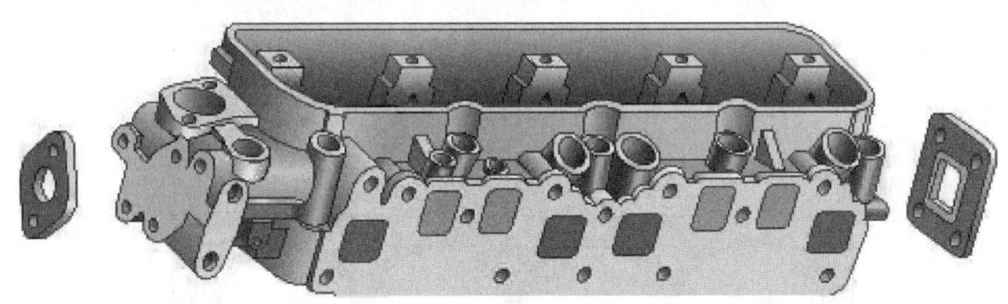
图 3—19　汽缸盖

缸盖上还装有进、排气门座，气门导管孔，用于安装进、排气门，还有进气通道和排气通道等。汽油机的汽缸盖上加工有安装火花塞的孔，而柴油机的汽缸盖上加工有安装喷油器的孔。顶置凸轮轴式发动机的汽缸盖上还加工有凸轮轴轴承孔，用以安装凸轮轴。

汽缸盖一般采用灰铸铁或合金铸铁铸成，铝合金的导热性能好，有利于提高压缩比，所以近年来铝合金汽缸盖应用得越来越多。

汽缸盖是燃烧室的组成部分，燃烧室的形状对发动机的工作影响很大，由于汽油机和柴油机的燃烧方式不同，其汽缸盖上组成燃烧室的部分差别较大。汽油机的燃烧室主要在汽缸盖上，而柴油机的燃烧室主要在活塞顶部的凹坑内。

汽油机燃烧室常见的三种形式如图 3—20 所示。

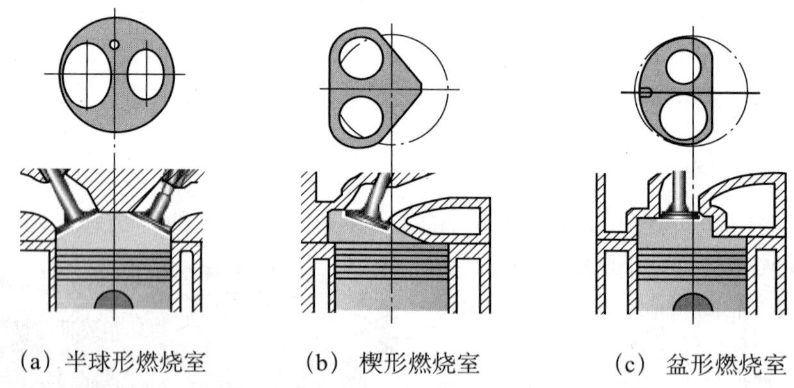

(a) 半球形燃烧室　(b) 楔形燃烧室　(c) 盆形燃烧室

图 3—20　汽油机燃烧室的结构形式

1）半球形燃烧室。半球形燃烧室结构紧凑，火花塞布置在燃烧室中部，火焰行程短，故燃烧速率高，散热少，热效率高。这种燃烧室结构上也允许气门双行排列，进气口直径较大，故充气效率较高，虽然使配气机构变得较复杂，但有利于排气净化，在轿车发动机上被广泛地应用。

2）楔形燃烧室。楔形燃烧室结构简单、紧凑，散热面积小，热损失也小，能保证混合气在压缩行程中形成良好的涡流运动，有利于提高混合气的混合质量，进气阻力小，提高了充气效率。气门排成一列，使配气机构简单，但火花塞置于楔形燃烧室高处，火焰传播距离长些，切诺基轿车发动机采用这种形式的燃烧室。

3）盆形燃烧室。盆形燃烧室的汽缸盖工艺性好，制造成本低，但因气门直径易受限制，进、排气效果要比半球形燃烧室差。捷达轿车发动机、奥迪轿车发动机采用盆形燃烧室。

（4）汽缸垫。

汽缸垫（图 3—21）装在汽缸盖和汽缸体之间，其功用是保证汽缸盖与汽缸体接触面的密封，防止漏气、漏水和漏油。

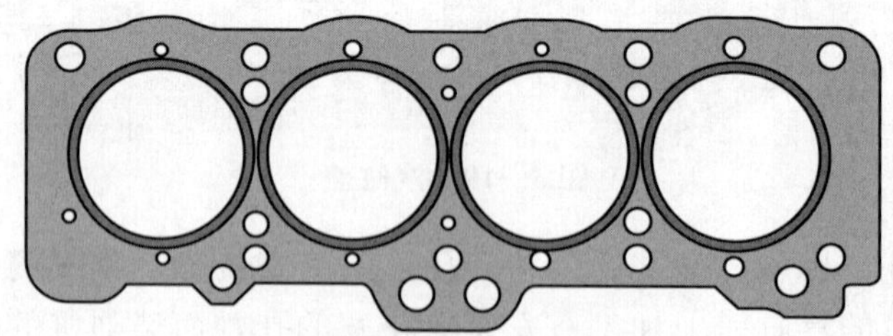

图 3—21　汽缸垫

汽缸垫的材料要有一定的弹性，能补偿结合面的不平度，以确保密封，同时要有良好的耐热性和耐压性，在高温高压下不烧损、不变形。目前应用较多的是铜皮—石棉结构的汽缸垫，由于铜皮—石棉汽缸垫翻边处有三层铜皮，压紧时较之石棉不易变形。有的发动机还采用在石棉中心用编织的钢丝网或有孔钢板为骨架，两面用石棉及橡胶粘结剂压成的汽缸垫。

安装汽缸垫时，首先要检查汽缸垫的质量和完好程度，所有汽缸垫上的孔要和汽缸体上的孔对齐。其次要严格按照说明书上的要求拧紧汽缸盖螺栓。拧紧汽缸盖螺栓时，必须由中心对称地向四周扩展的顺序分 2～3 次进行，最后一次拧紧到规定的力矩。

2. 曲柄连杆机构

曲柄连杆机构（图 3—22）是发动机实现工作循环，完成能量转换的主要运动零件。曲柄连杆机构由机体组、活塞连杆组和曲轴飞轮组等组成。

在做功冲程中，活塞承受燃气压力在汽缸内做直线运动，通过连杆转换成曲轴的旋转运动，并从曲轴对外输出动力。而在进气、压缩和排气行程中，飞轮释放能量又把曲轴的旋转运动转化成活塞的直线运动。

图 3—22　曲柄连杆机构

3. 配气机构

配气机构的功用是根据发动机的工作顺序和工作过程，定时开启和关闭进气门和排气门，使可燃混合气或空气进入汽缸，并使废气从汽缸内排出，实现换气过程。

配气机构大多采用顶置气门式配气机构（图 3—23），一般由气门组（图 3—24）、气门传动组和气门驱动组组成。

图 3—23　顶置气门式配气机构

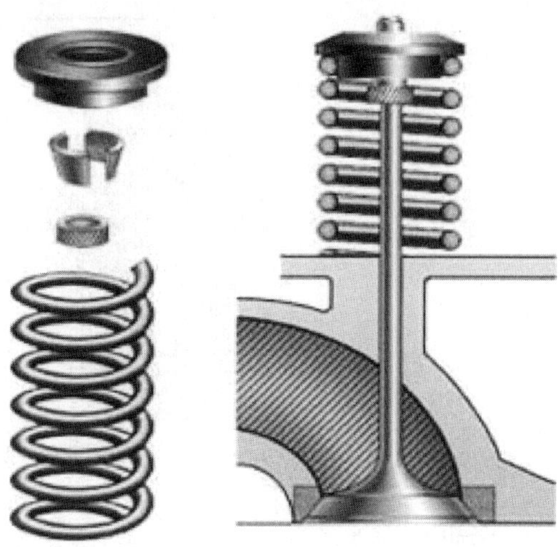

图 3—24　气门组

4. 燃料供给系

汽油机燃料供给系（图 3—25）的功用是根据发动机的要求，配制出一定数量和浓度的混合气，供入汽缸，并将燃烧后的废气从汽缸内排到大气中去；柴油机燃料供给系的功用是把柴油和空气分别供入汽缸，在燃烧室内形成混合气并燃烧，最后将燃烧后的废气排出。

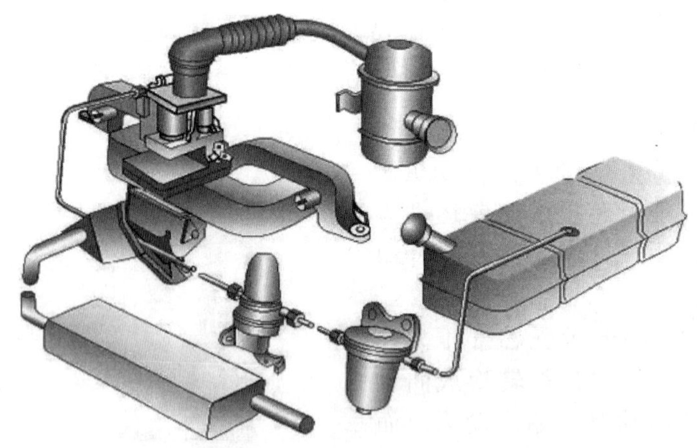

图 3—25　汽油机燃料供给系

5. 点火系

在汽油机中，汽缸内的可燃混合气是由电火花点燃的，为此在汽油机的汽缸盖上装有火花塞，火花塞头部伸入燃烧室内。能够按时在火花塞电极间产生电火花的全部设备称为点火系（图 3—26），点火系通常由蓄电池、发电机、分电器、点火线圈和火花塞等组成。

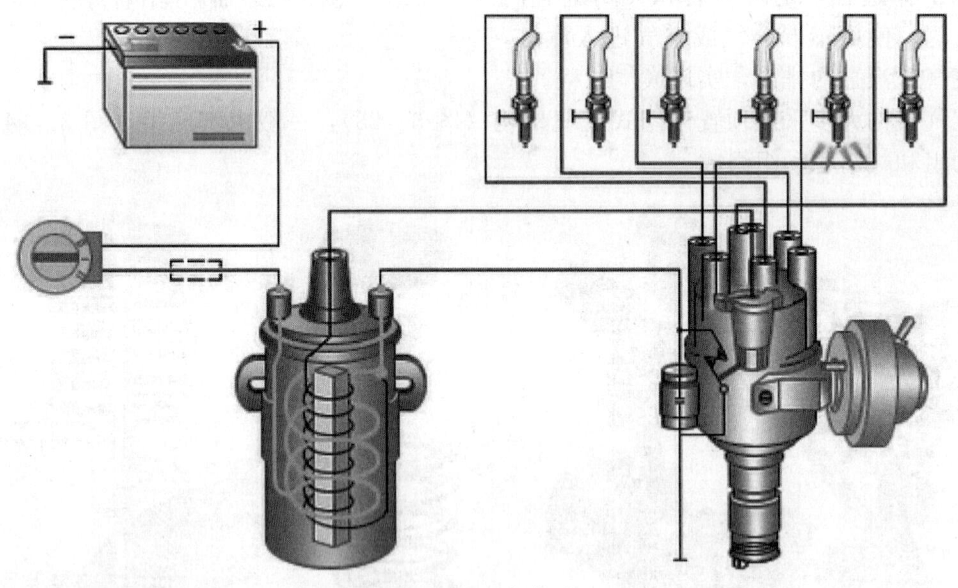

图 3—26　点火系

6. 冷却系

冷却系（图 3—27）的功用是将受热零件吸收的部分热量及时散发出去，保证发动机在最适宜的温度状态下工作。水冷发动机的冷却系通常由冷却水套、水泵、风扇、水箱、节温器等组成。

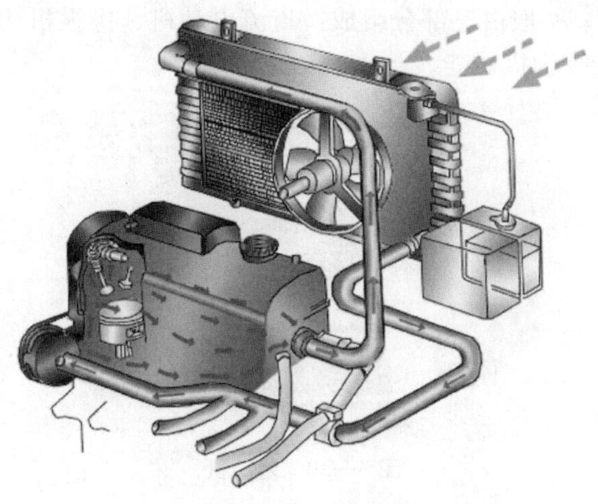

图 3—27　冷却系

7. 润滑系

润滑系（图 3—28）的功用是向做相对运动的零件表面输送定量的清洁润滑油，以实现液体摩擦，减小摩擦阻力，减轻机件的磨损并对零件表面进行清洗和冷却。润滑系通常由润滑油道、机油泵、机油滤清器和一些阀门等组成。

8. 起动系

发动机由静止状态过渡到工作状态，需用外力转动曲轴，在外力作用下曲轴从开始转动到发动机开始自动怠速运转的全过程，称为发动机的起动。

汽车发动机常用的起动方式有人力起动和电动机起动两种。

（1）人力起动最简单，只需将起动手摇柄端头的横销嵌入发动机曲轴前端的起动爪内，以人力转动曲轴即可。但这种方法劳动强度大，且不方便。

目前，在汽车上人力起动只作为备用方式而保留着。

（2）电动机起动（图 3—29）是由直流电动机经传动机构拖动发动机起动的，由于操作轻便，起动迅速可靠，且具有重复起动的能力，因此被广泛采用。

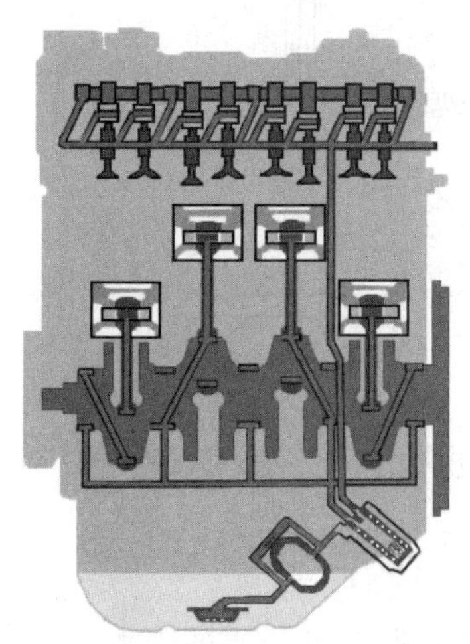

图 3—28　润滑系

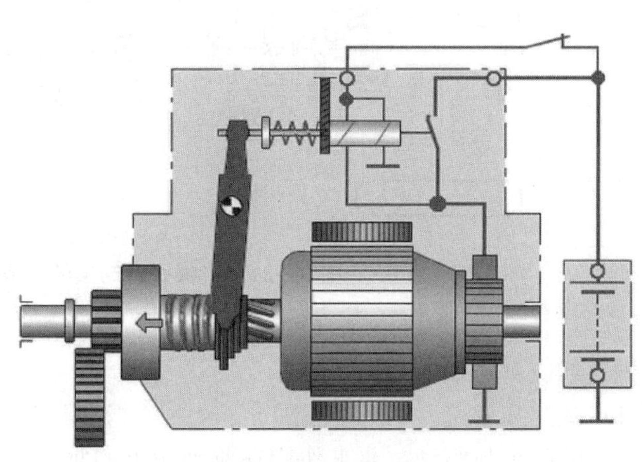

图 3—29　电动机起动原理图

起动机（图 3—30）一般由三部分组成：直流电动机、操纵机构和离合机构。直流电动机的作用是将电能转变为机械能。

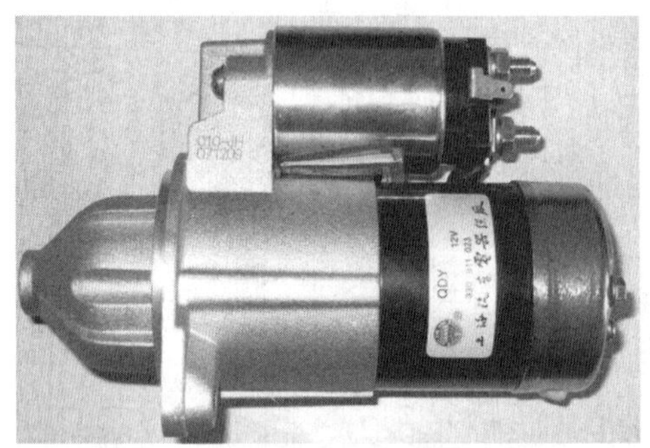

图 3—30　起动机

按起动机的操纵方式的不同，操纵机构有直接操纵式和电磁操纵式两种。

目前，电磁操纵式起动机的应用最为广泛。

3.3　汽车底盘构造

3.3.1　汽车传动系

1. 传动系的功用与组成

汽车传动系的基本功用是将发动机发出的动力传给驱动车轮，使汽车行驶。

常见的机械式传动系的组成及布置形式如图 3—31 所示，发动机发出的动力经过离合器 1、变速器 2、由万向节 3 和传动轴 8 组成的万向传动装置以及安装在驱动桥 4 中的主减速器 7、差速器 5 和半轴 6 传到驱动轮。

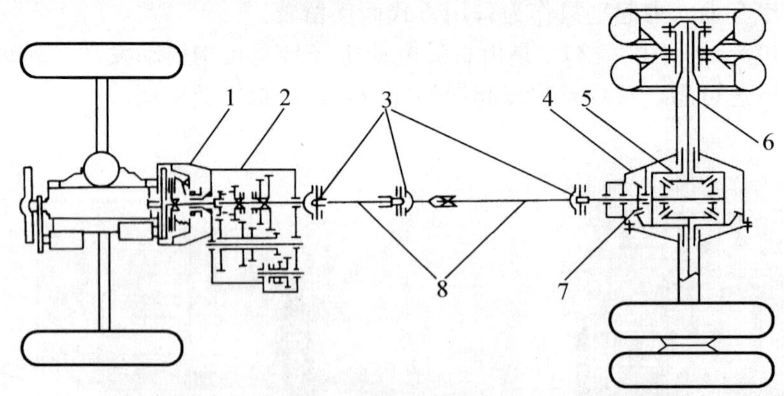

图 3—31　机械式传动系的组成及布置

1—离合器；2—变速器；3—万向节；4—驱动桥；5—差速器；6—半轴；7—主减速器；8—传动轴

传动系应具有如下功能：

（1）减速和变速。

汽车的起步与驱动，要求作用在驱动轮上的驱动力足以克服各种外界的阻力，如地面对车轮滚动的阻力、空气对车身的阻力等。

汽车发动机发出的转矩若直接传给车轮，车轮所得到的驱动力很小，不足以驱动汽车运动；另一方面，发动机的转速较高，一般在每分钟数千转，这一转速直接传到驱动轮上，汽车将达到几百公里的时速，这样高的车速既不实用，也不可现实。

因此，要求传动系应具有减速增矩的作用，使驱动轮的转速降低到发动机转速的若干分之一，相应地使驱动轮的转矩增大到发动机转矩的若干倍。

为了使发动机能保持在有利转速范围内工作，而驱动力和转速又可以在足够大的范围内变化，应当使传动系的传动比能在最大值与最小值之间变化，即传动系应起变速的作用。

因此，在传动系中设置了主减速器7和变速器2以满足上述要求。

（2）实现汽车倒驶。

汽车除了前进以外，在某些情况下还需要倒向行驶，而发动机是不能反向旋转的。这就要求传动系能够改变驱动轮的转动方向，以实现汽车的倒向行驶，一般是在变速器中设置一个倒挡来实现这一要求。

（3）中断传动。

在起动发动机后、汽车行进中换挡以及对汽车进行制动时，要暂时切断动力的传递路线。为满足此要求，在发动机与变速器之间设置一个可由驾驶员控制分离或结合的机构，称为离合器。

另外，在变速器中设置空挡，即各挡位齿轮都处于非传动状态，满足汽车在发动机不停止转动时能较长时间中断动力传递的要求。

（4）差速作用。

汽车在转弯行驶时，左右驱动车轮在同一时间内滚动的距离不同，如果两侧的驱动轮用一根刚性轴驱动，则两轮转动的角速度必然相同。

因而，在汽车转弯时必然产生车轮相对地面滑动的现象，这将使转向困难，汽车的动力消耗增加，传动系内部某些零件和轮胎磨损加剧。

为避免这些情况的出现，在驱动桥内安装了差速器，使左右驱动车轮以不同的角速度旋转。

动力由主减速器先传到差速器，再由差速器分配给左、右半轴，最后传到驱动轮上。

2. 离合器

（1）离合器的功用。

离合器（图3—32）是汽车传动系中直接与发动机相连接的部件。

内燃机只能在无负荷的情况下起动，所以在汽车起步前必须先将发动机与驱动轮之间的传动路线切断。

另外，汽车在换挡和刹车前也需要切断动力传递。为此，在发动机与变速器之间设有离合器。离合器的功用就是由驾驶员控制，根据需要随时切断和接通发动机传给传动系的动力，从而保证了汽车的平稳起步、换挡平顺，同时还可以防止传动系过载（过载时离合器自动打滑）。

图3—32　离合器

（2）离合器的组成。

离合器可分为摩擦式离合器、液力耦合器和电磁离合器等。摩擦式离合器有干式和湿式两种，湿式是将摩擦片浸在油中工作，干式是摩擦片在干燥状态下工作。

通常，湿式离合器采用多片型式而成为行星自动变速器的组合元件，轿车常用的单片离合器都是干式离合器。单片摩擦式离合器有采用膜片弹簧和螺旋弹簧两种型式，其工作原理都是相同的，它们均由主动部分、从动部分、压紧机构和操纵机构四部分构成。

3. 变速器

(1) 变速器的功用。

汽车上广泛使用的活塞式发动机，其输出的扭矩和转速变化范围很小，而汽车在行驶中所遇到的复杂的道路条件和使用条件要求汽车的驱动力和车速能在相当大的范围内变化。为此，在汽车的传动系中设置了变速器。

变速器的主要功用是：

1) 在较大的范围内改变汽车的行驶速度和汽车驱动轮上转矩的数值；

2) 在发动机旋转方向不变的前提下，利用倒挡实现汽车倒向行驶；

3) 在发动机不熄火的情况下，利用空挡中断动力传递，可以使驾驶员松开离合器踏板，离开驾驶位置，且便于汽车起动、怠速、换挡和动力输出。

(2) 变速器的分类。

按传动比变化方式的不同，变速器可分为有级式、无级式和综合式三种。

1) 有级式变速器。有级式变速器（图 3—33）应用最为广泛，传动方式采用齿轮传动（包括普通齿轮传动和行星齿轮传动）。它具有若干个数值一定的传动比，传动比的变化呈阶梯式或跳跃式。目前，轿车和轻、中型载货汽车装用的有级式变速器多为 3～6 个前进挡和一个倒挡。

2) 无级式变速器。无级式变速器有电力式和液力式两种，传动部件分别为直流串激电动机和液力变矩器。它的传动比在一定数值范围内可以连续多级变化。

近年来，金属带式无级变速器 CVT（Continuously Variable Transmission，图 3—34）在中高档轿车中的应用日渐增多。

图 3—33　有级式变速器

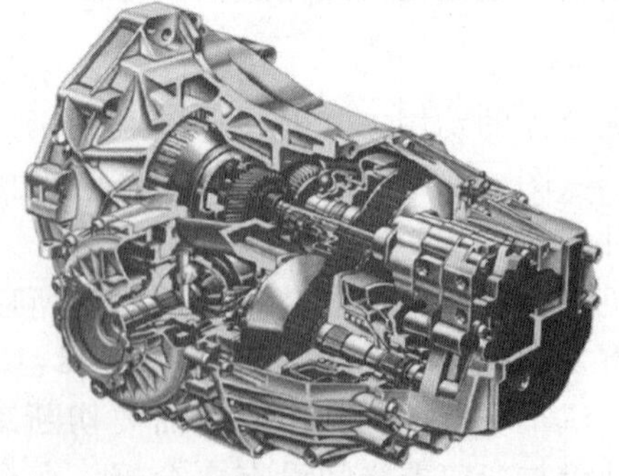

图 3—34　奥迪 multitronic CVT 剖视图

3) 综合式变速器。综合变速器是由液力变矩器和齿轮式有级变速器组成的电控液力机械式变速器（图 3—35），其传动比可以在最大值和最小值之间的几个间断的范围内作无级变化。

按操纵方式不同，变速器还可分为强制操纵式变速器、自动操纵式变速器和半自动操

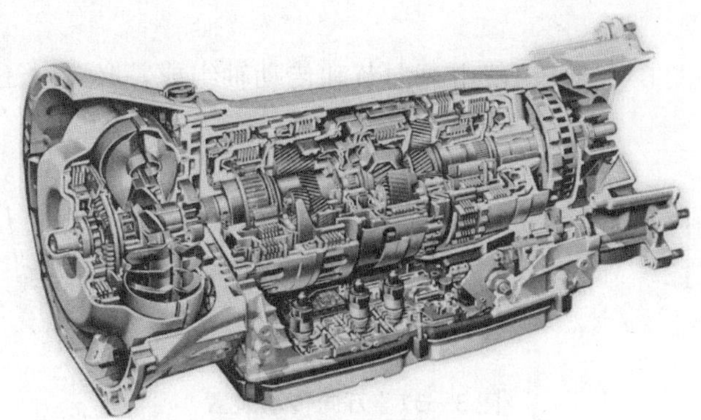

图 3—35　电控液力机械式变速器

纵式变速器三种类型。

在多轴驱动的汽车上，还配有分动器，通过分动器可以将动力分别传到不同的驱动轴上。

4. 万向传动装置

（1）功用。

在汽车上，万向传动装置主要用于变速器与驱动桥之间、变速器与分动器之间实现变角度的动力传递（图 3—36），在转向驱动桥和某些汽车的转向操纵机构中也有应用。

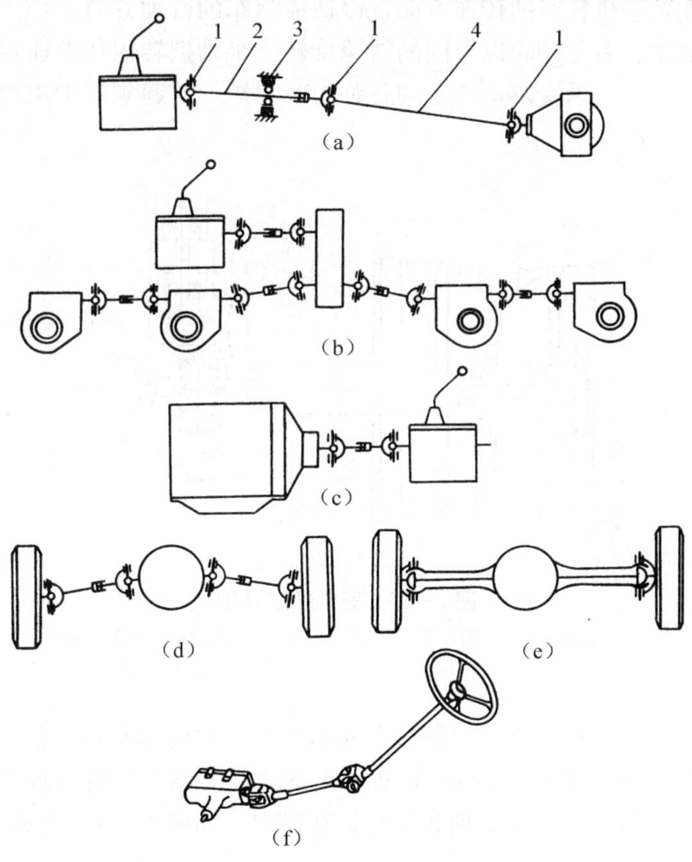

图 3—36　万向传动装置在汽车上的应用

1—万向节；2—前传动轴；3—中间支承；4—传动轴

（2）组成。

万向传动装置（图 3—37）一般由万向节和传动轴组成，必要时还可加装中间支承。

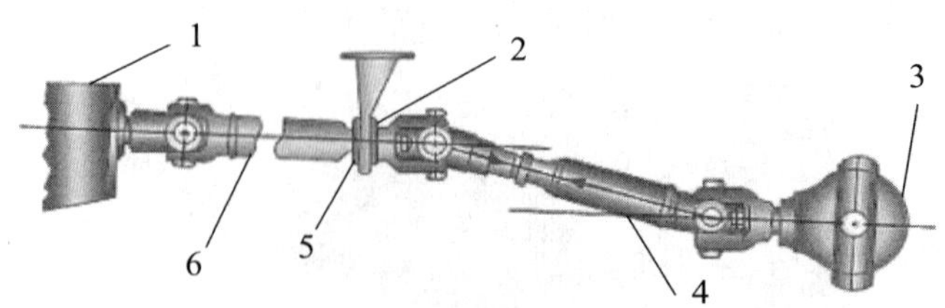

图 3—37　万向传动装置

1—变速器；2—中间支承；3—后驱动桥；4—后传动轴；5—球轴承；6—前传动轴

5. 驱动桥

（1）功用。

驱动桥的功用是将万向传动装置传来的发动机动力经减速增矩改变传动方向后，分配给左、右驱动轮，并且允许左、右驱动轮以不同转速旋转。

（2）组成。

驱动桥（图 3—38）通常由主减速器、差速器、半轴和驱动桥壳组成。主减速器可减速增矩，并可改变发动机转矩的传递方向，以适应汽车的行驶方向。

差速器可保证左、右驱动轮以不同的转速旋转。半轴把转矩从差速器传到驱动轮。桥壳支承汽车的部分质量，承受驱动轮上的各种力及力矩，并起到保护主减速器、差速器和半轴的作用。

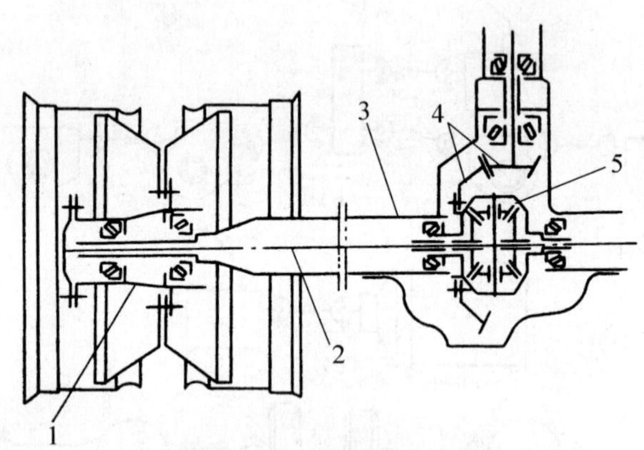

图 3—38　驱动桥示意图

1—轮毂；2—半轴；3—驱动桥壳；4—主减速器；5—差速器

（3）分类。

按驱动轮与桥壳的连接关系，驱动桥分非断开式驱动桥和断开式驱动桥两种。

1）非断开式驱动桥（图 3—39）。非断开式驱动桥的整个车桥通过弹性悬架与车架相连，桥壳是刚性整体结构，两根半轴和驱动轮在横向平面内无相对运动。载货汽车多采用非断开式驱动桥。

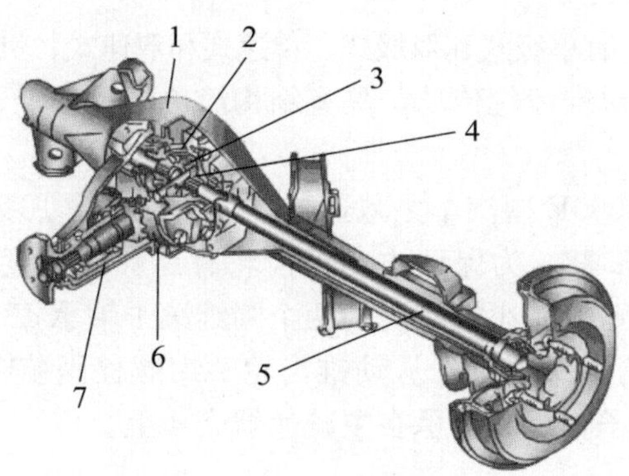

图 3—39　非断开式驱动桥

1—后桥壳；2—差速器壳；3—差速器行星齿轮；4—差速器半轴齿轮；5—半轴；6—主减速器从动齿轮齿圈；7—主减速器主动小齿轮

2）断开式驱动桥（图 3—40）。一些轿车和越野汽车为了提高汽车行驶的平顺性和通过性，在它们的全部或部分驱动轮上采用独立悬架，即两侧驱动轮分别用弹性悬架与车架相连，两驱动轮彼此可独立地相对于车架或车身上下跳动。

主减速器固定在车架或车身上，驱动桥壳制成分段并以铰链方式相连，同时半轴也分段且各段之间用万向节连接。

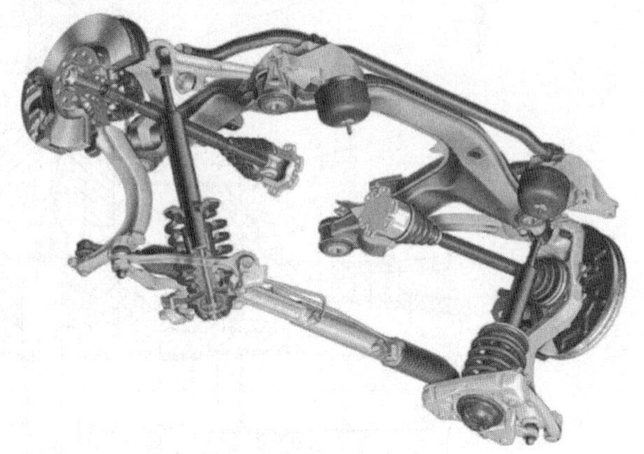

图 3—40　断开式驱动桥

（4）主减速器。

主减速器（图 3—41）的功用是将输入的转矩增大并相应降低转速，并可根据需要改变转矩的方向。

主减速器由主动锥齿轮、从动锥齿轮、圆锥滚子轴承及其他附件组成，如图 3—42 所示。

图 3—41　主减速器

图 3—42　主减速器的组成

主减速器的种类繁多，有单级式和双级式、单速式和双速式、贯通式和轮边式等。

单级主减速器只有一对锥齿轮传动，具有结构简单、重量轻、体积小、传动效率高等特点。

图 3—43 为东风 EQ1090E 型汽车主减速器。主动锥齿轮 18 和从动锥齿轮 7 为一对双曲面齿轮，其传动比 $i_0=6.33$。为保证主动锥齿轮有足够的刚度，主动锥齿轮 18 与轴制成一体，前端支承在互相贴近而小端相向的两个圆锥滚子轴承 13 和 17 上，后端支承在圆柱滚子轴承 19 上，形成跨置式支承。从动锥齿轮 7 用螺栓固装在差速器壳 5 上，与差速器壳一起通过两个圆锥滚子轴承 3 支承在主减速器壳 4 上。

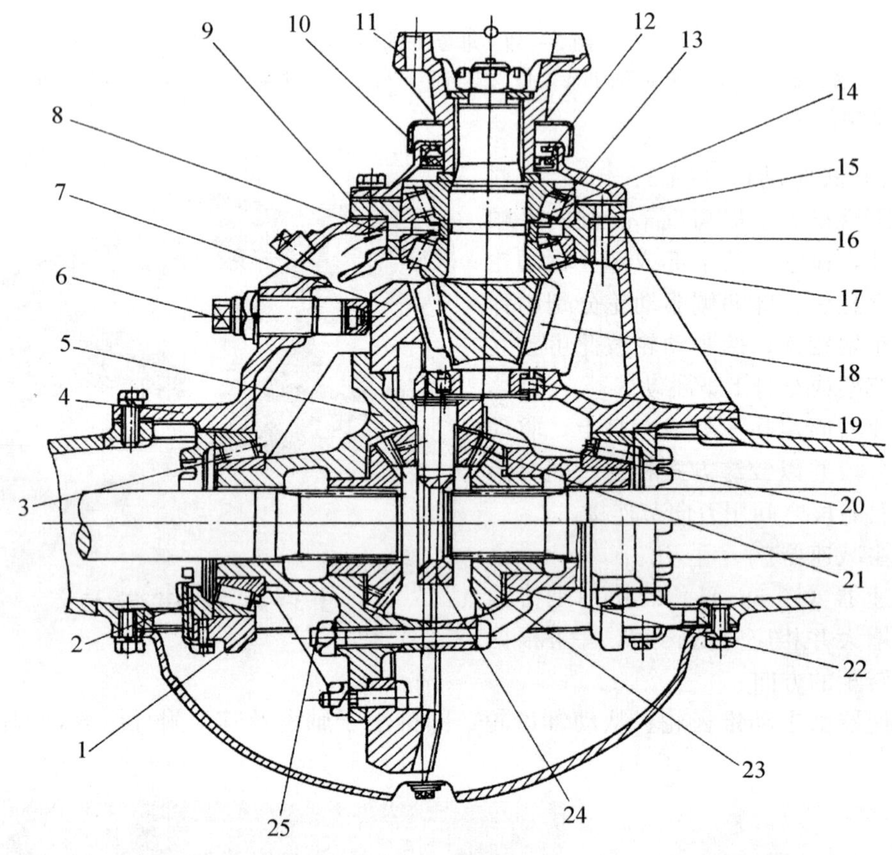

图 3—43　单级主减速器及差速器

1—差速器轴承盖；2—轴承调整螺母；3、13、17—圆锥滚子轴承；4—主减速器壳；5—差速器壳；6—支承螺栓；7—从动锥齿轮；8—进油道；9、14—调整垫片；10—防尘罩；11—叉形凸轮；12—油封；15—轴承座；16—回油道；18—主动锥齿轮；19—圆柱滚子轴承；20—行星齿轮垫片；21—行星齿轮；22—半轴齿轮推力垫片；23—半轴齿轮；24—行星齿轮轴（十字轴）；25—螺栓

在从动齿轮的背面，装有支承螺栓 6，以限制其过度变形而影响齿轮的正常工作。装配时，支承螺栓与从动锥齿轮端面之间的间隙为 0.3～0.5mm。

主减速器中所贮存的齿轮油，靠从动齿轮转动时甩到各个齿轮、轴和轴承上进行润滑。

为保证主动齿轮轴前端的圆锥滚子轴承 13 和 17 得到可靠润滑，在主减速器壳体中铸出了进油道 8 和回油道 16。齿轮转动时，飞溅起的润滑油从进油道 8 通过轴承座 15 的孔进入两圆锥轴承小端之间，在离心力作用下，油液自轴承小端流向大端。

流出圆锥滚子轴承 13 大端的润滑油经回油道 16 流回主减速器内。在主减速器壳体上装有通气塞，防止桥壳内气压过高而使润滑油渗漏。

万向传动装置传来的动力经叉形凸缘 11 传给主动锥齿轮 18，经从动锥齿轮 7 减速改变方向后，由螺栓传给差速器壳 5，最后由差速器半轴齿轮 23，半轴传到两侧驱动轮，使驱动轮旋转。

红旗 CA7220、一汽奥迪 100、捷达/高尔夫和上海桑塔纳等型轿车均采用单级式主减速器。

（5）差速器。

汽车直线行驶时，行星齿轮自身不转动，只随行星齿轮轴、差速器保持架、大锥齿轮绕半轴轴线公转，两个半轴齿轮就由行星齿轮带动以同样的转速旋转。

当汽车转弯时，行星齿轮不仅如前述同样地绕半轴轴线公转，而且还通过绕行星齿轮轴本身的自转，使两根半轴有不同的转速。

对于普通差速器（图 3—44），由于行星齿轮的作用，两根半轴传递着相同的转矩。如果某一侧半轴的阻力消失（如一侧车轮陷于淤泥中），另一侧半轴也无法传递转矩，车辆便无法开动。

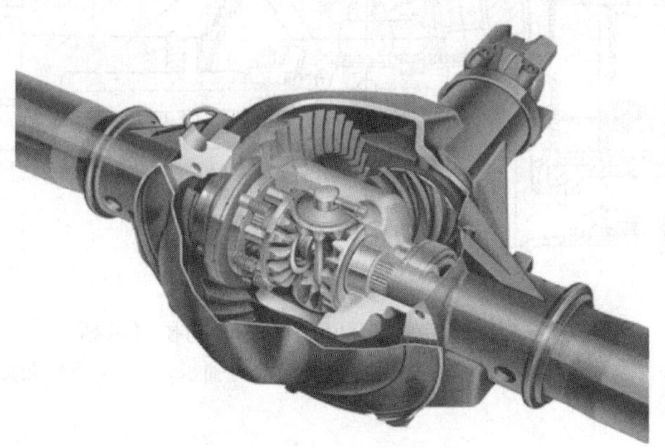

图 3—44　普通差速器

为了改善这一缺陷，又开发出了各种差速自锁装置，保证在一轮打滑情况下，另一轮可实现单轮驱动。限于篇幅，这里不再赘述。

3.3.2　汽车行驶系

1. 汽车行驶系概述

汽车行驶系由车架、悬架、车轴和车轮组成。车架对汽车并不一定是必需的，只有在非承载式车身结构中需用车架连接并支承车身、发动机和传动系、悬架等零件，承受和传递底盘零件传来的外力，还提供撞车时所需的强度和吸收冲击能量的能力。

2. 车桥

车桥（也称车轴）通过悬架与车架（或承载式车身）相连接，两端安装汽车车轮。车架所受的垂直载荷通过车桥传到车轮；车轮上的滚动阻力、驱动力、制动力和侧向力及其弯矩、转矩又通过车桥传递给悬架和车架，故车桥的作用是传递车架与车轮之间的各向作用力及其所产生的弯矩和转矩。

（1）转向桥。

转向桥利用转向节使车轮偏转一定的角度以实现汽车的转向，同时还承受和传递车轮与车架之间的垂直载荷、纵向力和侧向力以及这些力所形成的力矩。转向桥通常位于汽车的前部，因此也常称为前桥。

图 3—45 所示为北京 BJ1040 型汽车转向桥。

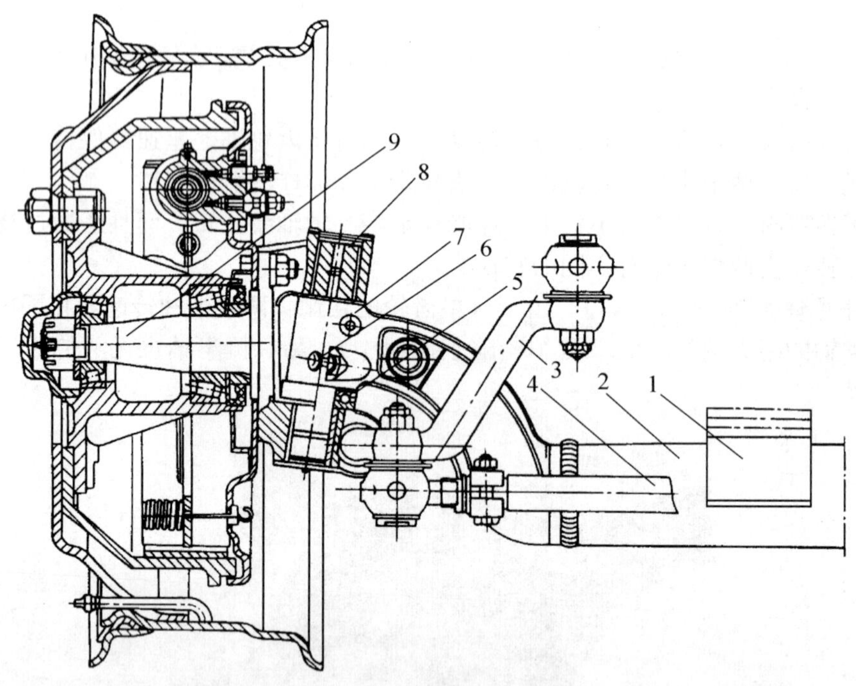

图 3—45　北京 BJ1040 型汽车转向桥（前桥）

1—钢板弹簧座；2—前轴；3—转向节臂；4—转向横拉杆；5—推力轴承；6—车轮转角限位螺钉；7—前轴拳形件；8—主销；9—转向节

前轴由两个前轴拳形件和一根无缝钢管焊接而成。这种结构可用于轻型汽车，而且不需大型锻造设备来制造前轴。主销推力轴承采用球轴承，可使转向操纵轻便。

由转向节上耳油嘴注入的润滑脂，经主销内的轴向和径向油孔进入主销与衬套之间的摩擦表面，使之得到润滑。车轮转角限位螺钉用来限制转向轮最大偏转角。

（2）转向轮定位。

为了保持汽车直线行驶的稳定性、转向的轻便性和减轻轮胎的磨损，转向轮、转向节和前轴三者之间与车架必须保持一定的相对位置，这种具有一定相对位置的安装称为转向轮定位，也称前轮定位。

正确的前轮定位应做到：可使汽车直线行驶稳定而不摆动；转向时转向盘上的作用力不大；转向后转向盘具有自动回正作用；轮胎与地面间不打滑以减少油耗；延长轮胎使用寿命。

前轮定位包括：主销后倾、主销内倾、前轮外倾及前轮前束。

3. 车轮与轮胎

（1）车轮。

汽车的车轮由轮毂、轮辋以及这两部分的连接件组成。车轮要求坚固、轻便和平衡。

现代汽车所使用的车轮主要可分为三种：压制钢盘车轮、钢丝辐条车轮和轻合金铸造车轮（图 3—46），其中压制钢盘车轮因易于大量生产，成本较低，刚度适中，轻便、坚固而应用最广泛；后两种车轮成本较高，多为跑车和赛车采用。

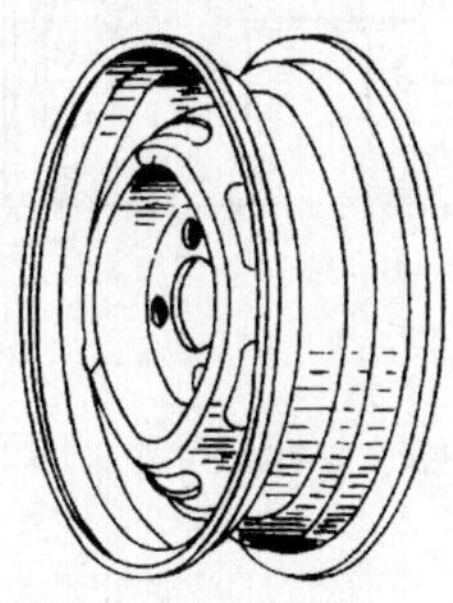
（a）压制钢盘车轮

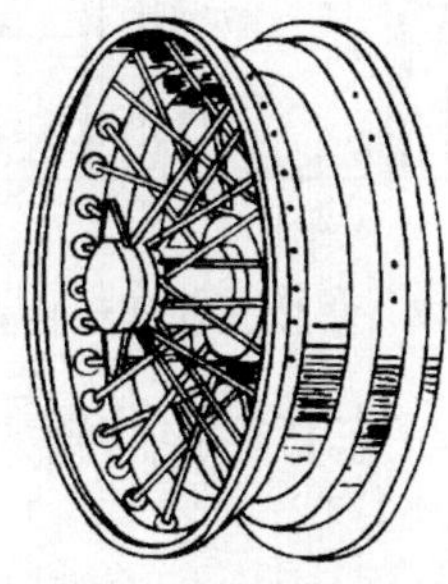
（b）钢丝辐条车轮

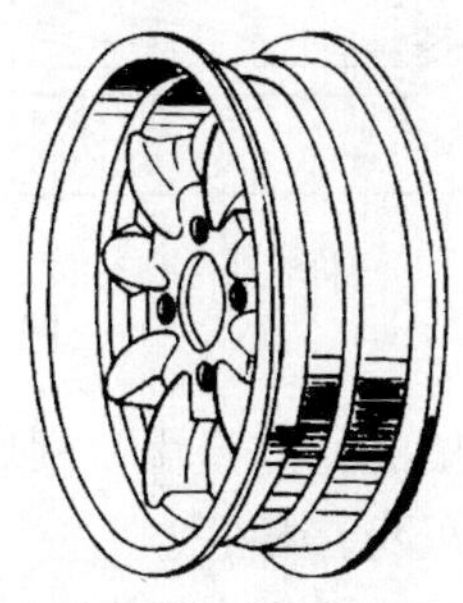
（c）轻合金铸造车轮

图 3—46　三种型式的车轮

车轮安装一般都由四个或五个螺栓固定在轮毂凸缘上，由于车轮是高速旋转件，需要定位，因此螺栓往往制成锥形，使车轮能自动定位。

载货汽车为防止行驶时螺母自行松脱，左轮轮盘固定螺栓用左旋螺纹，右边的则用右旋螺纹。

（2）轮胎。

汽车轮胎安装在轮辋上，直接与路面接触。轮胎的种类繁多，可按其用途、结构、材料、胎面花纹以及充气压力等区分。

轮胎承受着汽车的重力，因此必须有承受载荷的能力。由于轮胎有一定的弹性，与汽车悬架共同来缓和汽车行驶时所受的冲击力，以保证汽车有良好的乘坐舒适性和行驶平顺性。

轮胎又要传递地面的驱动力、制动力，因此必须与地面有良好的附着性能，这通常靠各种花纹来增强。汽车的充气轮胎按胎体中帘线排列方向不同，可分普通斜交线胎、带束斜交胎和子午线胎等。

在轿车上也有应用无内胎轮胎的，这种轮胎由于消除了内、外胎间的摩擦，工作温度低，适于高速行驶，而且结构简单、质量较小。

按照轮胎气压的大小分为高压轮胎（充气压力 0.5～0.7MPa）、低压轮胎（充气压力 0.2～0.5MPa）和超低压轮胎（充气压力＜0.2MPa）。

普通车辆的轮胎多为低压轮胎，载货车随载重量的增加，轮胎压力提高。超低压轮胎主要用于坏路或无路条件下行驶。

有的机动性要求很高的越野车装有自动充、放气系统，可根据路面条件调节轮胎气压。

4. 悬架

悬架是车架（或承载式车身）与车桥（或车轮）之间一切传力连接装置的总称。现代汽车尽管有不同结构型式的悬架，但一般都是由弹性元件、减振器和导向装置三部分组成，它们分别起缓冲、减振和导向作用，同时又都起传力作用。

悬架只要具备上述各种功能，在结构上并不是非设置上述三套单独的装置不可。例如，常见的钢板弹簧除起弹性元件的缓冲作用外，多片重叠时又可借片间摩擦起减振作用，同时也可担负起传递各种力和力矩的作用，故可不装减振器和其他导向机构。

悬架有两大类，即非独立悬架和独立悬架（图 3—47）。

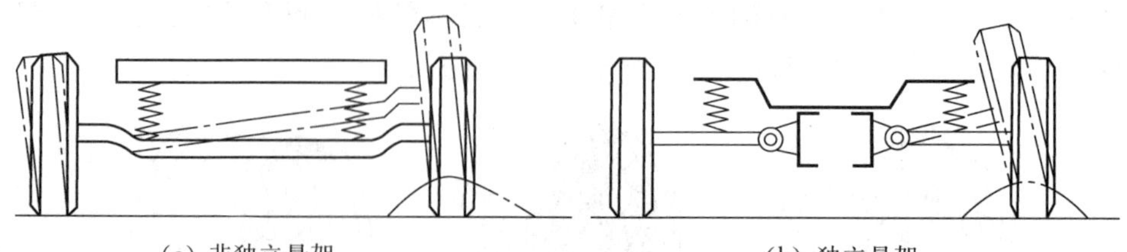

(a) 非独立悬架　　(b) 独立悬架

图 3—47　非独立悬架和独立悬架

非独立悬架的特点是由一根整体式车桥联接两侧的车轮，车轮与车桥一起通过弹性元件与车架（或车身）相联。

独立悬架每一侧车轮单独地通过弹性元件与车架（或车身）相连。采用独立悬架时，车桥显然是断开的。非独立悬架由于结构简单、成本低、强度高而广泛用于货车和大客车。独立悬架由于提高了汽车的舒适性，并有利于降低汽车重心而在轿车上用得相当普遍。

也有一些车前轮采用独立悬架，后轮采用非独立悬架。独立悬架的结构类型很多，按车轮的振摆型式可分为横摆臂式、纵摆臂式、沿主销移动等几种型式（图 3—48）。

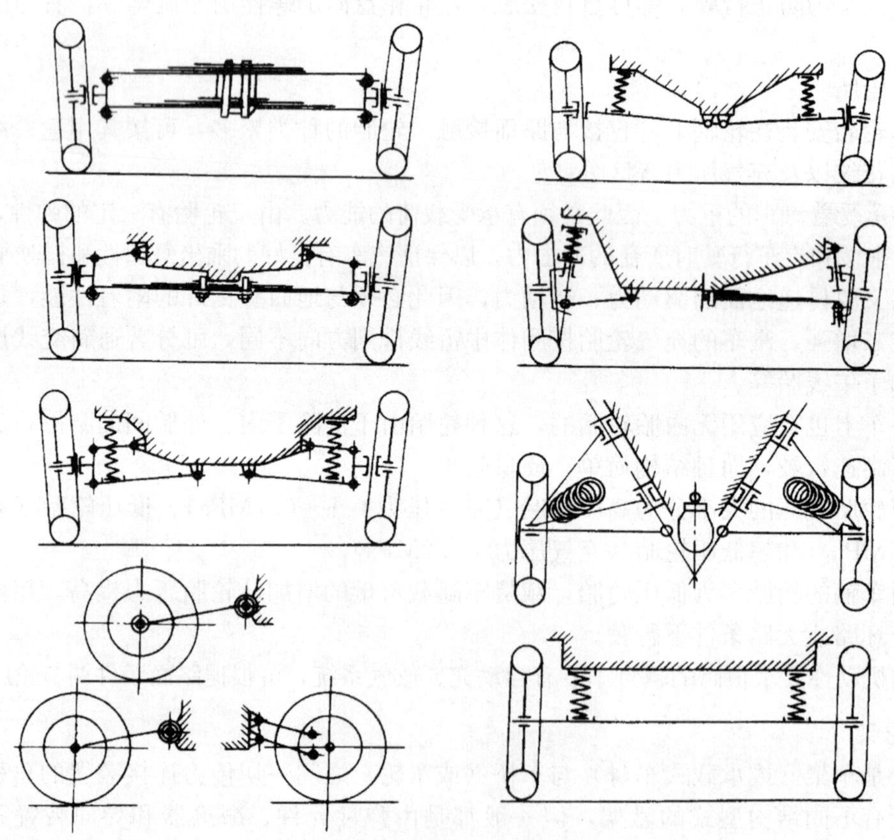

图 3—48　几种典型的独立悬架示意图

悬架中的弹性元件有钢板弹簧、螺旋弹簧、扭杆弹簧、气体弹簧、橡胶弹簧等，其中前两种应用最多。

汽车上的减振器通常是双向作用筒式减振器，即在伸张和压缩行程中都能起阻尼作用。阻尼大则消除振动快，但却使与之并联的弹簧的作用不能充分发挥，同时过大的阻尼力还可能导致减振器连接零件及车架的损坏。

3.3.3　汽车转向系

1. 转向系的功用

汽车在行驶中，经常需要改变行驶方向。汽车上用来改变汽车行驶方向的机构称为汽车转向系。汽车行驶方向的改变是由驾驶员通过操纵转向系来改变转向轮（一般是前轮）的偏转角度实现的。

转向系不仅可以改变汽车的行驶方向，使其按驾驶员规定的方向行驶，而且还可以克服由于路面侧向干扰力使车轮自行产生的转向，恢复汽车原来的行驶方向。

2. 转向系的组成

汽车转向系根据其转向能源的不同，可以分为机械转向系和动力转向系两大类。

（1）机械转向系以驾驶员的体力作为转向能源，又称为人力转向系。机械转向系（图 3—49）一般由三部分组成，即转向操纵机构、转向器和转向传动机构。

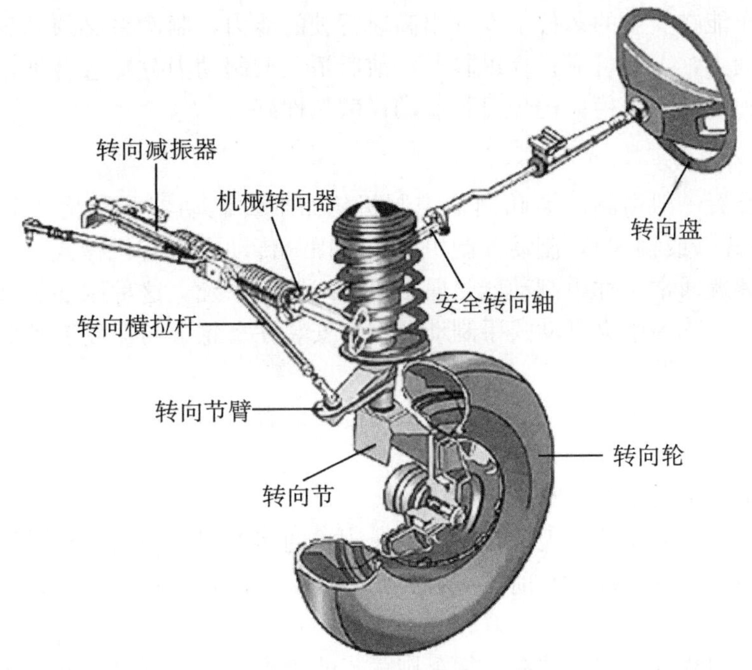

图 3—49　机械转向系的结构

驾驶员操纵转向器工作的机构叫做转向操纵机构，包括转向盘、转向轴等机件。转向轴下端的齿轮与齿条构成转向器。转向器是一个减速增矩机构，经转向器放大的力矩传给转向传动机构。

转向直拉杆（齿条）、转向节臂、转向横拉杆等机件构成转向传动机构。当驾驶员向左或向右转动转向盘时，转向轴即通过齿轮带动转向器内的齿条向左或向右移动，并推动转向横拉杆向左或向右移动，使车轮绕着主销轴线向左或向右偏转，从而实现汽车转向。

（2）动力转向系是在机械转向系基础上加设一套转向加力装置而成的，兼用驾驶员体力和发动机动力作为转向能源，并且以发动机动力作为主要能源。

3.3.4 汽车制动系

1. 制动系的功用

目前，汽车的行驶速度不断提高，道路情况越来越复杂，为了在技术上保证汽车的安全行驶，提高汽车的平均行驶车速，以提高运输生产率，在各种汽车上都设有专用的制动机构，使行驶中的汽车减低速度甚至停车或者使已经停下来的汽车保持不动。

2. 制动系的类型

一般汽车应包括两套独立的制动系：行车制动系和驻车制动系。

行车制动系是由驾驶员用脚来操纵的，故又称脚制动系。其功用是使正在行驶中的汽车减速或在最短距离内停车。

驻车制动系是由驾驶员用手操纵的，故又称手制动系或驻车制动系。其功用是使已停在各种路面上的汽车驻留原地不动。

3. 对制动系的要求

为保证汽车能在安全的条件下发挥出高速行驶的能力，制动系必须满足下列要求：应具有足够的制动力，工作可靠；操纵轻便；前后桥上的制动力分配应合理，左右车轮上的制动力应相等；制动应平稳；避免自行制动；散热性好。

4. 制动系的组成

各种制动装置一般由制动器和制动控制机构组成。制动器按其构造分为盘式、蹄式（或鼓式）和带式（或箍式），制动控制机构按其操纵传动方式有机械式、液压式、气压式等。驻车制动装置通常又称手制动器，属于机械式制动系统。这种制动装置作用在变速器后的传动轴上时，称为中央制动式手制动器；若安装在车轮上与车轮制动器一体时，则称为车轮制动式手制动器。

行车制动装置以液压式和气压式应用最广泛，前者多用于轿车和轻型车，后者多用于中型以上的客车和货车。

图 3—50 给出了典型的汽车制动系统。

为了保证制动的可靠性，无论是气压或液压式的多采用双管路制动系统，如前、后轮分开的双管路系统和对角线（左前轮、右后轮一条管线，右前轮、左后轮一条管线）交叉的双管路系统。

目前行车制动装置用的制动器，货车用蹄式的较多，轿车用盘式的较多，特别是轿车的前轮制动器几乎都是盘式的。

这是因为盘式制动器制动效能虽不如蹄式的高，但制动效能的稳定性好，几乎不发生蹄式制动器所具有的自动增力作用，在高速制动和反复制动时也很少发生衰减作用。

此外，制动盘左右两侧制动作用的不平衡现象极少，于是汽车能保持良好的方向稳定性。

目前，这类制动系统又常增加了电子防抱死控制，以增加其行车安全性。

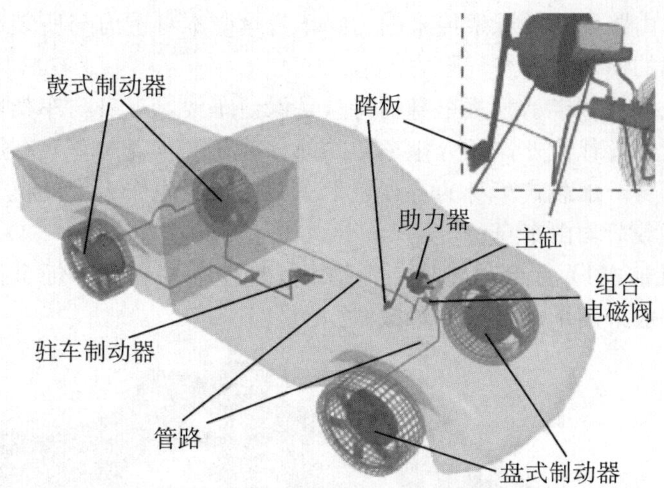

图 3—50　典型的汽车制动系统

3.4 车身与附属设备

3.4.1 车身的功用与组成

汽车车身是运送乘客、货物和驾驶员工作的平台，车身应具备使乘客和货物免受尘土、雨雪、振动、噪声、废气侵袭，使驾驶员工作便利的条件。车身上的一些结构措施和设备还应有助于行车安全和减轻交通事故造成的人身伤害。

车身的造型应能保证有效地引导周围的气流，以减少空气阻力和燃料消耗，且有助于提高汽车行驶稳定性和改善发动机冷却条件，保证车身内部通风良好。

汽车车身主要包括：车身壳体、车门、车窗、前后钣制件、车身附件、车身内外装饰件、座椅、通风、暖风、冷风、空调装置等。货车和专用汽车上还包括货箱和其他专用设备。

3.4.2 车身的类型

车身是汽车的基本骨架，也是最大的部件，它决定汽车的基本形状、大小和用途。

车身壳体是一切车身零、部件的安装基础。通常指纵、横梁和支柱等主要承力元件以及与它们相连的钣制件共同组成的刚性空间结构。其分类如下：

1. 按结构形式分

（1）骨架式车身。骨架式车身有完整的骨架，车身蒙皮固定在其上。

（2）半骨架式车身。半骨架式车身有部分骨架，如单独的立柱、拱形梁及其他加固件。各骨架可彼此相连或借蒙皮相连。

（3）无骨架式车身。无骨架式车身没有骨架，代替骨架的是各蒙皮板相互连接时所形成的加强肋或板壳。

2. 按受力情况分

（1）非承载式车身。非承载式车身的特点是保留车架，车身与车架通过弹簧或橡胶柔性连接。车架的刚度大，它承受发动机及底盘各部件之重力以及它们工作时通过支架传递的力、汽车行驶时由路面通过悬架传来的力。车身承受本身重力与所装载的客货重力以及汽车行驶时所引起的惯性力和空气阻力。

（2）半承载式车身。半承载式车身的特点是保留车架，车身与车架刚性连接，车身除承受非承载式中所述各载荷外，还分担车架的部分载荷。车身对车架有加固作用。

（3）承载式车身。承载式车身的特点是无车架，车身便作为发动机和底盘各总成的安装基础，上述各种载荷均由车身承受。

轿车车身（图 3—51）无明显骨架，它是由外部覆盖件和内部钣金件焊接成的一空间结构。轿车车身一般采用承载式或非承载式。

图 3—51　轿车车身

3.4.3　汽车仪表

汽车仪表是驾驶员通过视觉了解汽车工作状态的必备部件，其种类很多，但大致分为读取数值的仪表（如车速表）和判断车况是否正常的仪表（或装置）两大类。

这些仪表安装在驾驶员最容易看得见的驾驶员座椅对面的仪表板上（图 3—52）。

图 3—52　桑塔纳 3000 轿车仪表板

由于仪表是靠驾驶员视觉来了解汽车工作状态，因此，应具有良好的目视性（容易辨认）。将仪表设置在正面的仪表板上，可减少驾驶员视线从前方路面移开的几率。

需要频繁读数的仪表，若安装在仪表板中间则会增加驾驶员视线移动量而带来不便。不需经常确认的警报灯等，可安装在目视性较差的部位。警报灯（指示灯）只是在发生异常时灯才亮，它不能指示出具体数值。

3.4.4　安全防护装置

1. 安全带

随着汽车工业的发展，汽车安全问题日益为人们所重视。汽车工程师采取了各种措施以提高汽车的安全性能。其中，安全带（图 3—53）的使用是提高汽车安全性的重要措施之一。

椅安全带通过高强度的织带约束乘员的运动，减轻或避免事故中乘员与其他物体碰撞损伤。同时，当汽车失去平衡、倾覆或翻滚时，安全带将人体约束在座椅上，使其避免在车内翻滚而造成二次或多次碰撞。

大量使用实践证明，安全带是最有效的安全防护装置，可大幅度降低碰撞事故的受伤率和死亡率。

现代轿车必须装备安全带，前排座椅装有三点式安全带，后排座椅装有两点式安全带或三点式安全带。

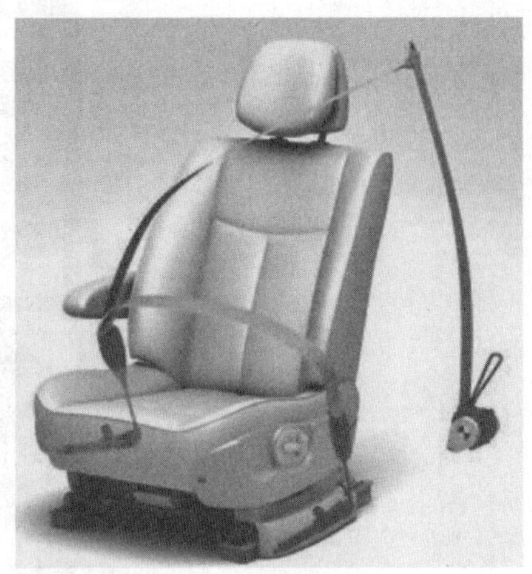

图 3—53　汽车安全带

2. 安全气囊

现在，越来越多的汽车都装备有安全气囊。其目的是辅助保护乘员，基本前提是乘员要佩戴安全带。

当汽车以大于 20km/h 的运行速度，在正前方±30°的范围发生撞击时，安全气囊就会迅速自动充气弹开，瞬间鼓起一个很大的气囊，犹如缓冲垫填在驾驶员和转向盘之间，从而减轻驾驶员（或乘员）头部及胸部的伤害。

安装于转向盘中的安全气囊系统一般由气体发生器、防护盖、气囊、约束件、溢气孔等组成。

近年来，在驾驶员安全气囊的基础上，又增加了副驾驶侧安全气囊和侧向安全气帘（图 3—54），使得汽车的被动安全性能大为提高。

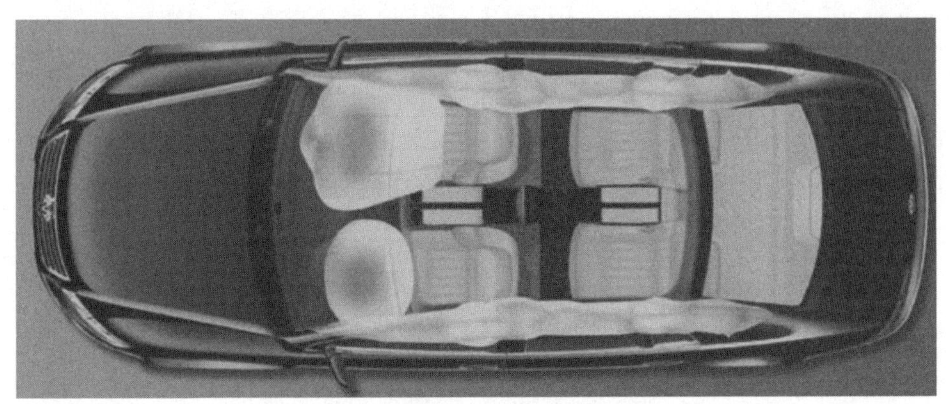

图 3—54　大众辉腾轿车的安全气囊和侧向安全气帘

3.4.5 汽车空调

现代汽车大都装备有车用空调来提高车内乘坐的舒适性。

汽车空调一般由通风装置、暖风装置、冷气装置以及空气净化装置等组成。图 3—55 为制冷系统工作原理示意图。

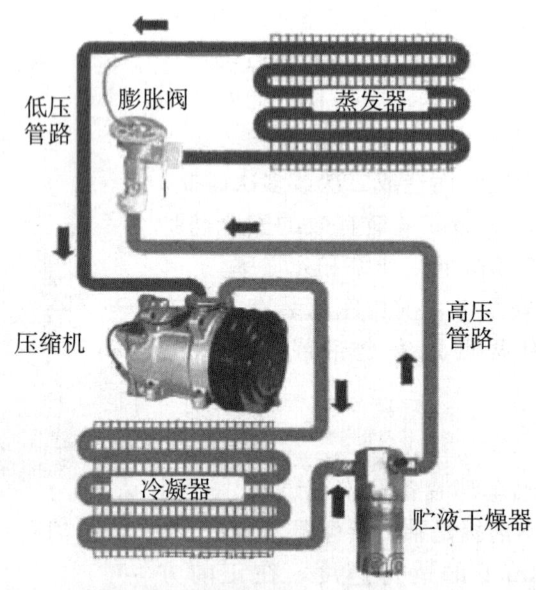

图 3—55 制冷系统工作原理示意图

（1）压缩机运转时，将蒸发器内产生的低温、低压制冷剂蒸气吸入并进行压缩后，在高温、高压的状态下排出，使之进入冷凝器。

（2）高温、高压气态制冷剂流入冷凝器，经冷却，气态制冷剂变成液态制冷剂。

（3）液态制冷剂进入贮液干燥过滤器，除去水分和杂质。

（4）高压液态制冷剂从膨胀阀小孔喷出，成为低压雾状制冷剂流入蒸发器。

（5）雾状制冷剂在蒸发器内吸收蒸发器盘管外边空气中的热量汽化，从鼓风机来的空气流经蒸发器表面，被冷却后送到车厢内。

气态制冷剂又重新被压缩机吸入，这样反复循环即可达到制冷目的。

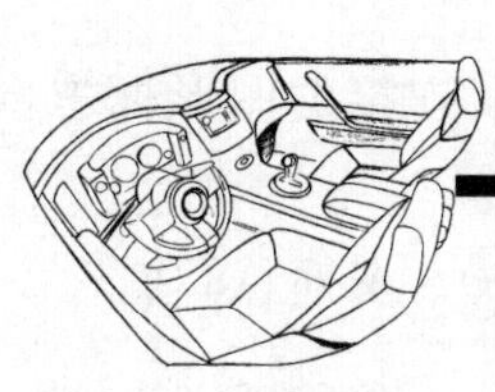

第 4 章

璀璨星空——汽车大观园

4.1 世界著名汽车公司及其车标

4.1.1 德国汽车公司

1. 奥迪汽车公司

1899 年，汽车制造天才奥古斯特·霍尔茨（August Horch，1868～1951 年，图 4—1）开创了奥迪的历史。他于 1902 年正式成立了霍尔茨汽车公司（Horch AG），从而成为德国东部汽车制造业百年历史的缔造者。

1910 年，霍尔茨创办了第二家霍尔茨汽车公司，但却遭原公司的控告要求更名，后来霍尔茨将公司名称由德文“Horch”（听）改为拉丁文“Audi”（听），从此开创了奥迪的历史，推出了各款汽车。

图 4—1　奥古斯特·霍尔茨

一战以后，奥迪首创汽车方向盘左置技术，并将换挡杆移至汽车中部，使得驾驶更为方便。从此，奥迪在众多汽车品牌中脱颖而出。

1932 年，由奥迪公司（1910 年创建）、DKW 公司（1916 年创建）、汪德勒公司（1911 年创建）和霍尔茨公司（1902 年创建）合并成汽车联合公司。1969 年，奥迪汽车公司由汽车联合公司和纳苏发动机股份公司合并而成，总部设在德国的因戈尔施塔特（Ingolstadt），主要生产小轿车、发动机和三角转子发动机。

奥迪汽车公司是以四个连接在一起的圆环作为标志（图 4—2），意为四个公司的联合。从标志仿佛看到：兄弟四人正手挽着手、雄赳赳地向我们走来，表明团结就是力量。

四个相同的紧扣着的圆环，象征了公司成员向往那种平等、互利、协作的亲密关系和奋发向上的敬业精神。

每辆奥迪汽车的散热器前面和车尾都镶有奥迪公司四个圆环相互连接的图形标志，1985 年又在车尾使用文字商标“Audi”。

奥迪汽车公司生产的车型有卡特罗、奥迪 A4、奥迪 A6L（图 4—3）、奥迪 A8 等。

图 4—2　奥迪汽车公司标志

图 4—3　奥迪 A6L

2. 宝马汽车公司

宝马汽车公司的前身是宝马飞机公司，后为巴依尔发动机公司（Bayerische Motoren Werhe），1918 年改为宝马汽车公司。

BMW 是巴依尔发动机公司“Bayerische Motoren Werhe ”三个单词首位字母的缩写。宝马汽车公司以生产宝马跑车、宝马轿车、宝马摩托车为主，其产品享誉全球。

图 4—4　宝马汽车公司标志

由于宝马公司是以生产航空发动机开始创业的，所以宝马公司标志中的蓝色为天空，白色为螺旋桨（图 4—4），这是“宝马”商标的第一大特点；第二大特点就是“宝马”汽车的散热器（前脸）中间永远是两个合金框进气格栅。

宝马采用了内外双圆圈的图形，并在双圈圆环的上方标有 BMW 字样的商标。在内圆的圆形间隔图案中，采用蓝天、白云和运转不停的螺旋浆，喻示宝马公司渊源悠久的历史，象征该公司在航空发动机技术方面的领先地位，又象征公司一贯宗旨和目标：在广阔的时空中，以先进的科学技术、最新的理念，满足顾客的最大愿望，反映了公司蓬勃向上的气势和日新月异的面貌。

宝马汽车除了独特的商标外，其外形显示出活泼而又高贵的个性；具有使人眼花缭乱和心驰神往的神韵；宝马在理智中暗藏咄咄逼人的锋芒，时而温顺，时而奔放，超凡的操控性能更令驾驶者惊叹。

宝马公司致力于推动中国汽车工业在高科技应用方面的发展。1994 年 4 月，宝马公司在北京设立了代表处。现在，它和华晨汽车公司合作，在中国生产宝马轿车。

目前，宝马汽车公司拥有 MINI、劳斯莱斯等品牌。

宝马汽车公司主要生产 3 系列、5 系列、7 系列、Z3 系列、Z4 系列（图 4—5）、8 系列、阿尔宾娜（Alpina）等车型。宝马汽车公司在十多个国家和地区设有子公司。

图 4—5 Z4 跑车

3. 大众汽车公司

大众汽车公司是世界十大汽车公司之一，创建于 1938 年德国的沃尔斯堡，创始人是世界著名汽车设计大师费迪南·保时捷（Ferdinand Porsche，1875～1952 年，也译为费迪南德·波尔舍，图 4—6），他同时也是保时捷汽车公司的创始人。大众汽车公司经营汽车产品占主要地位，是一个在全世界许多国家都有汽车生产的跨国汽车集团。

大众汽车公司是德国最大也是最年轻的汽车公司，是一家国际性集团公司，总部在沃尔斯堡。大众汽车公司的德文 Volks Wagenwerk 意为大众使用的汽车，图形商标是将德文 Volks Wagenwerk 单词的首字母 V 和 W 叠合后，再镶嵌在一个大圆圈内，然后把整个商标镶嵌在发动机散热器格栅中间。

图形商标似三个“V”字（图 4—7），像是用中指和食指作出的“V”形，表示大众公司及其产品“必胜—必胜—必胜”。文字商标则标在车尾的行李厢盖上，以注明该车的名称。大众商标简捷、鲜明，令人过目不忘。

图 4—6 费迪南·保时捷

图 4—7 大众汽车公司标志

大众汽车公司生产的车型有：甲壳虫（Beetle，图 4—8）、高尔夫（Golf）、捷达（Jetta）、帕萨特（Passat）、桑塔纳（Santana）、波罗（Polo）、文托（Vento）、卡拉维拉（Caravelle）等。

图 4—8　甲壳虫

大众汽车公司在全世界有 13 家生产性子公司，海外有 7 个销售公司，23 个其他公司。国内子公司主要是大众和奥迪公司，国外有西班牙、墨西哥、斯柯达、桑塔纳、帕萨特、柯拉多、奥迪科贝等。整个汽车集团年产销能力在 300 万辆左右。

目前拥有大众、本特利、斯柯达、兰伯基尼、布加迪等品牌。

4. 戴姆勒—奔驰汽车公司

戴姆勒—奔驰汽车公司是德国汽车制造业最大的垄断企业，是世界商用车最大的跨国集团，以生产优质、舒适、豪华汽车而闻名于世。

1886 年，现代汽车的发明人戈特利布·戴姆勒（Gottlieb Daimler，1834～1900 年，图 4—9）和卡尔·本茨（Carl Benz，1844～1929 年，图 4—10）相继成立了戴姆勒汽车公司和奔驰汽车公司。1901 年戴姆勒公司以驻法国总进口商杰里纳克女儿的名字命名的“梅塞德斯”小轿车投产后，名声大振。

图 4—9　戈特利布·戴姆勒

图 4—10　卡尔·本茨

从 1902 年起，戴姆勒公司一直采用三叉星商标。而当时的卡尔·奔驰公司的商标，最初是月桂枝包围的“奔驰（Benz）”字样。月桂代表着吉祥、胜利，因此，奔驰商标就像一顶桂冠，预示着该公司将会在汽车领域独占鳌头。

后来，在日耳曼民族团结精神的驱使下，戴姆勒汽车公司和奔驰汽车公司这两家世界上最老的汽车公司于 1926 年 6 月 29 日实现了联合，总部设在斯图加特市，并使用“三叉星”标志（图 4—11）。

由于戴姆勒—奔驰公司是由戴姆勒和奔驰两家公司合并而成的，其标志也将两家公司的标志合二为一，设计出两个标志：第一个是在两个嵌套的圆中含有一颗三叉星，“Mercedes”字样在上，“Benz”字样在下，两边有月桂树叶，就像一顶桂冠（图 4—12），镶在散热器罩正上方。第二个标志是将形似汽车转向盘内嵌三叉星的商标竖立在“Mercedes”和“Benz”及两边有月桂树叶圆形基座上，然后再把整个立体商标（图 4—13）竖立在车头前部。

图 4—11　三叉星商标

图 4—12　月桂树桂冠标志

图 4—13　立体商标

奔驰汽车高昂的“三叉星”车标总是冷峻地审视着芸芸众生，而它精美绝伦的工艺，庄重沉稳的造型，保守且不张扬的色彩，无一不在无声地显示着一种令人倾倒的风采。

透过“戴姆勒—奔驰”汽车商标，彰显出戴姆勒—奔驰是一款高品质、高质量、性能优良、驾驶安全、乘坐舒适、装饰豪华、经久耐用和拥有绝对驾驶乐趣的汽车；特别是梅塞德斯—奔驰 S 级轿车，在技术和设计上堪称世界汽车工业的典范，誉满全球，已成为世界各国首脑、工业大亨、商界巨子的首选车型，也使“戴姆勒—奔驰”成为一种权势的象征，是豪华尊贵和技术先进的代名词。

BENZ 汽车有“奔驰”和“平治”两个汉语名字，两者都被誉为品牌翻译中的经典。“奔驰”在中国内地流行，“平治”在香港、澳门及其他地区流行。

戴姆勒—奔驰汽车公司主要由轿车部（总部在斯图加特的温特图克汉姆，生产 C、E、S、SL 级轿车（图 4—14）、V 级多用途汽车、SLK 小型运动车）、商用车部（生产载重车、公共汽车、大客车、发动机）、戴姆勒—奔驰部（梅塞德斯—奔驰工业公司、戴姆勒—奔驰航空宇航公司、戴姆勒—奔驰特许服务中心和戴姆勒—奔驰工业公司）等组成。

戴姆勒—奔驰车型有三个等级：“C”代表紧凑型轿车；“E”代表中等尺寸轿车；“S”代表最大型、最豪华的轿车，通常将代表等级的字母放在前面，表示排量的数字放在后边。而过去“E”代表燃油喷射的意思。“CE”为两门轿车，“SL”为双人座跑车；“F”代表未来型轿车；“D”代表柴油机型轿车。“SLK”是“Super Luxary Kehicle”的缩写。

图 4—14　奔驰轿车

“SLK”级跑车是集双门运动车和敞篷车于一身的小型跑车，只需一揿按钮，它的折叠式硬质车顶就会在 25s 后完全隐藏到行李厢中去，使单排座轿车奇妙地变成了敞篷跑车。

5. 保时捷研究设计发展股份公司

保时捷研究设计发展股份公司（又译成波尔舍公司）是德国颇有影响的汽车研究设计发展公司，它接受国内外汽车设计和研究业务。

“保时捷”的文字商标采用德国保时捷公司创始人费迪南·保时捷（图 4—6）的姓氏，图形商标采用斯图加特市的盾形市徽（图 4—15）。

图 4—15　保时捷公司标志

1948 年，第一部以“保时捷”命名的跑车问世。从此，“保时捷”以高超的技术和优雅的造型艺术，在跑车世界占有一席之地。“Porsche”商标标注在发动机盖上方最显眼的位置，表明该商标为“保时捷”所有；“Stuttgart”字样，说明公司总部在斯图加特市；商标中间是一匹骏马，表示斯图加特盛产一种名贵马，这种马早在 16 世纪就非常有名了；商标的左上方和右下方是鹿角的图案，表示斯图加特曾是狩猎的好地方；商标右上方和左下方的黄色条纹代表成熟了的麦子颜色，喻示五谷丰登；商标中的黑色代表肥沃的土地；商标上的红色象征人类的智慧和对大自然的钟爱。由此组成一幅精湛意深、秀气美丽的田园风景画，象征“保时捷”辉煌的过去和美好的未来。

保时捷公司生产的车型有博克斯特（Boxster）和 911 系列轿车（图 4—16）以及保时捷 SUV 系列汽车。

图 4—16　保时捷 911 系列轿车

4.1.2　美国汽车公司

1. 福特汽车公司

福特汽车公司由亨利·福特（Henry Ford，1863～1947 年，图 4—17）创立于 1903 年，是世界最大的汽车制造商之一。1908 年福特汽车公司生产出世界上第一辆属于普通百姓的汽车——福特 T 型车，世界汽车工业革命由此开始。1913 年，福特汽车公司又开发出了世界上第一条汽车生产流水线，这一创举使 T 型车一共达到了 1 500 万辆，缔造了一个世界纪录。福特先生为此被尊为“为世界装上轮子的人”。

时至今日，福特汽车公司仍然是世界一流的汽车企业，仍然坚守着亨利·福特先生开创的企业理念：“消费者是我们工作的中心所在，我们在工作中必须时刻想着我们的消费者，提供比竞争对手更好的产品和服务。”

福特汽车公司的标志如图 4—18 所示。

图 4—17　亨利·福特

图 4—18　福特汽车公司的标志

目前，福特汽车公司拥有福特（Ford）、林肯（Lincoln）、水星（Mercury）、阿斯顿·马丁（Aston Martin）、捷豹（Jaguar）、马自达（Mazda）、陆虎（Land Rover）和福特野马（Mustang，图 4—19）等众多著名品牌。

图 4—19　福特野马（Mustang）

此外，福特公司还拥有世界最大的汽车信贷企业——福特信贷（Ford Financial）、全球最大的汽车租赁公司——赫兹（Hertz）及汽车维修公司——Kwik-Fit。

2. 通用汽车公司

图 4—20 通用汽车公司标志

通用汽车公司是世界上最大的汽车公司，年工业总产值达 1 000 多亿美元。其标志 GM（图 4—20）是其英文名称（General Motor Corporation）的前两个单词的第一个字母。

通用汽车公司是由威廉·C·杜兰特（William Crapo Durant，1861～1947 年，图 4—21）于 1908 年 9 月在别克汽车公司的基础上发展起来的，成立于美国的汽车城底特律，现总部仍设在底特律。

通用汽车公司在美国最大的 500 家企业中居首位，在世界最大工业企业中位居第二。它在美国及世界各地雇员达 80 万人，分布在世界上 40 个国家和地区，通用汽车公司每年的汽车总产量达 900 万辆。

通用汽车公司是美国最早实行股份制和专家集团管理的特大型企业之一。通用汽车公司生产的汽车，突出地表现了美国汽车豪华、宽大、内部舒适、速度快、储备功率大等特点，而且通用汽车公司尤其重视质量和新技术的采用，因而通用汽车公司的产品始终在用户心中享有盛誉。

通用汽车公司与菲亚特、铃木、五十铃、富士重工汽车公司结成合作伙伴关系。目前，通用汽车公司有通用悍马、别克（图 4—22）、雪佛兰（图 4—23）、旁蒂克（图 4—24）、凯迪拉克（图 4—25 和图 4—26）、欧宝、绅宝、富士重工、土星、奥兹莫比尔等品牌。

图 4—21 威廉·C·杜兰特

图 4—22 别克品牌标志

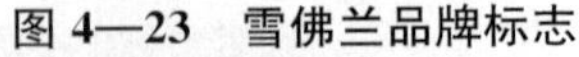

图 4—23 雪佛兰品牌标志

图 4—24 旁蒂克标志

图 4—25 凯迪拉克品牌标志

图 4—26 凯迪拉克 SRX 高级轿车

3. 克莱斯勒汽车公司

图 4—27　沃尔特・克莱斯勒

克莱斯勒汽车公司是美国第三大汽车工业公司，创立于 1925 年，创始人名叫沃尔特・克莱斯勒（Walter Chrysler，1875—1940 年，图 4—27）。该公司在全世界许多国家设有子公司，是一个跨国汽车公司。公司总部设在美国底特律。

1924 年沃尔特・克莱斯勒离开通用汽车公司进入威廉斯・欧夫兰公司，开始生产克莱斯勒牌汽车。1925 年他买下破产的马克斯维尔公司组建自己的公司。凭借自己的技术和财力，他先后买下道奇、布立格和普利茅斯公司，逐渐发展成为美国第三大汽车公司。

随着经营的扩大，克莱斯勒开始向海外扩张，先后在澳大利亚、法国、英国、巴西建厂和收买当地汽车公司股权，购买了意大利的马沙拉蒂公司和兰博基尼公司，从而使公司成为一个跨国汽车公司。

20 世纪 70 年代，公司因管理不善濒临倒闭，著名企业家李・雅柯卡接管该公司。雅柯卡上任后大胆启用新人，裁减员工，争取政府资助，并把主要精力投入市场调研和产品开发上，在产品广告上出奇制胜。在 20 世纪 80 年代初，克莱斯勒又奇迹般地活了过来，继续排在世界大汽车公司前 5 名之列。

克莱斯勒汽车公司的商标如图 4—28 所示。

图 4—28　克莱斯勒汽车公司的商标

克莱斯勒汽车公司拥有道奇、顺风、克莱斯勒轿车（图 4—29）部以及道奇载重车、

图 4—29　克莱斯勒 300C 轿车

零部件部等。1998年年底，克莱斯勒和奔驰宣布合并，形成世界上又一大汽车集团。目前，它和奔驰共同拥有奔驰、克莱斯勒、JEEP、三菱、麦巴赫等品牌。

4.1.3 瑞典汽车公司

1. 沃尔沃汽车公司

沃尔沃汽车公司，于1924年由阿萨尔·加布里尔松和古斯塔夫·拉尔松创建，1927年4月14日生产第一辆载货汽车。第二次世界大战后，轿车生产占主导地位，生产的轿车性能和质量与奔驰轿车不分上下。

公司标志和汽车商标是在一个车轮形状的图形上有指示运动方向的箭头（图4—30）。文字商标“Volvo”为拉丁语，是滚滚向前的意思（国内早期曾译为富豪），喻示着汽车车轮滚滚向前，公司兴旺发达、前途无量。

汽车商标除了使用公司标志外，还在散热器格栅上加一条对角线作为标记，使商标非常容易识别。柴油卡车商标则是将“Volvo Diesel Trucks”标注在汽车上。公司生产的每款“沃尔沃”轿车处处体现出北欧人高贵的品质，给人以朴实无华的印象，尽管运用了很多高科技，但仍不失北欧式的冷峻风格。“沃尔沃”那典雅端庄的传统风格与现代流线型揉合在一起，创造出一种独特的“时尚”。性能卓越、设计独特、安全舒适的“沃尔沃”轿车，为车主提供了一个充满温馨的可移动的家。

沃尔沃汽车公司于2000年被福特汽车公司以64亿美元收购。2010年3月，中国吉利汽车公司以18亿美元从福特汽车公司购得沃尔沃汽车公司。现今，沃尔沃已经成为中国吉利的子公司。

目前，沃尔沃汽车公司主要生产轿车（图4—31）、大客车、重型汽车、工程机械、航空发动机、船用发动机、液压机械等。

图4—30　沃尔沃汽车标志

图4—31　沃尔沃轿车

2. 绅宝·斯堪尼亚有限公司

绅宝·斯堪尼亚（SAAB—Scania，也称为萨伯—斯堪尼亚）有限公司是著名载货汽车公司（世界八大载货汽车厂之一），公司创建于1900年，总部设在马尔默港口。

绅宝（SAAB）汽车公司是瑞典著名的汽车厂，SAAB 在中国也译为“萨伯”，是瑞典文字 Svenska Aeroplan Artie Bolaget 的缩写，意为瑞典飞机有限公司。

绅宝公司的图形商标是由三个圆圈组成，其中间有一个头戴皇冠的“鹫头飞狮”，其下有“SAAB”字样（图 4—32）。

“鹫头飞狮”是一个神话传说中的英雄，上面的皇冠代表权力和威严；下面分别是狮子和猛禽的一部分。“鹫头飞狮”代表公司所在国家是瑞典王国，表示公司扎根于故土，显示该公司的力量、速度、革新和勇气。

绅宝 · 斯堪尼亚有限公司生产的轿车（图 4—33）和载货车品质精良，广受好评。

图 4—32　绅宝汽车公司标志

图 4—33　绅宝轿车

4.1.4　法国汽车公司

1. 标致—雪铁龙集团

标致—雪铁龙集团是法国第一大汽车生产集团（Peugeot Societe Anon Yme，简称 PSA ），是世界著名汽车公司。该公司是由标致汽车公司、雪铁龙汽车公司、塔尔伯特汽车公司于 1976 年合并而成的。

1890 年，法国人阿尔芒 · 标致（Armand Peugeot，1889～1928 年，图 4—34）创立了标致汽车公司（国内曾将 Peugeot 译为“别儒”）。

标致汽车公司采用所在省蒙贝利亚尔省徽“狮子”作为标志（图 4—35），也是汽车产品的商标，喻示标致汽车永远保持旺盛的生命力。

“狮子”标志非常别致有品味，简洁、明快的线条象征着今天更为完美，表示“标致”更为成熟。独特的造型既突出力量又强调了节奏，更富有时代气息。

标致汽车公司生产的所有车型都用公司的标志作为商标。主要车型有：标致 306ST、标致 106、标致 406（在 1996 年获得欧洲最佳车第二名）、标致 450、标致 505、标致 206、标致 307（图 4—36）等。

图 4—34　阿尔芒·标致坐在 Peugeot 28 型（Typy28，1900 年）敞篷车中

图 4—35　标致汽车公司标志

图 4—36　标致 307 轿车

雪铁龙汽车公司以创始人安德烈·雪铁龙（André Citroën，1878～1935 年，图 4—37）的姓氏命名，是标致—雪铁龙集团的重要成员。

雪铁龙汽车公司采用两个人字形齿轮重叠的两对齿作为公司标志和汽车商标（图 4—38），以纪念安德烈·雪铁龙于 1912 年发明了人字齿轮。

图 4—37　安德烈·雪铁龙

图 4—38　雪铁龙汽车公司标志

目前，雪铁龙汽车公司在十多个国家设有子公司。雪铁龙汽车公司的经典车型有 ZCV、DS、SM、CX、XM 系列轿车（图 4—39），以及萨克索（Saxo）、桑蒂雅（Xantia）等。1995 年与中国东风汽车公司合作成立神龙汽车有限公司，生产富康牌轿车。

图 4—39　雪铁龙轿车

1995 年，生产雪铁龙 ZX 系列轿车的中国东风汽车公司采用 Eole 商标，即希腊文“风神”。成立的公司称为神龙汽车公司，是将西方的“风神”和东方的“龙”有机结合的典范。

2. 雷诺汽车公司

雷诺汽车公司是世界十大汽车公司之一，法国第二大汽车公司，创立于 1898 年，创始人是路易・雷诺（Louis Renault，1877～1944 年，图 4—40）。而今的雷诺汽车公司已被收为国有，是法国最大的国营企业，也是世界上以生产各型汽车为主，涉足发动机、农业机械、自动化设备、机床、电子、塑料、橡胶业的垄断工业集团。

雷诺公司第一次大发展是在第一次世界大战中，它为军队生产枪枝弹药、飞机并设计出轻型坦克，使雷诺公司大发横财。战争结束后，公司转向农业机械和重型柴油汽车生产，其柴油机技术处于世界领先地位。第二次世界大战期间，雷诺公司为德国法西斯效劳，为德国军队提供大量坦克、飞机发动机和其他武器。因而战争结束后，雷诺公司被法国政府接管，路易・雷诺被捕入狱。战后，在法国政府的支持下，雷诺公司得以进入第二次大发展时期。公司利用国家资本，兼并了许多小汽车公司，并发挥了雷诺公司的技术潜力，开发出多种汽车新产品。

雷诺公司的商标如图 4—41 所示，公司总部设在法国比杨古。

雷诺汽车公司的汽车产品十分齐全，除小客车和载货车外，各种改装车、特种车应有尽有，在十大汽车公司中也是独此一家。雷诺公司下分小客车、商用车、自动化设备以及工业产品四个分部，统管国内外所有子公司。

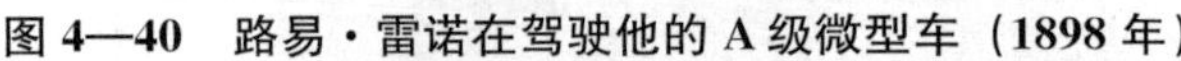
图 4—40　路易·雷诺在驾驶他的 A 级微型车（1898 年）　　图 4—41　雷诺公司的商标

雷诺汽车公司的经典车型有雷诺 Cilo、雷诺 19 型、雷诺 25 型等。目前，雷诺汽车公司拥有雷诺（图 4—42）、日产等品牌。

图 4—42　雷诺轿车

4.1.5　意大利汽车公司

1. 菲亚特汽车公司

菲亚特汽车公司的总部在都灵，是意大利最大的集团公司，也是世界著名的汽车制造公司之一。该公司是一个结构十分庞大的组织，其所属 700 多家公司和几万个销售网点遍布全世界，是一个国际性公司，在近十个国家设厂，有多个国家购买其生产许可证。

菲亚特汽车公司年收入相当于意大利国民生产总值的 40%左右，菲亚特汽车公司结构复杂，实力强大，素有“国中之国”的雅号。

菲亚特汽车公司主要成员由十一个部门组成：小客车部、商用和工业车辆部、农业拖拉机部、建筑机械部、钢铁部、零部件部、机床和生产系统部、土木工程和土地利用部、能源部、铁道车辆和轨道运输系统部以及旅游和运输部。此外，菲亚特公司还拥有一个财政、其他产品部和一个研究中心。

菲亚特汽车公司的标志几经变化，目前生产的汽车都用圆形“FIAT”标志（图 4—43）或条型“FIAT”标志（图 4—44），用三位阿拉伯数字表示其型号。

图 4—43　圆形“FIAT”标志

图 4—44　条型“FIAT”标志

菲亚特汽车公司的经典车型有：节奏（Ritmo）、米拉费欧丽（Mirafiori）、道路（Strada）、田野（Campagnola）、快意（Punto）和布拉旺（Bravo）、马利昂（Marea）、小帆船（Barchetta）、熊猫（Panda，图 4—45）、布拉娃（Brava）、优利赛（Uiysse）、乌诺（Uno）、杜娜旅行车（Duna Weekend）、派力奥（Palio）等。

图 4—45　菲亚特熊猫（Panda）

2. 阿尔法·罗密欧汽车公司

阿尔法·罗密欧汽车公司是意大利第二大汽车公司。于 1910 年在米兰创建，20 世纪 80 年代末被菲亚特汽车公司兼并，使这个奄奄一息的公司得以重放异彩。阿尔法·罗密欧公司主要生产小客车、赛车、载货车，并在国外设有子公司。

阿尔法·罗密欧公司标志是米兰市的市徽，也是中世纪米兰的领主维斯康泰公爵的家徽（图 4—46）。标志中左边的十字部分来源于十字军从米兰向外远征的故事。右边部分是原米兰大公的徽章，其中的蛇正在吞撒拉逊人的图案有种种传说，比较可信的说法是维斯康泰的祖先曾经击退了使城市人民遭受苦难的“龙形蛇”。外环圈的上半部则标注有公司的字样“ALFA ROMEO”。这一标志从 1911 年开始成为阿尔法·罗密欧公司标志和所生产汽车的商标。

图 4—46　阿尔法·罗密欧公司标志

阿尔法·罗密欧公司的经典车型有阿尔法（Alfa）、

蜘蛛（Spider）、阿尔菲塔（Alfetta）、吉利耶塔（Giulietta）、阿尔法苏（Alfasud）等。

著名的阿尔法·罗密欧跑车（图 4—47）有 145/146 型、155 系列、164 系列、GTV、斯派德（Spider）、96 款“流云”等。

图 4—47 阿尔法·罗密欧跑车

3. 蓝旗亚汽车公司

出色的赛车手维琴佐·蓝旗亚（Vicenzo Lancia，1881～1937，同时也是菲亚特汽车公司的创始人，图 4—48）于 1906 年在都灵市创办了以自己名字命名的公司。Lancia 在意大利语中是长矛的意思，长矛是中世纪骑士的主要武器。

图 4—48 维琴佐·蓝旗亚在驾驶自己设计的汽车

蓝旗亚汽车的标志（图 4—49）具有双重意义：一是采用了公司创始人维琴佐·蓝旗亚的姓氏；二是借用了蓝旗亚“长矛”的含义。车标以长矛作为画面的主题，代表了企业奋斗的精神，加上旗帜上的公司英文名称（Lancia），简洁地体现了“蓝旗亚”的全部含义。

独具意大利风格和文化蕴味的蓝旗亚汽车（图 4—50）广为世人所喜爱。

图 4—49　蓝旗亚汽车公司标志

图 4—50　蓝旗亚汽车

4. 法拉利汽车公司

法拉利汽车公司于 1929 年成立，以创始人恩佐·法拉利（Enzo Ferrari，1898～1988 年，图 4—51）的姓氏命名。意大利素有“高性能汽车王国”之称，法拉利跑车无疑是王冠上最美的钻石。法拉利公司总部在兰托（Rento），主要生产轿车和赛车。

图 4—51　恩佐·法拉利

法拉利公司标志（图 4—52）是黑色的“飞马”，底色为摩德纳（工厂所在地）金丝雀羽毛的颜色。这个“飞马”标志原为意大利空军战斗英雄佛朗希斯科·巴拉克的护身符，“飞马”保佑他在历次空战中获胜。巴拉克在生活中也非常喜欢马，他所用的物品都有马的图案，他也是一个技术高超的骑手。

法拉利（图 4—53）一直是高品质跑车的代名词，每款跑车都是其他公司望尘莫及的。

法拉利公司的经典车型有法拉利 F355 Spider、法拉利 F50 Ferrari、法拉利 F512M、法拉利 F456GT 等。

图 4—52　法拉利公司标志

图 4—53　法拉利跑车

5. 兰博基尼汽车公司

1962 年，佛鲁西欧·兰博基尼（Ferruccio Lamborghini，1916～1993 年，图 4—54）在摩迪纳创建一家生产赛车的公司，1987 年被美国的克莱斯勒公司兼并。

佛鲁西欧·兰博基尼制造了一系列拖拉机（图 4—55）、燃油燃烧器及空调系统，从而为自己的品牌树立了声望。

图 4—54 佛鲁西欧·兰博基尼

图 4—55 佛鲁西欧·兰博基尼和他设计的汽车、拖拉机

兰博基尼汽车公司的标志是一头公牛（图 4—56），它浑身充满力量，正准备冲击，寓意该公司生产的赛车马力大、速度快、战无不胜。

兰博基尼汽车（图 4—57）是唯一能在收藏车市场上与“法拉利”叫板的车型。

图 4—56 兰博基尼汽车公司标志

图 4—57 兰博基尼汽车

4.1.6 英国汽车公司

1. 劳斯莱斯汽车公司

造型典雅的劳斯莱斯汽车浑身散发着王者气息，从诞生之日起就注定拥有高人一等的血统，始终是车主身份和地位的象征。

劳斯莱斯汽车公司由查尔斯·罗尔斯（Charlls Rolls，1877～1910 年，图 4—58）和亨利·罗伊斯（Henry Royce，1863～1933 年，图 4—59）于 1904 年创立。

劳斯莱斯的车标（图 4—60）中重叠在一起的两个 R 分别代表罗尔斯（Rolls）和罗伊斯（Royce）姓氏的第一个字母，体现了两人融洽、和谐的合作关系。

图 4—58　查尔斯·罗尔斯

图 4—59　亨利·罗伊斯

图 4—60　劳斯莱斯的车标

劳斯莱斯新时代的到来应该从 Silver Ghost 的诞生算起。Silver Ghost 被直译为“银色幽灵”，亦译成“幻影”。银色幽灵采用 6 缸 7L 发动机，曲轴在 7 个轴承上旋转，运转非常柔和，压力润滑系统第一次应用在劳斯莱斯 Legalimit 发动机上。到 1924 年，一共生产了 6 173 辆银色幽灵，这些车辆均由手工制造。劳斯莱斯卓越的设计和严格的品质管理确立了它在世界上的声誉。

劳斯莱斯的经典车型有银色幽灵（Silver Ghost）、银色黎明（Silver Dawn）、银云（Silver Cloud）、银色阴影（Silver Shadow，图 4—61）、滨海大道（Corniche）、银色精灵（Silver Spirit）和银色马刺（Silver Spur）等等。

图 4—61　银色阴影（Silver Shadow）

2. 捷豹汽车公司

英国捷豹（Jaguar）汽车公司创建于1935年，总部设在英国汽车工业的心脏地带——考文垂。在中国内地，也有人把Jaguar称作美洲虎；而在中国香港和澳门地区，则把Jaguar称作“架积”。

捷豹的产品包括超豪华车（Limousine）、敞篷车和跑车等，其车标（图4—62）是一只跃起欲飞的豹，意喻捷豹公司及其产品的蓬勃生机与活力。

图4—62　捷豹（Jaguar）车标

1989年，捷豹被美国福特公司以40.7亿美元的价格购入，在福特公司的帮助下，捷豹逐渐走出了经济困境。

现在的捷豹（图4—63）凭借其个性化的外形，豪华的内饰和设备以及卓越的性能在世界汽车市场中重新占据了重要地位。

图4—63　捷豹汽车

捷豹（Jaguar）汽车公司的经典车型有C-type、D-type、E-type、Mark X、XJ12、XJ6、XJS、XK、XJ系列、R系列、S-type等等。

4.1.7　日本汽车公司

1. 丰田汽车公司

丰田汽车公司全名为Toyota Motor Corporation，是由1933年创立的丰田自动织布机制作所的汽车部发展起来的。1937年丰田自动车工业公司正式创立，1938年丰田汽车工厂正式投产。1959年丰田汽车公司在巴西建立该公司的第一个国外生产厂。1984年与美国通用汽车公司合资建立NUMMI工厂，生产NDVA牌小型轿车。

丰田汽车公司在日本国内共有10个工厂、3 700个销售点，另在世界20个国家设有27个生产工厂、6 700个销售点。丰田汽车公司的汽车产品，有排量1.3L到4.0L的轿车，载质量 6t 以下的货车及 29 座以下的客车。

丰田汽车公司的商标如图 4—64 所示。

丰田汽车公司一共开发了 50 多个车型，形成庞大的丰田车系。比较有代表性的车型有皇冠（图 4—65)、卡罗拉（花冠)、凯美瑞（佳美)、雷克萨斯（凌志）等。

图 4—64 丰田汽车公司的标志

图 4—65 皇冠轿车

2. 日产汽车公司

日产汽车公司全名是 Nissan Motor Co. Ltd，创立于 1933 年，是日本的第二大汽车产业集团。

日产集团 1935 年起正式采用大量生产方式生产汽车。1953 年起从英国引进技术，生产奥斯汀（Austin）A40 型轿车。1961 年、1964 年日产汽车公司分别建立了轿车与载货汽车大型生产基地。1980 年 1 月公司购买了西班牙 Motor Lberica 公司 35.85%的股权，同年 7 月建立美国日产汽车制造公司（NMMC)。同年 12 月，与意大利阿尔法·罗密欧公司共同出资成立 ARNA 公司。1981 年 9 月，日产汽车公司与德国大众汽车公司签署了技术合作协议。1982 年 6 月，与美国的 Martin Marietta 公司签订了宇航、防卫技术援助协议。1984 年 2 月，日产汽车公司在国内装配并销售大众汽车公司的桑塔纳轿车。1985 年 3 月在美国开始生产轿车。

日产集团在国内有 11 个汽车制造厂和 5 个装配厂、3 000 个销售点，在世界 22 个国家共设有 27 个生产工厂、6 500 个销售点。

日产汽车公司的标志如图 4—66 所示。日产汽车公司比较有代表性的车型有公爵王、帕拉丁、蓝鸟、骊威（图 4—67）等。

图 4—66 日产汽车公司的标志

图 4—67 日产骊威

日产集团除了生产轿车、载货汽车和客车之外，还生产叉车、纺织机械、船舶、船用动力、火箭等，非汽车经营销售额占 12.5%。

3. 三菱汽车公司

三菱汽车公司全名是 Mitsubishi Motors Corp，建立于 1970 年。

三菱汽车公司是由三菱重工业股份有限公司和美国克莱斯勒汽车公司合资经营的综合性汽车制造企业。1982 年 6 月，公司与美国福特公司就提供发动机达成协议，同年 10 月在美国设立汽车销售公司。1984 年 10 月，公司与三菱汽车销售公司合并，以提高经营效率和实现体制合理化。

三菱汽车公司在韩国现代汽车公司持有 7.5%的股权，并提供小型轿车生产许可证。三菱汽车公司还为奔驰公司在西班牙的子公司提供发动机和生产技术。1985 年 4 月，三菱公司与克莱斯勒公司签署了在美国合资生产轿车的协议。

三菱汽车公司主要生产普及型轿车、微型载货车、重型载货车和大客车。三菱汽车公司在国内有 6 个生产厂，在 24 个国家设有 26 个组装厂。

三菱汽车公司的标志如图 4—68 所示。帕杰罗越野车（图 4—69）是三菱汽车公司非常成功和有代表性的车型。

图 4—68 三菱汽车公司的标志

图 4—69 三菱帕杰罗越野车

4. 本田汽车公司

本田汽车公司全名是 Honda Motors Co. Ltd，中国亦称之为本田公司，创立于 1948 年。

本田汽车公司是生产经营轻型汽车、两轮摩托车、耕耘机、通用发动机和发电机的综合性公司。该公司的两轮摩托车产量占世界摩托车总产量的 1/3 以上，是世界上最大的摩托车制造企业。该公司总销售额中汽车销售额占 60%，摩托车占 20%，其他占 20%。

本田公司主要生产排量在 1.2～2.4L 的轿车和轻型载货汽车，也生产大客车。在日本国内共有 6 个制造厂，其中摩托车厂有 4 家。本田公司在 30 个国家建有 48 个从事汽车、摩托车和零部件生产的企业，其中汽车生产企业共 7 家，分设在 7 个国家。本田公司在国内共有销售点 2 727 个，在国外共 820 个销售公司。

本田公司的标志如图 4—70 所示。雅阁轿车（图 4—71）是本田公司非常成功和有代表性的车型。

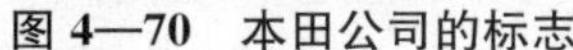

图 4—70　本田公司的标志

图 4—71　本田雅阁轿车

5. 日本其他汽车公司

日本汽车公司除了以上四家主要生产厂家外，还有铃木汽车公司（Suzuki Motor Limited）、马自达汽车公司（Mazda Motor Company）、斯巴鲁汽车公司（Subara Motor Company）等。

铃木汽车公司使用的标志由铃木拼音（SUZUKI）的第一个字母 S 变形而来（图 4—72）。马自达汽车公司的名称来源于西亚人传说中神的名字——阿弗拉·马自达（Afura Mazda），他象征着古代文明，具有聪明、理性和协调之意。马自达汽车公司的标志如图 4—73 所示，斯巴鲁汽车公司的标志如图 4—74 所示。

这些公司生产的主要车型有：马自达 3、马自达 6、铃木奥拓、铃木 Waggon、斯巴鲁森林人（图 4—75）等。

图 4—72　铃木汽车公司的标志

图 4—73　马自达汽车公司的标志

图 4—74　斯巴鲁汽车公司的标志

图 4—75　斯巴鲁森林人

4.1.8 韩国汽车公司

1. 现代汽车公司

现代汽车公司创建于 1967 年，主要生产轿车、货车、大客车和专用车，是韩国现代集团的骨干企业。

现代汽车公司的标志（图 4—76）在椭圆中有一个斜花体字母“H”，“H”是现代汽车公司英文名（Hyundai Motors Company）第一个单词的首字母。

现代汽车公司的标志，首先体现了“现代汽车公司腾飞于世界”这一理念，其次还象征现代汽车公司在和谐与稳定中发展。标志中的椭圆即代表汽车的转向盘，又可以看做是地球，与其间的 H 结合在一起恰好代表了现代汽车遍布全世界的意思。现代汽车公司标志（斜花体字母“H”）不同于日本的本田汽车商标（正体“H”）。汽车商标安装在汽车散热器格栅上，表示车名的文字商标标注在车尾。

现代汽车公司生产的车型主要有福尼（Pony）、雅绅特（Accent）、蓝特拉（Lantra）、索纳塔（Sonata）、玛齐（Marcia）、宏伟（Grandeur）、伊兰特（Elantra，图 4—77）等。

图 4—76 现代汽车公司标志

图 4—77 现代伊兰特（Elantra）

2. 大宇汽车公司

大宇汽车公司的前身是 1967 年金宇中创建的新韩公司，后改为新进公司，1983 年改名为大宇汽车公司，是韩国大宇集团的骨干企业。

大宇汽车公司标志使用形似地球和正在开放的花朵标志（图 4—78），生产的汽车也使用这个标志作为商标。

“大宇”标志象征高速公路大动脉向未来无限延伸，表现了大宇的未来和发展意志；椭圆代表世界、宇宙；向上展开的“花朵”形象体现了大宇家族的创造力和挑战意识。整个标志表现了大宇家族的智慧、创造、挑战、牺牲的企业精神，表现出大宇集团的“儒家”风范。

大宇生产的车型有超级沙龙（Super Salon）、王子（Prince）、希望（Espero）、蓝天（Clelo）、赛手（Racer）、巧龙（Tico）、旅行家（Nubira，图 4—79）等。

图 4—78　大宇汽车公司标志

图 4—79　大宇旅行家（Nubira）

3. 起亚汽车公司

起亚汽车公司创建于 1944 年，是韩国最早生产汽车的企业，现在主要生产轿车和汽车零部件。

起亚汽车公司的标志是英文“KIA”（图 4—80），象征公司如腾空飞翔的雄鹰，喻示起亚公司无限发展的潜力。

起亚汽车公司生产的车型有嘉华、狮跑、赛拉图（图 4—81）等。

图 4—80　起亚汽车公司标志

图 4—81　起亚赛拉图

4.1.9　中国汽车公司

1. 一汽集团

一汽集团即解放汽车工业联营公司，组建于 1982 年，以第一汽车厂为主体，以解放牌汽车系列产品为龙头，由直属企业、合资企业和配套企业组成的多层次联合体。一汽是我国最早生产汽车的工厂，是我国汽车工业的摇篮。一汽于 1986 年完成换型改造工程，形成年产 8 万辆 CA141 系列货车的生产规模。一汽与德国大众汽车公司合资成立一汽—大众汽车有限公司，生产奥迪牌高级轿车和高尔夫、捷达牌普及型轿车。

一汽集团直属的主要汽车制造厂有：吉林轻型车厂、长春轻型车厂、青海汽车制造厂、无锡汽车制造厂、常州客车厂、大连柴油机厂、长春汽车发动机厂、哈尔滨汽车齿轮厂等。

一汽集团的标志是“第 1 汽车”中“1 汽”两字艺术化的组合，置于隐喻地球的椭圆内，整个标志镶嵌在汽车的进气格栅上（图 4—82）。

图 4—82　一汽集团的标志

一汽早期生产的解放牌货车，其标志为毛泽东主席手书的“解放”两字，周围以冲压的五角星、祥云为衬托，如图 4—83 所示。

图 4—83　一汽早期生产的解放牌货车标志

在后期生产的红旗轿车上，又采用毛泽东主席手书的汉字“红旗”和置于椭圆内的阿拉伯数字“1”的组合图案以及立体的红旗为标志，如图 4—84 所示。

图 4—84　后期生产的红旗轿车标志

一汽集团的自有品牌有红旗明仕（图 4—85）、红旗世纪星、红旗旗舰等。在解放系列载货汽车和轻、微型客车中，解放 CA1091 和解放 J6（图 4—86）已经成为拳头产品，畅销不衰。

图 4—85　红旗明仕

图 4—86　解放 J6 重型货车

除此之外，一汽集团还生产奥迪、高尔夫、捷达、宝来、花冠、威驰、马自达 6 等合资品牌轿车。

2. 东风汽车公司

东风汽车公司（原中国第二汽车制造厂）是依靠我国自己的力量设计、建设和装备起来的汽车生产企业。经过 40 多年的建设和发展，东风公司相继建成了十堰、襄樊、武汉三大汽车生产基地，11 个专业厂，5 个全资和控股子公司，职工 13.3 万人，成为集生产、科研、开发、经营为一体的跨地区、跨行业的现代化汽车企业集团。

目前，东风公司拥有 28 个直属企业，54 个全资和控股子公司；汽车年生产能力逾 30 万辆；可为用户提供重、中、轻、轿四大系列 8 个基本车型，150 多种变型车、170 多种改装车，8 个系列 16 种发动机，是国内汽车行业生产品种最多、车型覆盖面最宽的企业。

东风公司始建于 1969 年。1975 年 7 月 1 日，第一个基本车型 2.5t 越野车 EQ240 生产能力初步形成。1978 年 7 月 15 日，第二基本车型 5t 民用载货车 EQ140 生产能力建成。1981 年，在国内率先成立企业集团——东风汽车工业联营公司（东风汽车集团）。

1986 年到 1992 年，二汽在襄樊开辟和建设包括年产 3 万吨铸件、6 万台康明斯 B 系列发动机以及国内规模最大、功能最全的汽车试验场在内的第二个生产基地。同时，引进开发了 EQ1141G 八平柴、EQ1118G 六平柴系列重型车。

1992 年，二汽正式更名为东风汽车公司。为适应市场结构调整，东风公司开展了以轻轿建设为重点的第三次创业。目前，东风公司的合资企业有神龙公司（与法国雪铁龙合作）、东风日产（与日本日产合作）、东风悦达起亚（与韩国起亚合作），子公司有东风康明斯发动机有限公司、东风襄樊专用汽车有限公司、汉阳特种汽车制造厂、杭州汽车制造厂、云南汽车厂、柳州汽车制造厂、郑州轻型汽车制造厂等。

东风汽车公司采用圆环内的“双飞燕”为标志（图 4—87），整个标志镶嵌在汽车的进气格栅上，如图 4—88 所示。

图 4—87　东风汽车公司的“双飞燕”标志

图 4—88　镶嵌在汽车的进气格栅上的东风标志

3. 上海汽车工业（集团）公司

上海汽车工业（集团）公司的核心企业是上海汽车工业总公司与德国大众汽车公司合资建立的上海大众汽车有限公司，该公司成立于 1985 年，生产桑塔纳牌轿车（图 4—89）。

原上海汽车厂后来并入该厂，过去长期生产的上海牌轿车遂停止了生产。该公司 1993 年跃上新台阶，年产轿车 10 万辆，其销售额和利税居全国汽车行业之首，国产化率达到 80.47%，已连续多年登上全国十佳生产型合资企业金榜。

属于上汽集团的主要企业还有上海重型汽车厂、上海通用汽车公司以及许多生产零部

图 4—89　桑塔纳牌轿车

件的配套厂。

目前，上汽集团生产的主要车型有桑塔纳 2000、桑塔纳 3000、帕萨特、波罗、别克君威等。

4. 天津一汽夏利汽车股份有限公司

天津一汽夏利汽车股份有限公司是中国第一汽车集团公司控股的经济型轿车制造企业，是一家集整车制造、发动机、变速器生产以及科研开发于一体的股份制公司。

公司的前身是天津汽车夏利股份有限公司，成立于 1997 年 8 月 28 日。

夏利汽车的车标如图 4—90 所示，其新车型夏利 N3（图 4—91）在国内微型轿车市场上一直产销两旺，发展势头良好。

2002 年 6 月 14 日，中国第一汽车集团公司与天津汽车工业（集团）有限公司联合重组，一汽集团持有公司 50.98%的股份，对公司拥有控股权，企业正式融入一汽体系之中，天津一汽夏利汽车股份有限公司由此得名。

图 4—90　汽车夏利的车标

图 4—91　夏利 N3 轿车

公司目前主要拥有一个自有品牌（夏利）和三个合作品牌（威姿、雅酷、威乐）以及两个合资品牌（威驰、卡罗拉），天内牌系列汽车发动机、天齿牌系列汽车变速器也是企业的拳头产品。

5. 中国重型汽车集团

中国重型汽车联营公司即重汽集团，组建于 1983 年，总部在山东省济南市，下属主要企业有济南汽车制造总厂、四川汽车制造厂、陕西汽车制造厂等。

这些厂在原有生产黄河牌（图 4—92）、红岩牌等重型汽车的基础，在“七五”计划期间，由重汽集团安排，引进奥地利技术，生产斯太尔系列重型汽车。

图 4—92　黄河牌重型汽车

重汽集团其他主要企业有：杭州汽车发动机厂、重庆汽车发动机厂和潍坊柴油机厂等。

6. 北京汽车工业控股有限责任公司

北京汽车工业控股有限责任公司（简称北汽控股公司）是由北京市人民政府投资，对原北京汽车工业集团总公司进行改制组建的国有独资公司。

目前，北汽控股公司所属全资、控股、参股的整车制造、零部件制造、汽车服务贸易和投资企业共 32 个，总资产约 296 亿元，员工总数 4 万多人。

北京汽车工业的发展已有 40 多年的历史。20 世纪 60 年代以来，北汽控股公司自主开发生产了 BJ212 越野车和 BJ130 轻型卡车，成为中国轻型汽车的生产基地。1984 年 1 月，北汽控股公司与美国克莱斯勒公司共同投资成立中国第一个汽车整车制造合资企业——北京吉普汽车有限公司。至 2004 年 9 月，北汽控股公司已实现累计产销汽车 300 万辆。

北汽控股公司于 2002 年 10 月与韩国现代汽车集团共同组建北京现代汽车有限公司。几年来，北京现代公司实现了快速发展，2004 年 10 月，汽车产销量跃居全国各轿车生产厂第三名。

北汽控股公司与戴姆勒·克莱斯勒公司一直保持着良好的合作关系，2001 年 3 月，双方续签了 30 年的新的合资合同，并与日本三菱汽车公司签订了帕杰罗、欧蓝德汽车技术转让协议。

现在，北汽控股公司已拥有克莱斯勒、Jeep、三菱、现代等国际品牌和北京、欧曼、时代、奥铃、风景、北汽福田（图 4—93）等自主开发的民族品牌，实现了国际品牌和民族品牌比较完美的结合，形成了轿车、商用车、越野车的三大板块生产格局。

图 4—93　北汽福田皮卡

7. 浙江吉利控股集团有限公司

浙江吉利控股集团有限公司是国内汽车行业十强中唯一一家民营轿车生产企业，始建于 1986 年，经过二十多年的建设与发展，在汽车、摩托车、汽车发动机、变速器、汽车电子电器及汽车零部件制造领域取得辉煌业绩。

吉利汽车的新旧两个标志如图 4—94 和图 4—95 所示。

图 4—94　吉利汽车旧标志

图 4—95　吉利汽车新标志

浙江吉利控股集团有限公司现有吉利豪情、美日、优利欧、美人豹、华普、自由舰、吉利金刚（图 4—96）、吉利远景（图 4—97）等八大系列 30 多个品种的轿车；拥有 1.0L（三缸）、1.0L（四缸）、1.0L VVT-i、1.3L、1.5L、1.6L、1.8L、1.8L VVT-i 等八大系列发动机；拥有 JLS160、JLS160A、JLS110、JLS170、JLS90、Z110、Z130、Z170 等八大系列变速器。上述产品均已通过国家 3C 认证，并达到欧 III 排放标准，其中 1.0L（四缸）、1.0L VVT-i 发动机已经达到欧 IV 标准；吉利拥有上述产品的完全自主知识产权。

图 4—96　吉利金刚轿车

图 4—97　吉利远景轿车

浙江吉利控股集团有限公司在北京建立了吉利大学，在临海建立了吉利汽车轿车开发中心和试验中心；在上海建立了新能源、清洁燃料、混合动力、电动汽车及经典车型研发中心；在宁波建立了发动机研究所、变速器研究所；在路桥建立了电子电器研究所；为加大自主创新步伐，吉利集团正在筹建一个集成世界先进技术的开放型研发中心和一个创新成果应用平台。

目前，吉利汽车各研究院拥有较强的轿车整车、发动机、变速器和汽车电子电器的开发能力，每年可以推出 4～5 款全新车型和机型；拥有一批行业顶尖的汽车专家和技术力量。自主开发的 4G18 发动机，升功率达到 57.2kW，处于国际先进水平；自主研发的自动变速器，填补了国内空白，并获得 2006 年度中国汽车行业科技进步唯一的一等奖；自主研发的 EPS，开创了国产品牌的汽车电子助力转向系统的先河。

以“造老百姓买得起的好车，让吉利汽车走遍全世界”为企业理念的吉利控股集团代表着中国民族汽车工业的希望。

8. 奇瑞汽车有限公司

奇瑞汽车有限公司于 1997 年注册成立，1997 年 3 月 18 日动工建设，1999 年 12 月 18 日，第一辆奇瑞轿车下线。2007 年 8 月 22 日，奇瑞公司第 100 万辆汽车下线，标志着奇瑞已经实现了通过自主创新打造自主品牌的第一阶段目标，正朝着通过开放创新打造自主国际名牌的新目标迈进。

奇瑞公司自成立以来，一直坚持发扬自立自强、创新创业的精神，坚持以“聚集优秀人力资本，追求世界领先技术，拥有自主知识产权，打造国际知名品牌，开拓全球汽车市场，跻身汽车列强之林”为奋斗目标，在激烈的市场竞争中，不断增强核心竞争力，经过 10 多年的跨越式发展，奇瑞公司已拥有整车、发动机及部分关键零部件的自主研发能力、自主知识产权和核心技术，目前已成为我国最大的自主品牌乘用车研发、生产、销售、出口企业，为应对更为残酷的竞争和更快发展奠定了基础。

奇瑞公司现有轿车公司、发动机公司、变速器公司、汽车工程研究总院、规划设计院、试验技术中心等生产、研发单位，具备年产整车 65 万辆、发动机 40 万台和变速器 30 万套的生产能力。

奇瑞汽车公司的标志如图 4—98 所示。

图 4—98　奇瑞汽车公司的标志

现已投放市场的整车有 QQ3、QQ6、A1、瑞麒 2、开瑞 3、A5、瑞虎 3（图 4—99）、东方之子、旗云（图 4—100）、Cross 等十个系列数十款产品。

目前，奇瑞已向全球 60 余个国家和地区出口汽车及零部件，轿车出口量连续 5 年稳居中国第一。2007 年，奇瑞还先后与美国量子、克莱斯勒、意大利菲亚特等企业建立合作合资关系，开创了中国汽车工业跨国合作的新阶段。

图 4—99　奇瑞瑞虎 3

图 4—100　奇瑞旗云

9. 沈阳华晨金杯汽车有限公司

沈阳华晨金杯汽车有限公司的前身是沈阳金杯客车制造有限公司，于 2003 年 1 月正式更名，是华晨中国汽车控股有限公司的核心生产企业。

沈阳金杯客车制造有限公司是由华晨中国汽车控股有限公司与沈阳金杯汽车股份有限公司投资组建的合资企业，成立于 1991 年 7 月 22 日。

华晨金杯拥有两个整车品牌、三大整车产品。这两个整车品牌即“中华（图 4—101）”和“金杯（图 4—102）”系列；三大整车产品包括拥有自主品牌的中华轿车（图 4—103）、国内同类车型中市场占有率接近 60%的金杯海狮轻型客车、引进丰田高端技术生产的金杯阁瑞斯多功能商务车。

图 4—101　中华汽车车标

图 4—102　金杯汽车车标

图 4—103　中华尊驰轿车

除上述 9 家汽车公司之外，我国较大的汽车生产企业还有重庆汽车制造厂（庆铃汽车公司）、广州本田汽车有限公司、江铃汽车集团公司等。

4.2 经典名车

4.2.1 恩佐·法拉利

恩佐·法拉利跑车（图 4—104）以法拉利公司创始人恩佐·法拉利（Enzo Ferrari）的名字命名的，以纪念他在公司的卓越成就，并将此产品作为礼物来见证恩佐不朽的远见——将跑车与技术先进的赛车相结合的思想。

图 4—104　恩佐·法拉利跑车

恩佐·法拉利跑车充分融合了世界顶尖的 F1 技术，6L 12 缸的发动机，最大功率高达 478kW，最高时速达到 351km/h，0～100km/h 加速时间仅为 3.6s，售价 65.2 万美元。

4.2.2 兰博基尼

兰博基尼（图 4—105）是一款典型的男士跑车，并不仅是因为它外貌阳刚，也因为它的各项操作都比一般跑车沉重。

图 4—105　兰博基尼跑车

兰博基尼跑车车身总质量为 1 655kg，车头占 40%的重量，再加上 245mm 宽的轮胎，使得兰博基尼的操作较为费力；另一方面由于 5.7L 的中置发动机过于靠近驾驶员，其散发出大量的热能，就算开了空调，驾驶这辆车也会浑身大汗的。这也是人们一直称道的，开兰博基尼人就是要追求拉风度不讲究舒适度的重要原因。

兰博基尼跑车的方向盘是特别为高速而设计，没有转向助力，没有一点虚位（方向盘余量），转动一点点就会影响车身；只要路面有少许坑洼，就要不停转动方向盘。

兰博基尼跑车的弯路表现是典型中置发动机跑车，抓地能力极强，很容易用油门加油入弯然后突然收油的方式来实现刻意甩尾（飘移）。

另外，由于车型的原因，兰博基尼的后视镜基本上形同虚设，根本看不到后方路况。对此公司的解释是："在公路上，不会有哪辆车开得比兰博基尼更快。所以，兰博基尼的驾驶员只需要看前方即可，无须后视！"

兰博基尼跑车的 0～100km/h 加速时间为 3.9s，极速 328km/h，售价 67 万美元。

4.2.3 奔驰 SLR

奔驰 SLR 跑车（图 4—106）装备的是一款由 AMG 提供的 5.4L V8 发动机，带机械增压器，最大功率 460kW，最大扭矩 780Nm。机油润滑改为干式油底壳，用独立的油箱取代油池，增压器也加大了。

图 4—106 奔驰 SLR 跑车

尽管奔驰 SLR 属于超级跑车之列，但为了强调奔驰惯有的舒适，还是配备了 5 挡自动变速器。同时，拥有可电动调节的座位、GPS 全球卫星定位、Bose 音响、电动方向盘调节、安全气囊（前面、侧面、头部和膝部）、左右分区的自动空调等。

这些奔驰 SLR 所拥有的豪华装备证明了一条铁定的规律——凡是奔驰坚持的传统，奔驰还会这么做。

奔驰 SLR 跑车 0～100km/h 的加速时间为 3.8s，极速 320km/h，售价 55 万美元。

4.2.4 布加迪·威龙

布加迪·威龙两座双门超级跑车（图 4—107）是 1999 年东京车展上概念车的改进版本，已正式生产。

图 4—107　布加迪·威龙两座双门超级跑车

布加迪·威龙两座双门超级跑车采用的发动机为 8L W16 发动机，最大功率 736kW，最大扭矩 1 250Nm，0～100km/h 加速时间为 2.9 s，比 F1 纪录快 0.3 s，原地起步达到 300km/h 车速需时 14 s，发动机有四个涡轮增压装置并带中冷。

新型 7 速双离合器式手动变速器对出色的加速性功不可没。换挡杆为方向盘后的拨板（顺序手动换挡）或地板上的变速杆，四轮驱动。

布加迪·威龙两座双门超级跑车 0～100km/h 的时间为 2.9s，极速 405.7km/h，售价 120 万美元。

4.2.5　福特 GT

福特 GT（图 4—108）是为了纪念福特建厂百年而制造的现代版 GT40 赛车。虽然在外观上看起来和 20 世纪 60 年代的 GT40 好像没什么区别，不过它怀旧的车身并非为了纯粹的漂亮或仿古，而是经过现代技术重新设计，完全符合空气动力学的要求。

图 4—108　福特 GT

早期设计的赛车上通常会出现不稳定的空气动力学特性，这些缺陷已经在新的 GT 上得到了改进，在车头和车尾都能产生稳定的下压力。由于使用了全铝制的底盘，福特 GT 的车重已经控制在 1 700kg 以内。

在发动机方面，福特 GT 使用了一款来自林肯四驱 Navigator 的 5.4L、每缸 4 气门、双突轮轴的 V8 发动机。和 Navigator 不同的是福特 GT 这台发动机是全铝浇铸的，还增加了一个超级增压器。发动机最大功率 368kW，峰值扭矩 679Nm，而且在 2 000rpm 时就已经能释出最大扭矩的 80%。

福特 GT 采用中置发动机后轮驱动的布局，发动机置于驾驶舱后方，使用源自赛车科技的干底油润滑系统，这使发动机的重心降得更低。福特 GT 采用六速手动变速器、ABS 制动系统、F1 轮胎。

尽管福特 GT 是一辆跑车，但其内饰和车载设备却并不简陋：按钮的触感做得很出色，内饰用了穿孔皮革，配有空调、电动车窗、后视镜和电控门锁，还有一套防盗系统和一套可以选装的 McIntosh High-end 音响。

福特 GT 的 0～100km/h 加速时间为 3.6s，极速为 328km/h，售价 15 万美元。

4.2.6 克莱斯勒 ME-Four-Twelve

克莱斯勒 ME Four-Twelve 跑车（图 4—109）的心脏是一个全铝的、方形的涡轮增压、6.0L V12 发动机。电子连续多点式燃料喷射压缩比 9∶1，ME Four-Twelve 的 AMG 改进发动机能够输出高达 625kW 的功率，发动机转速在 2 500～4 500rpm 时能输出 1 153Nm的扭矩。升功率达到 104kW/L，这台概念车总质量 1 310kg，功率质量比达到了 0.08kW/kg。这些技术参数都刷新了超级跑车领域的性能纪录和基准。

图 4—109 克莱斯勒 ME Four-Twelve 跑车

Ricardo 双离合器变速器是特地为这辆汽车研发的，并且拥有最新的双湿离合器技术和电子控制策略。独一无二的 ME Four-Twelve 变速器以 200ms 的换挡时间为后轮提供了永不间断的扭矩。悬挂采用双叉臂、铝控制臂和水平对置螺旋减振器。

ME Four-Twele 制动系统采用巨大的 381mm 通风碳瓷复合碟盘制动器，在任何驾驶情况下都能提供出众的制动表现。

ME Four-Twele 的车身尺寸为 4 542mm（长）×2 000mm（宽）×1 140mm（高）。这款 2 座、中置发动机的 ME Four-Twelve 跑车有着惊人的表现，就好像随时准备出击一样。ME Four-Twelve 碳纤车身有着轮廓分明的外表，这缘于克莱斯勒集团在 Auburn Hills 的风洞测试中心无数个小时的雕琢。

克莱斯勒 ME Four-Twele 跑车 0～100km/h 的加速时间为 2.9s，极速 400km/h，暂无定价。

4.2.7 阿斯顿·马丁 DB9

阿斯顿·马丁 DB9 双门轿跑车（图 4—110）上最有激情的装备当属那台来自前身车型 DB7 Vantge 的 V12 发动机，这台最大功率为 335kW 的发动机的扭矩曲线，已经被优化得近乎完美。

和意大利的那些同行们不同，阿斯顿·马丁的发动机工程师们已经对追求功率没什么兴趣了，转而在提高发动机扭矩上下功夫。

阿斯顿·马丁 DB9 的发动机的峰值扭矩高达 570Nm，而当发动机转速在 1500 rpm 时就可以达到最大扭矩的 80%，约 450Nm。

阿斯顿·马丁 DB9 双门轿跑车 0～100km/h 加速时间为 4.9s，极速 300km/h，售价约 18.7 万美元。

图 4—110　阿斯顿·马丁 DB9 双门轿跑车

4.2.8 保时捷 Carrera GT

Carrera GT 跑车（图 4—111）的卖点之一就是位于驾驶员座舱后部的 5.7L 10 缸发动机，该发动机作为一流的赛车动力系统参加勒芒 24 小时全天赛车比赛，表现优异。

图 4—111　Carrera GT 跑车

Carrera GT 跑车发动机最大输出功率 450kW，最大输出扭矩 590Nm，最高速度为 330km/h。尽管 Carrera GT 具有赛车特征，10 缸发动机在低速运转时也完全适合于日常的驾车。发动机的运转声非常悦耳，而且转速越高越好听。6 挡手动变速器是特意为 Carrera GT 生产的，横向布置在汽车的后部，能将发动机澎湃的动力平滑、连续地传递给道路。

Carrera GT 跑车 0～100km/h 加速时间为 3.9s，极速 330km/h，售价 45 万美元。

4.2.9 宾利欧陆 GT

宾利欧陆 GT（图 4—112）拥有多项技术革新和突破，应用了当今汽车制造业的尖端技术。W 型 12 缸 6L 双涡轮增压发动机，是世界上最短的 12 缸汽车发动机。欧陆 GT 是全世界真正四座跑车的速度之王：极速达 318km/h。从 0～100km/h 加速时间仅为 4.8s。同时，欧陆 GT 还是全世界最大功率和最低转速高扭矩的限量车型，最大的功率可达 411kW，最大扭矩为 650Nm。

图 4—112 宾利欧陆 GT

在获得最大马力和最高扭矩的同时，发动机依然能够保持低转速，确保车辆在任何状态下都能将其性能发挥得淋漓尽致。作为第一辆四轮驱动的宾利汽车，欧陆 GT 拥有六速自动/手动变速器：四轮驱动及电子稳定程序，不仅可以满足动力与舒适度的完美表现，而且可以更好地确保汽车的安全性和可靠性。

目前，欧陆 GT 售价约为 288 万元人民币。

4.2.10 帕格尼

帕格尼跑车（图 4—113）车长 4 395mm、宽 2 055mm、高 1 151mm，匹配德国梅塞德斯 AMG 的 7.3L V12 缸 48 气门发动机，最大功率 408kW，最大扭矩 750Nm，0～100 km/h 加速时间仅为 3.7s，最高时速达 390km/h，是世界上最快的跑车之一。

图 4—113 帕格尼跑车

4.3 汽车博物馆

4.3.1 欧洲汽车博物馆

1. 奔驰汽车博物馆

奔驰汽车博物馆（图 4—114）坐落于德国斯图加特郊区，为不规则的三棱圆柱形，共分 9 层，面积达到 16 500m²，陈列展示 175 款汽车，其中包括 95 辆轿车、40 辆商用车以及 40 辆赛车和各类创纪录车。

图 4—115 为奔驰汽车博物馆内景，图 4—116 和图 4—117 为奔驰汽车博物馆内的经典汽车展品。

图 4—114　奔驰汽车博物馆

图 4—115　奔驰汽车博物馆内景

图 4—116　不同时期的奔驰汽车

图 4—117　奔驰老爷车

2. 宝马汽车博物馆

在德国南部慕尼黑市奥林匹克公园附近，耸立着一座 22 层的现代银灰色高楼，雄伟壮观，这便是德国宝马公司总部大厦。

宝马总部大厦主体由四个圆柱型塔楼组成，象征发动机的四个汽缸。旁边有一座碗状建筑物，即为宝马汽车博物馆（图 4—118），碗状建筑的屋顶是一个圆形平面，屋面上描着蓝白相间的 BMW 宝马圆形徽记。

图 4—118　宝马汽车公司总部大厦（四圆柱塔楼）和宝马汽车博物馆（碗状建筑）

宝马汽车博物馆展厅共 3 层，整个陈列展览充分利用环绕式的空间，按照不同年代和时期，展示出历年来所产的各类宝马汽车、宝马摩托车和一些特殊用途的车辆样品，并运用现代声、光、电、多媒体等高科技手段及图片音像资料，提升产品展示的艺术空间，全面演绎了宝马汽车公司的成长与发展史，让人怦然心动。

图 4—119 为宝马汽车公司最为著名的星型航空发动机，图 4—120 为梦幻般的宝马摩托车。

图 4—119 宝马汽车公司最为著名的星型航空发动机

图 4—120 梦幻般的宝马摩托车

3. 奥迪汽车博物馆

奥迪汽车博物馆（图 4—121）建于 2001 年，占地 7.7 万平方米，耗资 7.7 亿马克，集销售、展示和游览功能为一体，意在使来访者在购车或游历奥迪汽车王国的同时，能感受到奥迪品牌的价值，是奥迪公司品牌形象宣传的重要设施之一。

在独具特色的建筑氛围里，奥迪汽车博物馆带给参观者一次穿越时空的难忘之旅。从

图 4—121　奥迪汽车博物馆

摩托车、汽车的品牌发展史到今日的汽车工业巨人，每一幅历史画面都在此一一呈现。

图 4—122 为奥迪汽车公司 1949 年推出的第一批产品——代号为 F89L 的面包车。图 4—123 为奥迪汽车公司 1939 年生产的 Horch Spezial Roadster 855 豪华汽车，它也是奥迪汽车博物馆中最光彩夺目的珍品之一。

图 4—122　F89L 面包车

图 4—123　Horch Spezial Roadster 855 豪华汽车

4. 保时捷汽车博物馆

保时捷总部位于德国斯图加特施维伯丁伽大街（Schwieberdinger Str.）上，外观是一座粉红色大楼。保时捷博物馆（Porsche Museum，图4—124）在大楼后面。馆内的展品车辆和照片向人们述说着欧洲汽车制造界的历史，令人回味无穷。

图4—124　保时捷汽车博物馆

图4—125为保时捷汽车博物馆内景，图4—126为保时捷公司早期生产的拖拉机，图4—127为保时捷博物馆内的国宝级保时捷老爷车。

图4—125　保时捷汽车博物馆内景

图4—126　保时捷公司早期生产的拖拉机

5. 大众汽车博物馆

大众汽车集团从1934年成立以来，总部一直在德国的沃尔夫斯堡市（Wolfsburg，俗称狼堡）。狼堡属于下萨克森州，该市是在1938年随着大众汽车厂的兴建而成立的，市民中的40%都在大众汽车公司工作，因此可以说狼堡是因大众汽车的存在而存在的。

大众汽车博物馆（图4—128）位于大众工厂旁边的主题公园式汽车城里，于2000年建成，集中收藏了数量庞大的世界各大汽车公司生产的著名品牌经典汽车。

图 4—127　保时捷博物馆内的国宝级保时捷老爷车

图 4—128　大众汽车博物馆

图 4—129 到图 4—132 为馆内展出的代表性车型。

图 4—129　履带式大众汽车

图 4—130　水陆两用型的大众 See-Golf 汽车

图 4—131　大众 1949 年型面包车

图 4—132　大众甲壳虫系列

6. 菲亚特汽车博物馆

菲亚特汽车博物馆（图 4—133）位于离菲亚特汽车公司总部不远的一个小巷子里，由当年菲亚特公司成立时的办公楼改造而成，建筑非常老旧，而有意思的是博物馆的名字就叫“又老又丑”。

博物馆内部是 2 层结构，一楼摆放的都是菲亚特从 1899 年创立后不同年代有代表性的铁路机车（图 4—134）、车辆、车模、相关产品等，二楼是菲亚特在第一次世界大战和第二次世界大战期间为政府制造的军用飞机（图 4—135）、舰船（图 4—136）、潜艇以及历年的企业宣传画的手稿原件和一些珍贵的历史照片，当然最重头的还是还原菲亚特总裁阿涅利当年的办公室展区。

图 4—133　菲亚特汽车博物馆内景

图 4—134　菲亚特生产的铁路机车

图 4—137 为博物馆内的精品之一——菲亚特老爷车。

图 4—135　菲亚特生产的战斗机

图 4—136　菲亚特生产的舰船（模型）

7. 标致汽车博物馆

1988 年，标致汽车博物馆（图 4—138）落成，它至今共接待了 100 多万参观者。人们可以沿着时间的长廊，欣赏闻名于世的咖啡磨具、胡椒磨具以及所有以质量享誉盛名的工具产品。

图 4—137　菲亚特老爷车

图 4—138　标致汽车博物馆

参观者还能够看到自行车、摩托车，当然还有1900年至1980年期间的民用车型以及著名的赛车。例如，在Hdi发动机使用前，1935年产的401Eclipse，在106与电动Partner之前的403柴油车，205与206 WRC之前1941年的VLV等等。

图4—139为标致汽车博物馆内景。标致博物馆以八个年代舱为主，每个舱中都展示出各个年代的车型。例如，在1891至1904年中，参观者可以领略1894年的viso Vis车，世界上仅此一辆；1905年至1918年代著名的贝贝车；1919至1935年的奥斯汀7型……直至今天的607、标致赛车等等。

图4—139 标致汽车博物馆内景

标致汽车博物馆的创意是将不同的车型置于相应的年代：当游客到达每一个舱体入口，都会有自动启动系统，让游客欣赏这个年代的经典标致车型，等把八个馆全部参观完毕，游客就基本上了解了汽车的发展变迁史，以及各个年代的流行元素。

这个漂亮的时空舱是过去与现在的时间纽带，同时也证明了标致品牌一个多世纪的持久、现代与活力；它同样向人们展示出，标致今日的品牌理念正是缘自于它所富有的强大生命力与坚实根基。

图4—140为标致的7缸星型航空发动机（与BMW一样，也是航空技术的典范），图4—141为标致早期生产的船用低速发动机。

图4—140 标致的7缸星型航空发动机

图4—141 标致早期生产的船用低速发动机

4.3.2　美国汽车博物馆

1. 通用汽车博物馆

美国汽车“三巨头”之一的通用汽车公司是美国汽车工业乃至世界工业文明的象征，其深厚的汽车文化渗透到美国社会、经济、文化的各个层面。通用汽车公司于 2004 年在密歇根州的小城 Sterling Heights 建立了全球最大的汽车博物馆。

通用汽车博物馆（GM Heritage Museum）的展品涵盖在过去百年间公司旗下各个品牌的经典车型，是百年来与汽车相关的科技、人文、艺术的集中展现。

图 4—142 为通用汽车博物馆展厅内景，图 4—143 和图 4—144 为通用汽车博物馆内弥足珍贵的经典展品。

图 4—142　通用汽车博物馆展厅内景

图 4—143　1918 年 Cadillac Type57

图 4—144　别克老爷车

2. 福特汽车博物馆

福特汽车博物馆位于美国汽车城底特律，占地 9 英亩。以福特汽车公司的创始人亨利·福特名字命名的福特汽车博物馆，其展品必然会反映出福特汽车公司的发展及美国运输业历史的嬗变。

福特汽车博物馆内有在 1908 年 Vanderbilt Cup 赛上为美国赢得声誉的第一辆美国车——

Locomobile'sold 16，有 1909 年的 Ford Model T，以及各个时期生产的老爷车（图 4—145），甚至还有世界上最大的蒸汽机火车头（图 4—146）、战斗机等等。同时还展示有各个时期福特生产的不同用途、不同型号和品牌的各种汽车。展品还有美国其他制造业的成果：家用电器、印刷、农业、矿山机械等。漫步在一件件展品前，能够清晰地看到美国工业发展的脉络。

图 4—145　早期的福特老爷车（轮胎还是未加炭黑的白色胎）

图 4—146　福特生产的世界上最大的蒸汽机火车头

图 4—147 为福特汽车公司 1907 年生产的福特老爷车，图 4—148 为福特生产的战斗机。

图 4—147　福特老爷车（1907 年生产）

图 4—148　福特生产的战斗机（也是福特汽车博物馆的展品）

3. 克莱斯勒汽车博物馆

在 80 多年的风云变幻中，克莱斯勒汽车公司不断推进技术创新，引领美国汽车文化的发展方向，书写了大工业时代的传奇。

克莱斯勒汽车发明或领先配备的汽车产品主要有一体成形单片曲线挡风玻璃、全隔离车身橡胶底板、具有超速挡的自动变速器、安全轮圈框、钥匙起动发动机自动点火系统、电动车窗、四轮自动充气系统、动力转向系统、车用晶体管收音机、可变涡轮增压汽油发动机等等，公司旗下的道奇（Dodge）车厂则是全球第一家摆脱木材骨架在汽车上使用全钢车身的车厂。

克莱斯勒汽车博物馆（图 4—149）坐落在美国底特律北郊的莱斯勒总部（离 Oakland 大学不远）园区内，通过丰富翔实的实物和图片介绍了克莱斯勒公司的发展历程、辉煌成就和汽车工业的进步。

图 4—149　克莱斯勒汽车博物馆

克莱斯勒汽车博物馆内除了展示不同时期的经典汽车（图 4—150）之外，作为老牌的军火制造商，展品中不但有大名鼎鼎的威利斯军用吉普车（图 4—151），还有克莱斯勒第二次世界大战时期制造的坦克发动机。

图 4—150　克莱斯勒 1902 年的老爷车

图 4—151　大名鼎鼎的威利斯军用吉普车

在第二次世界大战中，克莱斯勒共制造谢尔曼系列坦克 25 000 多辆。图 4—152 所示的坦克发动机（30 缸/24.6L，450HP）是克莱斯勒为美军赫赫有名的谢尔曼坦克制造的。

当年，为节约时间和降低成本，快速满足军队需求，克莱斯勒的工程师直接将 5 个六缸汽车发动机的缸体组合在一起，共用一根曲轴进行生产，这样可以使用已有的工装夹具，以加快生产进度。1940 年接到订单后仅用 9 个月零 5 天即出产 7 500 台坦克发动机，供给克莱斯勒的坦克工厂。

图 4—152　克莱斯勒二战时期制造的谢尔曼系列坦克发动机

4.3.3　亚洲汽车博物馆

1. 丰田汽车博物馆

丰田汽车博物馆（图 4—153）坐落于毗邻东京湾的台场。台场丰田汽车博物馆面积达 24 000 平方米，分为多个主题会场。

丰田汽车博物馆展示了 19 世纪末以来世界各国各种车型近 200 辆。图 4—154 为丰田汽车博物馆内景。

图 4—153　丰田汽车博物馆

图 4—154　丰田汽车博物馆内景

丰田公司赖以起家的自动织布机（图 4—155）和丰田公司生产的第一辆高级轿车 AA 型汽车（图 4—156）都是丰田汽车博物馆内的珍品。

图 4—155　丰田自动织布机

图 4—156　丰田公司生产的第一辆高级轿车 AA 型汽车

2. 长春汽车博物馆

长春汽车博物馆（图 4—157）坐落在吉林省长春汽车文化园内，占地面积一万平方米，分三层展示区。第一层为各类实物车型展示，第二层为各类资料展示，第三层为二手车拍卖中心。

博物馆在现存文物的基础上，持续征集能够反映新中国汽车工业发展历史的实物、图片和各种档案资料；以一汽为主同时吸收国内各大汽车生产企业藏品入馆。博物馆展出文物车 31 辆（其中轿车 20 辆），一汽集团各个时期开发的各种新产品共 50 多辆。

长春汽车博物馆是长春汽车文化园的核心项目，以汽车文化为主线，集中展示一汽、中国乃至世界汽车发展的历程和汽车文化。

图 4—158 为游客在品位展柜中的红旗车模型。

图 4—157　长春汽车博物馆

图 4—158　长春汽车博物馆展柜中的红旗车模型

3. 上海汽车博物馆

上海汽车博物馆（图 4—159）位于嘉定区安亭镇的上海国际汽车城博览公园内，建筑面积 27 985 平方米。它由德国 IFB 公司完成建筑设计，建筑形态上采用了大量流动的曲线。从外观上看，它酷似叠加的书本，隐喻着博览馆的知识储量与文化品位。

博物馆展示空间的功能规划分为历史馆、技术馆、品牌馆、古董车馆四部分，总展示面积约 1 万平方米。走入博物馆宽敞通透的大厅，犹如走入流动的历史。从时速 18km 的德国人卡尔·奔驰制造的第一辆三轮汽车，到现在加速到时速 100km/h 只需 3s 的超级跑车，一百多年来，汽车工业经历的沿革和变化浓缩在这个空间内。

图 4—160 为上海汽车博物馆展出的 1904 年的奥兹摩比尔老爷车。

图 4—159　上海汽车博物馆

图 4—160　1904 年的奥兹摩比尔老爷车

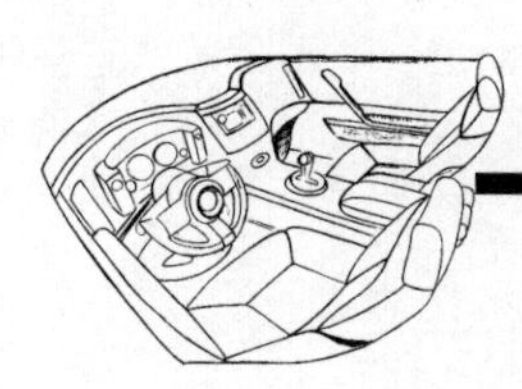

第 5 章

车界英豪——汽车名人传

5.1 欧洲的汽车奇才

5.1.1 现代汽车之父——卡尔·本茨

卡尔·本茨（图 5—1）是现代汽车工业的先驱者之一，人称“汽车之父”。

1844 年，卡尔·本茨出生于德国。从中学时期起，卡尔·本茨就对自然科学产生了浓厚的兴趣，1860 年进入卡尔斯鲁厄综合科技学校学习。在这所学校，他较为系统地学习了机械构造、机械原理、发动机制造、机械制造经济核算等课程，为他日后的发展打下了良好基础。

图 5—1 卡尔·本茨

在经历过学徒工、服兵役、娶妻生子等人生经历后，他于 1872 年组建了“奔驰铁器铸造公司和机械工场”，专门生产建筑材料。由于当时建筑业不景气，本茨的工场经营困难，面临倒闭危险，万般无奈之际，他决定制造发动机获取高额利润以摆脱困境。

于是，他申领了生产奥托四冲程煤气发动机的营业执照，经过一年多的设计与试制，于 1879 年 12 月 31 日制造出第一台单缸煤气发动机（转速为 200r/min，功率约为 0.7kW）。不过，这台发动机并没有使本茨摆脱经济困境，他依然面临着破产的危险，生活十分艰苦。但是，清贫的生活并没有改变本茨投身发动机研究的决心，经过多年努力，终于研制成功单缸汽油发动机，并将其安装在自己设计的三轮车上（图 5—2），取得了世界上第一个“汽车制造专利权”（1886 年 1 月 29 日）。正是这一天，被确认为是现代汽车的生日。

图 5—2　卡尔·本茨发明的单缸汽油发动机三轮车

1893 年，卡尔·本茨研制成功了性能先进的“维克托得亚”牌汽车（图 5—3）。该车采用本茨拥有专利权的 3L 发动机，方向盘安装在汽车中部。尽管“维克托得亚”牌汽车性能先进，但由于价格高达 3 875 马克，因而很少有人买得起，成为公司的滞销品。

图 5—3　“维克托得亚”牌汽车

这种在技术上为卡尔·本茨带来了极高声誉的汽车，在经济上并没有给他多大的转机。后来，卡尔·本茨又对前期生产的“维克托得亚”牌汽车进行了改进，将车厢座位设计成面对面的 18 个，成为世界上第一辆内燃机驱动的公共汽车。

卡尔·本茨 1899 年制造出第一辆赛车，1906 年本茨和他的两个儿子在拉登堡成立了奔驰汽车公司（在中文中该品牌注册为“奔驰”）。1926 年 6 月 29 日，奔驰汽车公司和戴姆勒汽车公司合并，成立戴姆勒—奔驰汽车公司，总部设在斯图加特市。此后，戴姆勒—奔驰汽车声誉鹊起，成为高档汽车的代名词。

在发明汽车的过程中，卡尔·本茨的勇气令人十分钦佩：首先，他甘于清苦，埋头于自己的发明创造。其次，他果断地摒弃了在技术上已十分成熟的蒸汽机而选用了自己并不被人看好的内燃机作动力，反映了他在观念上的巨大转变。再次，他既能开发生产反映汽车技术最高水平的“高档车”，又能及时调整产品结构，组织生产适销对路的“普通车”，为公司赢得可观的利润，说明他既有工程师的基本素质，又有企业家的经营技巧。

5.1.2　杰出的汽车设计大师——费迪南·保时捷

在百余年的汽车发展史上，费迪南·保时捷（图 5—4）是最为杰出的汽车设计大师之一，他对汽车的杰出贡献主要体现在其高超的产品设计水平和使汽车大众化两个方面。

1875 年 12 月费迪南·保时捷出生于波西米亚（原属德国，今属捷克）的一个铁匠之家，15 岁进入夜大学学习。后来，他一边在电厂工作，一边在维也纳工学院进修。

图 5—4　费迪南·保时捷

22 岁那年，费迪南·保时捷设计了一台能安装在汽车车轮内的电动机，以替代当时在汽车上普遍使用的链条传动，并因此获得了第一个专利——“混合传动系统”专利。1900 年，他首创的电动汽车出现在巴黎世界工业产品博览会上。从此，他以“电动汽车之父”为世人所知晓。

1905 年，费迪南·保时捷受聘为戴姆勒公司奥地利分公司技术部经理，由于成功设计了“玛哈”牌汽车而获得了他有生以来的第一枚勋章。1910 年，他设计成功更为完善的“公爵”牌轿车。第一次世界大战后，面对萧条的德国经济，他曾建议戴姆勒公司老板开发平民轿车，可惜对方未能采纳。1926 年，戴姆勒公司与奔驰公司合并，由于他的许多意见与老板相左而于 1929 年辞职。

辞职后的费迪南·保时捷于 1930 年创立了自己的公司——保时捷汽车设计所。他打算先在赛车设计领域做出一番成绩。1934 年，他以全新理念设计出了具有 16 缸增压式发动机的第一辆保时捷赛车（车头约占 1/3，车尾占 2/3，前后桥配重比为 1∶1，油箱安置在赛车的中部——无论油量多少都不影响赛车的重心位置），并以 7.5 万美元的价格将图纸卖给了德国汽车联盟。

这辆外形新颖、性能优良的赛车先后打破了 8 项世界纪录，夺得过场地赛、越野赛、登山赛等各项赛事的冠军。德国民众虔诚地将这辆赛车取名为“银箭”（图 5—5），表达了他们对它的无限敬意。由于其表现出色，“银箭”造型确定了此后的国际赛车的基本外形。

设计和制造赛车的巨大成功，并没有使费迪南·保时捷忘记自己开发平民车的理想。从 1935 年起，他带领设计小组按照“技术成熟，坚固可靠，经济实用”的三条原则开发

图 5—5　第一辆保时捷赛车“银箭”

设计大众型轿车。1936 年 10 月 12 日，三辆大众型 VW-1 轿车（亦即后来的甲壳虫汽车，图 5—6）开发成功，并通过了技术鉴定。

图 5—6　大众型 VW-1 轿车（亦即后来的甲壳虫汽车）

大众 VW-1 型汽车外形与甲壳虫非常相似，风阻极小，采用风冷发动机，便于维护，扭杆独立悬架，行车平稳，整车自重 650kg，最大输出功率 26hp，最高车速 100km/h，百公里耗油小于 7L。

1937 年 5 月，大众汽车公司成立。1939 年 8 月生产出第一批“大众”汽车。但是，由于受第二次世界大战影响，费迪南·保时捷生产平民车的梦想破灭了，战前累计生产的 210 辆甲壳虫汽车全部装备了德军。

第二次世界大战结束后，大众公司开足马力，加紧生产由费迪南·保时捷先前设计的甲壳虫汽车。由于该车占领了平民车这个最大的市场，故取得了极其辉煌的成就，累计产销2 100 多万辆。无论是繁忙的城市、宁静的乡村，还是人声鼎沸的赛车场，到处都可以看到甲壳虫汽车的影子（图 5—7、图 5—8 和图 5—9）。

图 5—7　置身繁忙的城市的甲壳虫汽车

图 5—8　置身宁静的乡村的甲壳虫汽车

图 5—9　置身人声鼎沸的赛车场的甲壳虫汽车

第二次世界大战期间，费迪南·保时捷曾参与过德军坦克的研制工作，战后被盟军指控为战犯关进法国监狱。

1948 年，获释后的费迪南·保时捷重操旧业，领导保时捷设计有限公司精心设计、制造了 50 辆功率为 30kW 铝制车身的保时捷 356 型（因先后进行过 356 次设计变动而得名，图 5—10 和图 5—11）跑车。由于该车在一次重大比赛中战胜了许多欧美名车，一夜之间便成为妇孺皆知的英雄，保时捷品牌的地位由此得以确立。

图 5—10　保时捷 356 型跑车

图 5—11　费迪南·保时捷（右）和保时捷 356 型跑车在一起

1952 年 1 月 30 日，就在保时捷 356 型跑车开始为公司赢得荣誉时，费迪南·保时捷因病去世，终年 77 岁。

5.1.3　柴油机之父——鲁道夫·狄塞尔

柴油机至今在很多地方仍然被称为“Diesel Engine”或“狄塞尔发动机”。这是因为世界上第一台柴油机的发明者是鲁道夫·狄塞尔（Rudolf Diesel，1858～1913 年，图 5—12），是鲁道夫·狄塞尔首创了压缩点火式内燃机，为内燃机的发展开辟了新的途径。

图 5—12　柴油机发明者鲁道夫·狄塞尔以及第一台柴油机原型机、MAN 公司和布兴汽车的 LOGO

狄塞尔于 1858 年生于法国，父母都是德国人。在普法战争时，父母把他带到伦敦，后又回到德国。他是在法、德两国接受教育的，在慕尼黑大学攻读工程学，所有课程均以破纪录的最高分通过考试，顺利毕业。

上大学时，他就对蒸汽机表现出极大的兴趣。1892 年，34 岁的狄塞尔偶然中受到面粉厂粉尘爆炸的启发，设想将吸入汽缸的空气高度压缩，使其温度超过燃料的自燃温度，再用高压空气将燃料吹入汽缸，使之着火燃烧。他因此发明了一种机械装置，并取得了发明专利，这种装置可以将空气压进容器并且和煤粉充分混合直至被压燃，直接为机械提供动力。

1893 年，MAN 公司根据这一专利，制造出了世界上第一台柴油发动机的原型机，并取名叫“狄塞尔发动机”。

然而，狄塞尔并不满足于这一发明，经过 5 年的试验，1897 年制成了第一台具有实用价值的高压缩比自动点火内燃机，即压燃式柴油机。这是一台输出功率 25hp、四冲程、单缸立式柴油机（图 5—13），汽缸直径为 15cm，活塞冲程为 40cm。它加长了燃烧过程前的压缩过程，这是内燃机技术的第二次突破。历史上第一台柴油机由此诞生。这款发动机能将 26%的燃料潜能转变成动力。

其实，早在 1893 年，尚处于试验阶段期间，狄塞尔已制造出一款技术上并不成熟的柴油机。当时因为急于出售，这款柴油机制造了 20 台，可是为时不久，用户就纷纷要求退货，令狄塞尔开始陷入经济困境。

1913 年，压力越来越大的狄塞尔终于不堪忍受经济上的困境，跳海自杀，时年只有 55 岁。狄塞尔没有能够看到他发明的发动机装在汽车上。

1936 年，奔驰公司制造出第一台装有狄塞尔发动机的轿车。一直到 1950 年前后，柴油机才得以在载货汽车上广泛应用。

后人为纪念鲁道夫·狄塞尔的杰出贡献，将柴油发动机称为“狄塞尔发动机”。德国邮政局还专门发行邮票（图 5—14），以此哀荣向这位不朽的发明家表示敬意。

图 5—13　MAN 公司收藏的世界上第一台具有实用价值的狄塞尔柴油机

图 5—14　狄塞尔发动机纪念邮票

5.1.4　挑战极限的发明家——安德烈·雪铁龙

1878年2月5日，作为父母五个孩子中最小的一个，安德烈·雪铁龙（图5—15）在法国巴黎出生。安德烈·雪铁龙原籍荷兰，父亲是从事珠宝生意的商人，母亲是波兰人。雪铁龙年轻时就认定科技进步将给人类带来幸福，所以他选择巴黎综合工业学院就读，准备将来当一名工程师。

22岁那年他去波兰外婆家探亲度假，因途中看到一个机械装置上按“人”字形拼成的齿轮而得到灵感，回来后发明了人字形齿轮传动系统，并获得专利。在获得文凭、服完兵役后，他于1913年创立了自己的公司，专门从事人字形齿轮传动系统（图5—16）的生产。

1912年，安德列·雪铁龙开始用人字形齿轮作为雪铁龙公司产品的商标。

图5—15　安德烈·雪铁龙

图5—16　安德烈·雪铁龙的人字形齿轮传动系统

1915年，安德烈·雪铁龙创建了雪铁龙汽车公司，这是法国第一家采用流水线生产汽车的厂家。由于采用先进技术，因而在刚成立仅仅第6个年头，年产量即突破100万辆。

第一次世界大战期间，雪铁龙应征入伍，担任炮兵队长。当他发现弹药不足时，主动请缨组建工厂，生产炮弹。在这里，他的组织管理才能得到了极大的发挥，不仅使炮弹日产量创下了5万枚的纪录，而且由于组织得法，使妇女也可参与工作，从而让更多的男人可以投身战场。

1912年，安德烈·雪铁龙去美国旅游。在福特汽车公司，他亲眼看到了由于采用流水线生产方式大幅度降低了T型车的生产成本，领教了科学的企业管理的威力。于是，富于挑战精神的安德烈·雪铁龙决定以同样方式来管理自己的工厂。回国以后，他向媒体夸下海口：“以后要每天生产100辆汽车!”开始人们认为他是痴人说梦，没想到自1919年雪铁龙汽车公司在欧洲率先批量生产A型车（图5—17）以后，产量迅速提高，到1923年，日产量已达200辆，到1924年，日产量则达300辆。至此，雪铁龙成为当时欧洲最成功的汽车厂家之一。

安德烈·雪铁龙坚持认为：汽车厂卖的不只是汽车，还有无微不至的服务。他逐步完善了汽车购销方式，创立了一年保修期制度，建立分销网络，罗列出零件目录及维修费用一览表，使所有销售点、维修点的费用得以统一。

1922 年，他大力推广分期付款售车方式，成立了全国第一个专司分期付款的机构，并在国外创办了不少汽车出租公司，在全国各地形成了一个庞大的汽车服务网络。

安德烈·雪铁龙在对公司和产品的宣传方面可谓煞费苦心：他在法国各地十字路口竖立起雪铁龙标牌，强化了人们对其品牌的印象；让汽车从高山上翻滚而下以证明车身的坚固可靠；雇用飞机以五彩的烟火在空中画出“Citroën”字样。更为绝妙的是，安德烈·雪铁龙于 1925 年在巴黎埃菲尔铁塔以霓虹灯方式做广告（图 5—18），使巴黎四周 30 公里范围内随时都可看到“Citroën”的大名。

图 5—17　欧洲第一款量产车——雪铁龙 TYPE A

图 5—18　埃菲尔铁塔上的“Citroën”广告

1923 年，安德烈·雪铁龙发起了穿越撒哈拉大沙漠的大型汽车比赛；1924 年又组织了贯穿全非洲的“黑色之旅”赛车活动；1927 年，美国人林白驾驶飞机穿越北大西洋成功，他竭力说服林白去自己的工厂接受工人们的祝贺，结果第二天的报纸就登了这样的文章——“林白访问雪铁龙”。自 1928 年起，雪铁龙每月月末在法国 100 家大报刊登大幅广告。1931 年，安德烈·雪铁龙在法国巴黎开办了当时全球最大的汽车商场，除了经销雪铁龙汽车外，还在场内放映电影、举办音乐会，以聚揽人气。

作为真正的技术革命，当 1934 年前驱动车雪铁龙 7A（图 5—19）首次向新闻界推介时，就一举赢得最高的赞誉，被描述为“如此新颖，如此大胆，拥有如此丰富的独特技术，与前人如此的不同”。那时的汽车一般都是靠后桥驱动。车身还都是木制结构，发动机用螺栓固定在车架上，然后扣上一个钢壳子，因此汽车特别笨重，转向不灵。

前驱技术面临的挑战是把发动机与变速器装在前桥上，靠前轮转向和驱动，重心更低，因此前驱车的抓地性非常出色，深受好评。前驱车的惊人之处远不只限于这种机械布局的变化。它体现的是彻底的创新——前驱车采用全承载式钢制车身，因此没有传统的车架，汽车重量大大地降低，外观有了极大改进，配重更加合理，外形更加流畅，车速得到了很大的提高。7A 车一直生产到 1957 年，共生产了 76 万辆。

造型新颖、技术先进、操纵性好、对道路适应性极强的雪铁龙前轮驱动汽车很快就广受好评，并成为银行劫匪们的最爱（作案后可凭借雪铁龙前轮驱动汽车的优异性能迅速摆脱警察的追捕），因而，被戏称为“强盗车”。

图 5—19　不朽的经典、革命性的前驱车——雪铁龙 7A

富有的安德烈·雪铁龙在生活上不求豪奢，但却充满了向极限挑战的奋进精神，他不断地投资于工厂和开发新车型，追求技术上的不断进步，他甚至声称“只要主意好，代价不重要”。在工程师勒费伯的建议下，雪铁龙在新研制的汽车上采用了一系列全新的技术——前轮驱动、流线型车身、自承重设计、扭力杆式独立悬架、液压控制车身高度可调系统、自动变速器，等等。

1935 年 7 月，安德烈·雪铁龙因病去世。2008 年，为纪念这位伟大的技术革新者、雪铁龙汽车公司的奠基人安德烈·雪铁龙诞辰 130 周年，法国政府特别发行纪念金币一枚（图 5—20）。

图 5—20　安德烈·雪铁龙诞辰 130 周年纪念金币

纪念金币正面图案中央为安德烈·雪铁龙肖像，左上方为安德烈·雪铁龙的姓名，右侧为雪铁龙的标志及安德烈·雪铁龙的生卒年份。纪念金币背面图案中央为雪铁龙公司于 1934 年 3 月推出的第一款前轮驱动汽车——雪铁龙 7A，该车也是世界上第一辆前轮驱动汽车。纪念金币的上方为货币面额及法兰西共和国国名，下方为“liberté、égalité、fraternité”（自由、平等、博爱）字样及发行年号。

实际上，今天的雪铁龙公司仍然名震全球以及他的前轮驱动设计方案在 60 多年后依然风靡世界才是对他最大的褒赏与怀念。

5.1.5 20世纪设计大师——乔治亚罗

说起乔治亚罗（Fabrizio Giugiaro，图5—21），在汽车设计领域几乎无人不知。这位被称为“20世纪设计大师”的意大利人，设计出了无数令人神往的作品，现今奔驰在全球的汽车中，有2 500多款都是出自他的手笔，而其中相当大的一部分，都是专门为意大利菲亚特集团设计的。

图5—21 乔治亚罗

1938年，乔治亚罗出生于意大利西北部小城Garessio的一个艺术世家。14岁时，乔治亚罗进入Turin艺术学院学习。在毕业设计作品展览会上，乔治亚罗的几张汽车设计图被当时菲亚特公司的灵魂人物Dante Giacosa慧眼识中，他由此成为菲亚特公司的汽车设计师。

4年之后，乔治亚罗转投举世闻名的博通（Bertone）设计公司旗下，在这里他先后完成了法拉利250GT（图5—22）、阿尔法·罗密欧Giulia GT、阿尔法·罗密欧Canguro、玛莎拉蒂Maserati 5000GT（图5—23）、阿斯顿马丁DB4、菲亚特850 Spider、宝马3200CS（图5—24）等享誉全球的设计。

图5—22 乔治亚罗作品——法拉利250GT

图5—23 乔治亚罗作品——玛莎拉蒂5000GT

其中，阿尔法罗密欧 Giulia GT（图 5—25）在 1963 年亮相日内瓦车展之后，随后的 14 年中共有 12 万辆车驶下生产线，成为乔治亚罗在“博通时代”最成功的一个商业案例。

图 5—24　乔治亚罗作品——宝马 3200CS

5—25　乔治亚罗作品——1963 年款阿尔法·罗密欧 Giulia GT

1965 年，乔治亚罗出任 Ghia 设计中心主管。任期虽很短，但精彩作品同样源源不断：五十铃 117、菲亚特 850 Vanessa、玛莎拉蒂 Ghibli、De Tomaso Pampero……

其中，1966 年设计的猫鼬 Mangusta（图 5—26）一改 20 世纪 60 年代的柔滑造型，首创棱角分明的叠纸车形，标志着充满设计个性化的 20 世纪 70 年代的到来，堪称年代经典转折之作。

1967 年，乔治亚罗与 Aldo Mantovani 联手创办了 Italdesign 设计工作室，设计规模又上了一个新台阶。工作室亦从早期的单纯设计汽车，逐步迈向兼顾整车生产的多元化经营之路。目前，Italdesign 设计工作室已经发展成为最成功的汽车设计公司，能为这样的设计室工作是每个汽车造型师的梦想。

大众第一代高尔夫（图 5—27）、蓝旗亚 Delta、菲亚特 Panda、莲花 Esprit 等车型的巨大成功，都让世人对乔治亚罗非凡的设计功力为之神往。

图 5—26　乔治亚罗作品——1966 年款猫鼬 Mangusta

图 5—27　乔治亚罗作品——大众第一代高尔夫

20 世纪 60～70 年代是船形车当道的时代，以美国车为代表的夸张造型达到了鼎盛时期，反倾角的大前灯和巨大却毫无用处的垂直尾翼是其典型特征。然而，由于世界经济萧条和燃油危机，使得这种夸张的造型风格很快被人们抛弃，消费者需要的是一种简单、实用、有良好空气动力性的车型。于是，由以乔治亚罗为代表的意大利车身设计界所倡导的简洁、朴实、细腻、流畅的实用主义风格在国际上得到了很高的评价。

乔治亚罗 1974 年设计的玛莎拉蒂 Medici（图 5—28）造型简练挺拔，前后挡风玻璃的倾斜角度处理得十分协调，各微曲面的转角突出明显的棱线，侧面强调一条凹入的腰线。虽然现在看来，这种造型不见得新颖，甚至还有点简单，但在当时来说是很有前瞻性的。要让世人从奢华和夸张的造型风格中脱离出来，接受这种朴素与实用的风格是需要很大的勇气的。

这种实用风格在蓝旗亚主旋律（Lancia Thema，图 5—29）上发挥到了极致，并影响了整个 20 世纪 80 年代世界汽车设计界，乔治亚罗也藉此奠定了其大师级的地位。

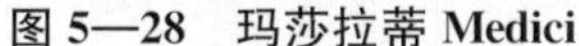

图 5—28　玛莎拉蒂 Medici

图 5—29　蓝旗亚主旋律（Lancia Thema）

1984 年，乔治·亚罗获英国皇家艺术学院最高荣誉——The Laurea Honoris Causa for Design，被誉为“20 世纪设计大师”。

应该说乔治亚罗用他手中的一支不起眼的小铅笔，创作出了无数的世界上非常著名优秀作品。其中，有走进千家万户的经济型轿车、有让人看了就热血沸腾的超级跑车，甚至说他主宰了一大半的汽车设计风潮都不为过。

现在，世界上有 2 500 多款由乔治亚罗设计的汽车在行驶着，除了一些著名的如法拉利、阿尔法·罗密欧和蓝旗亚等车型之外，在历史上获得卓著成功的如熊猫（Panda）、乌诺（Uno）、鹏托（Punto）、派力奥（图 5—30）、大宇旅行家 Lacetti（图 5—31、图 5—32）、中华轿车（图 5—33）、通用凯越 HRV 等都是出自乔治亚罗之手。

图 5—30　乔治亚罗作品——南京菲亚特派力奥

图 5—31　乔治亚罗与亲手设计的大宇旅行家 Lacetti

图 5—32　就是在这间办公室乔治亚罗设计出了旅行家 Lacetti

图 5—33　乔治亚罗作品——中华轿车

5.2 美国的汽车精英

5.2.1 汽车大王——亨利·福特

图 5—34　亨利·福特

在全世界，享有“汽车大王”美誉的只有亨利·福特（图 5—34）一人，可谓是前无古人，后无来者，是他将人类社会带入了汽车时代。亨利·福特出生于 1863 年 7 月 30 日，其父是一位美国普通农民。但亨利·福特自小就对从事农事颇有怨言，反而对鼓捣钟表等机械充满了浓厚的兴趣，并因此而闯过不少次祸。幸运的是，对他的“胡闹”，其父母从来没有任何埋怨和责罚。

17 岁那年，福特独自一人离开农村的家，来到位于底特律的密西根汽车制造公司寻找就业机会。但在这家拥有 2 000 人的底特律最大的工厂，福特只工作六天就辞职了，原因是“该公司优秀的员工需要花费好几个小时才能修复的机器，我只要

30 分钟就可以修好，因而其他员工对我十分不满”（福特语）。

后来，他又先后从事过机械修理、钟表修理、船舶修理等工作，并且还一边工作一边参加夜校学习，以便将来能够“不屈居于人下、被别人雇用而过一生，自己开一家制造机械的工厂”。为了实现这一目标，他还离开了新婚妻子，告别了富庶而温馨的家，到爱迪生的通用电气公司（GE）边工作边学习电气知识。

1893 年圣诞节，福特汽油机试验成功，这给了他极大鼓舞，决心再接再厉，研制出自己的“不用马拉的马车”。1896 年春天，他的第一辆汽车研制、试验成功，福特感到无比高兴。1899 年，福特又成功地制造出了三辆汽车，他因此在当地被公认是这一领域的杰出人物。于是，他与别人合作成立了底特律汽车公司并任制造部经理。然而，公司在经营一年后却解散了，原因是：几乎所有员工都没有制造汽车的经验；零件质量不好，采购不及时，常常延误工作日程；高成本制造出的汽车无法销出。所以，制造了 20 辆汽车以后，公司就倒闭了。

1901 年 10 月 10 日，福特接受主要凭赛车建立起了商业信誉的温顿的挑战，亲驾自制赛车参赛，结果他出人意料地获得了胜利。于是，在商人们的支持下，他又成立了第二个汽车公司。可是批量生产汽车所需的技术完全不同于单件生产的汽车，修理工出身的福特在当时显然还不能胜任这一重任。当投资者发现他只热心于将金钱花在研制一种无法销售的高价竞赛汽车上时，毫不客气地将其赶出了厂门。这样，福特第二次办汽车厂也以失败而告终。

两次失败并没有将福特吓倒，他仍然谋求在汽车业的发展，并付出了比以往更大的努力：自驾赛车四处表演，不断改进汽车结构。由于经常获得各种比赛的胜利，他一跃而成为“全美第一流的赛车手”，并被新闻界誉为“速度之魔”（他的赛车曾在一条 800m 长的大街上创下了 11km/h 的速度纪录）。

1903 年 6 月，福特第三次与别人合作，按股份制模式成立了汽车公司，尽管公司只有 10 位雇员，但他们却成功制造了性能稳定的 A 型汽车（图 5—35）。A 型汽车大获成功，为福特日后的发展奠定了良好的经济基础，在不到一年时间内就售出 650 辆，实现了开门红。第二年，A 型车月产量稳定在 300 辆，第三年达到 360 辆，福特公司因此成为全底特律最为忙碌的工厂。

图 5—35　1903 年款 A 型车

1906 年，N 型车（图 5—36）问世，这是一种物美价廉的汽车，外形美观、性能良好，加之随后推出的 R 型、S 型等车，两年之内共售出 8 000 多辆。N 型车是福特的得意作品之一，它的成功不仅使福特彻底摆脱了贫困的生活，而且为日后的大发展提供了成熟的经验和雄厚的经济基础。

图 5—36　1906 年款福特 N 型车

1908 年秋，具有划时代意义的福特 T 型车（图 5—37 和图 5—38）隆重问世了。

图 5—37　福特 T 型车（软顶）

图 5—38　福特 T 型车（木质硬顶）

T 型车在设计思路、生产管理、零售定价、销售组织、售后服务等许多方面都采取了与众不同的策略，展示出亨利·福特独有的天才企业家的胆识和魄力。

T 型车的各种零件被首次设计成统一规格，实现了总成互换；在大型总装车间，福特采用由机械传送带运送零件和工具的流水线装配法（图 5—39），极大地提高了工作效率。

亨利·福特采用低定价（每辆车只售 850 美元，后又降至 295 美元并大作广告，图 5—40）的销售策略，使大多数人都能买得起；提供充足的零部件和及时的售后服务保障，消除了用户的后顾之忧。

同时，大幅度提高工人工资，实行“8 小时工作制，日薪 5 美元”（图 5—41），相当

图 5—39 福特 T 型车装配流水线

图 5—40 T 型车促销广告

于原工资的两倍以上，以致汽车界及金融界一致反对，纷纷预言他将破产。

事实证明，上述这些有力措施在提高工作效率、降低生产成本、吸引汽车人才、拓展市场份额等方面发挥了强大的威力。

1914 年，公司非但没有破产，反而以不足 13 000 人生产了 730 000 辆汽车，获利

3 000 万美元，福特汽车公司呈现一片繁忙、红火，欣欣向荣的景象（图 5—42），站在 T 型车前，亨利·福特的脸上露出了欣慰的笑容（图 5—43）。

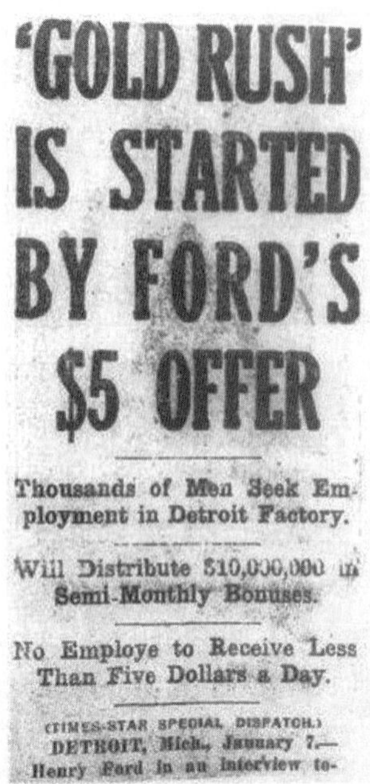

'GOLD RUSH' IS STARTED BY FORD'S $5 OFFER

Thousands of Men Seek Employment in Detroit Factory.

Will Distribute $10,000,000 in Semi-Monthly Bonuses.

No Employe to Receive Less Than Five Dollars a Day.

(TIMES-STAR SPECIAL DISPATCH.)

DETROIT, Mich., January 7.—Henry Ford in an interview to-

图 5—41　福特公司的“日薪 5 美元”招聘广告

图 5—42　欣欣向荣的福特汽车公司

图 5—43　亨利·福特和他的 T 型车（硬顶）

T 型车的显著特点是结构简单（图 5—44），坚固耐用。T 型车配有 15kW、4 缸发动机（图 5—45），最高车速可达 72km/h，油耗 13.4～21.7L/100km。

T 型车底盘简洁、强劲、重量轻，拥有独特的三点式悬架系统（图 5—46），使车架及动力系统免受道路颠簸。与其他公司的汽车相比，T 型车底盘更为坚固耐用。

由于 T 型车价格低廉、使用方便、维护容易，因此销售异常火爆，累计 1 500 多万辆的产销量更是创造了空前的纪录。

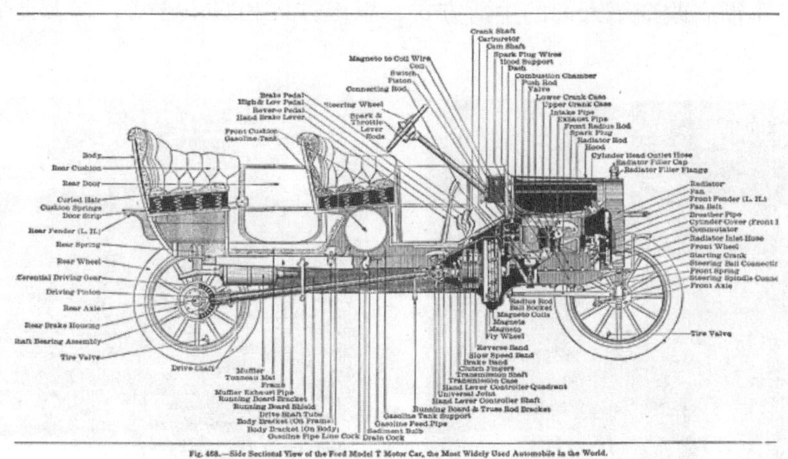

图 5—44　福特 T 型车结构图

图 5—45　T 型车的发动机

图 5—46　T 型车的悬架系统

T 型车既使福特获得了巨大的成功，也成为了普通民众的交通工具。达官贵人开着它周游世界（图 5—47），新娘子开着它回娘家、走亲戚（图 5—48），警察开着它押解囚犯（图 5—49），农民用它耕田（图 5—50）、小商人开着它卖菜（图 5—51），更有甚者，伐木工人居然把 T 型车当做木工机械的动力装置来锯木头（图 5—52）……

图 5—47　周游世界

福特T型车彻底改变了人们的生活方式、思维方式和娱乐方式，将人类带入了崭新的汽车时代。

图5—48　回娘家、走亲戚

图5—49　押解囚犯

图5—50　耕田

图5—51　卖菜

图5—52　锯木头

20世纪20年代后期，美国开始形成了一个巨大的旧车市场，大批质量相当不错的二手车只需几十甚至十几美元就可买到，这对一向以物美价廉著称的T型车是一个极大的冲击。

同时，由斯隆领导的通用汽车公司不断推出款式新颖、技术先进的汽车，满足了不同阶层的购买需求，也对 T 型车形成了巨大的竞争压力。1927 年，亨利·福特不得不让自己心爱的 T 型车停产。

自 1927 年停产 T 型车后，福特公司关闭近 6 个月用于研发新车型，并于 1928 年推出新的 A 型车（图 5—53）。新 A 型车动力更加强劲有力，配置更加豪华，更具特色，装备转速更高的发动机、先进的四轮制动、转向助力，玻璃也更安全。在随后短短几年内，其销量即突破 500 万辆。

图 5—53　经典的 1928 年款福特 A 型车

由于转产组织匆忙、耗资巨大，加之接踵而来的经济大萧条的影响，福特公司元气大伤，整个 20 世纪 30 年代都未能恢复，分别被通用（1927 年）和克莱斯勒（1936 年）超过。后来经过公司全体员工的拼力追赶，才在全国第二的位置上站稳脚跟，那种产量独占全国一半以上的日子一去不复返了。

1945 年，福特不得不从董事长的位置上退下来，让位于孙子亨利·福特二世。1947 年 4 月 7 日，亨利福特因脑溢血于底特律去世，终年 83 岁。

5.2.2　汽车造型设计大师——哈利·厄尔

1. 哈利·厄尔生平及贡献

德国人发明了汽车，但把汽车带入艺术设计圣殿的却是美国人。在汽车艺术设计这座用智慧做穹顶、以创新为支柱的大教堂里，哈利·厄尔是当之无愧的红衣主教。

哈利·厄尔（Harley Earl，1893～1969 年，图 5—54）1893 年 11 月 22 日出生于美国好莱坞，1969 年 4 月 10 日因中风在佛罗里达去世，终年 75 岁。

哈利·厄尔是美国工业设计领域的代表人物，世界上第一个专职汽车造型设计师。还在孩提时代，哈利·厄尔就开始制作具有未来色彩的油泥模型，其中就有许多属于汽车模

图 5—54 哈利·厄尔

型设计。

20 世纪 20 年代初，年轻的哈利·厄尔在父亲开设在加州好莱坞的汽车厂学到了许多设计学原理。当时，道路交通工具正处于由马车向汽车过渡的时代，哈利·厄尔看到了马车终将让位于汽车的历史发展趋势，于是将自己的设计方向定位在汽车上。

在著名的斯坦福大学他学习了艺术、建筑、工程学等课程后，哈利·厄尔来到洛杉矶潜心钻研，他的设计天才也逐渐显露出来。

最初，他极为超前的设计理念并不被大多数汽车制造商接受，其作品主要用在电影和私人改装车上。直到通用汽车公司总裁斯隆（Alfred P. Sloan）慧眼识珠，哈利·厄尔才得到施展才华的机会。

1926 年，哈利·厄尔加入通用汽车公司，成为专职汽车造形设计师。1940 年出任通用公司副总裁、通用汽车公司艺术与色彩部主任，负责汽车外形设计。

1928 年，哈利·厄尔在汽车设计中引入了镀铬设计，这一技术解决了镍金属装饰的褪色问题。

从 20 世纪 30 年代开始，哈利·厄尔倡导的艺术色彩设计对通用汽车产生了意义深远的影响，通用汽车公司的规模也由此急剧扩张，并逐渐成为最为强大的汽车帝国。

哈利·厄尔设计风格热情奔放、富于创新，开创了第二次世界大战后汽车设计的高尾鳍时代。他对汽车设计的影响力达到了无人能及的地步，而通用汽车公司的设计部门也成为了当时世界最大的设计中心。

哈利·厄尔的另一个重要贡献是提出了汽车造型设计的新模式——有计划的产品废止制度。按照哈利·厄尔的主张，在设计新的汽车造型的时候，要形成这样一种基本思想——必须有计划地考虑以后几年不断更改部分设计，使汽车造型最少每两年一小变，三到四年一大变，造成有计划的汽车造型老化（外形不再时髦），促使消费者不断追捧更为新颖的汽车造型，即以汽车造型的不断推陈出新，来引领汽车消费，从而使汽车制造商获得巨大的经济效益。

1938 年，别克 Y Job 车型把哈利·厄尔的汽车造型设计事业推向极致。这是世界上第一款概念车（当时对针对未来市场设计的车型称为梦幻车 Dream Car，还没有概念车 Concept Car 这个提法。概念车 Concept Car 是由哈利·厄尔的继任者查克·乔丹提出来的，但两者的精神实质是完全一致的。查克·乔丹曾于 1995 年访问吉林工业大学汽车系，并作关于概念车设计方面的演讲，使中国学者受益良多），同时也是船型车身的开始。别克 Y Job 有着复杂曲面构建而成的流线型车身，在此后的数十年中，这个超前的设计一直是其他汽车公司争相模仿的对象。

除此以外，别克 Y Job 对汽车造型设计领域最大的贡献还在于油泥模型技术的引入，这使得汽车的造型设计更加灵活多样，该技术直至今日仍被广泛采用。

哈利·厄尔创造了美国汽车文化最核心的部分，被称为天才设计大师、梦幻汽车之父

(The Father Of The Dream Car)。

2. 哈利·厄尔作品赏析

1927 年，初露锋芒的哈利·厄尔设计的第一款车 Cadillac LaSalle（图 5—55）诞生了。当 Cadillac LaSalle 来到巴黎参加车展时，为一睹 Cadillac LaSalle 的风采，疯狂的车迷把展台都挤垮了。

图 5—55　1927 年款 Cadillac LaSalle

哈利·厄尔第一个留名青史的大作应该是 1938 年别克 Y Job（图 5—56 和图 5—57）。别克 Y Job 的出现，标志着哈利·厄尔的设计趋向成熟，也显露出了他超越时代的伟大。

别克 Y Job 继承了 Duesenberg 经典的 Y 字型车尾造型以及 Cord 810 的隐藏式前灯的设计。

图 5—56　1938 年款别克 Y Job（俯视）

图 5—57　1938 年款别克 Y Job（侧视）

但第二次世界大战的爆发打乱了通用汽车公司的生产计划，公司的生产重点转移到军事装备上，Y Job 没能按照计划大量生产。

战争结束后，哈利·厄尔设计的新车——Buick LeSabre（图 5—58）再次令全世界震惊，并在 1951 年的巴黎车展上引起巨大的轰动。

Buick LeSabre 的外型设计借鉴了喷气式战斗机，驾驶室有着梦幻般的设计。车尾造型（图 5—59）更是大胆而张扬，彰显出美国自豪而骄傲的一面。在以后相当长的时间里，这一风格成为美国汽车造型设计的基石。

图 5—58 Buick LeSabre

图 5—59 Buick LeSabre 车尾造型

1954 年，哈利·厄尔再创惊人之举，推出了更像战斗机的火鸟Ⅰ型概念车（Firebird Ⅰ，内部代号 XP-21，如同战斗机型号，图 5—60）。

这款外形更接近于飞机的汽车，在车头内部安装了一个 35 加仑的燃油箱，动力系统在座舱后面，车身两侧各有一个三角翼。新颖怪异而又充满乐趣的造型颇受美国空军飞行员的喜爱（图 5—61）。从后面看，Firebird Ⅰ完全就是一架战斗机（图 5—62）。

图 5—60 哈利·厄尔与火鸟Ⅰ型概念车（Firebird Ⅰ）

图 5—61 美国空军飞行员对 Firebird Ⅰ爱不释手

图 5—62 从后面看，Firebird Ⅰ完全就是一架战斗机

1955 年通用公司商用汽车部（GMC）在哈利·厄尔的主持下设计了全新的商用车——L'Universelle（图 5—63）。L'Universelle 的造型彻底颠覆了传统，个性化、未来化以及战斗机化的哈利·厄尔风格再次得到了淋漓尽致的发挥。L'Universelle 在当时被冠以 Truck 名称，实际上也是通用公司最早期的厢式货车。

1956 年，哈利·厄尔推出了更接近家用车的火鸟Ⅱ型概念车（Firebird Ⅱ，图 5—64）。

图 5—63　1955 年款 L'Universelle

图 5—64　1956 年款 Firebird Ⅱ

在 Firebird Ⅱ之后，哈利·厄尔又连续推出了第一代 Corvette 跑车（图 5—65）、Oldsmobile Golden Rocket（图 5—66）和 Buick Centurian（图 5—67），并获得巨大的成功。

图 5—65　第一代 Corvette 跑车

图 5—66　Oldsmobile Golden Rocket

图 5—67　Buick Centurian

1958 年，哈利·厄尔又推出了另一力作——Firebird Ⅲ（图 5—68）。站在自己设计的火鸟中间（图 5—69），雄心勃勃的哈利·厄尔在酝酿着下一个作品。

图 5—68　1958 年款 Firebird Ⅲ

图 5—69　哈利·厄尔和他的火鸟们在一起

1959 年，哈利·厄尔推出其另一经典杰作——Cadillac Cyclone（图 5—70）。Cadillac Cyclone 的设计处处让人折服——车门是侧滑的，舱盖是上掀的（图 5—71），车头两个侧围各自形成一个形如飞机整流罩的圆锥体（图 5—72），尾灯造型则如同处于全力加速的喷气战斗机的尾喷管（图 5—73），处处展现着令人震撼的美。

图 5—70　1959 年款 Cadillac Cyclone

图 5—71　Cadillac Cyclone 奇妙的上下车方式（侧滑式车门，上掀式舱盖）

从左后侧看，高挑的尾鳍，流畅的衬裙，光滑圆润、一气呵成的侧围（图 5—74），如飞机，似导弹，梦幻般的设计令人叹为观止……

图 5—72　Cadillac Cyclone 头部特写

图 5—73　Cadillac Cyclone 尾部特写

图 5—74　Cadillac Cyclone 光滑圆润、一气呵成的侧围

5.3　中国的汽车名人

5.3.1　饶斌

饶斌（1913～1987 年，图 5—75），吉林省吉林市人。历任长春第一汽车制造厂厂长、第一机械工业部副部长、国家经委副主任、第一机械工业部部长、中国汽车工业公司董事长。

第一汽车制造厂的兴建，是毛泽东和当时的苏联领导人斯大林亲自商定的。1953 年 6 月 9 日，毛泽东签发《中共中央关于三年建成长春第一汽车制造厂的指示》，这天成为新中国汽车工业的发祥日。

作为第一汽车制造厂的厂长，饶斌全身心投入到轰轰烈烈的建设热潮之中，他不仅是汽车厂厂长，也是建筑公司经理，工作强度很大，以至于回到家常常饭菜没有端上桌，人已酣然入梦。为掌握汽车工业制造技术和建筑技术，他虚心向技术人员和有经验的老工人求教，成为能够推车送浆和操作机床、摘掉不懂汽车工业“白帽子”的领导干部。

1956 年 7 月 14 日，一汽总装线上开出由中国人自己制造的第一批解放牌载货汽车，结束了中国不能自己制造汽车的历史。图 5—76 为饶斌陪同毛主席视察一汽。

1964 年，筹建二汽的工作理所当然地又落到饶斌头上。在一汽，他工作了 7 年，而在二汽，则一干就是 16 年。

中国两个重要的汽车制造厂的建设，都凝聚着饶斌的心血。饶斌为中国汽车工业所做的贡献，也一直为国人所铭记。

图 5—75　饶斌

图 5—76　饶斌陪同毛主席视察一汽

5.3.2　孟少农

图 5—77　孟少农

孟少农（1915～1988 年，图 5—77），汽车工程专家，中国科学院学部委员，中科院院士。曾任一汽、二汽副厂长、副总工程师，是中国汽车工业主要奠基人之一。孟少农成功地领导了中国第一汽车制造厂、陕西汽车制造厂和第二汽车制造厂几代产品的研制和开发，为我国汽车工业的发展作出了重要贡献。

孟少农早年留学美国（图 5—78），先后在美国福特汽车公司、锤上兰森机器公司、司蒂贝克汽车公司任技术员和工程师，学习考察汽车、发动机的产品、工艺、工具、机械加工和汽车工厂设计等方面的理论。

在新中国诞生后的几十年中，他坚持在我国汽车工业企业里，全心全意地做技术指导工作，为我国第一汽车制造厂、陕西汽车制造厂、第二汽车制造厂的创建和发展作出了巨大贡献。

图 5—79 为孟少农主持研发的老解放卡车。

图 5—78　在美国留学时风华正茂的孟少农（后中）

图 5—79　孟少农主持研发的老解放卡车

我国汽车工业从无到有，从小到大；我国汽车产品从单一品种到多品种、系列化；我国汽车工业人才，从寥寥可数，到人才辈出；人才素质由低到高，这些巨大的变化和成就，无一不凝聚着孟少农的智慧和心血。

原中共中央政治局常委、国务院副总理李岚清曾这样评价孟少农："在汽车工业界，孟少农是杰出的代表人物，他把自己汽车科技知识和毕生精力，无私奉献给了我国的汽车工业，从不计较名誉地位，直到晚年才获得湖北省特等劳动模范、全国五一劳动奖章等光荣称号。但在人们的心目中，由抗日学生、进步青年、红色教授、工程师，到汽车工业的巨星、名家、创业人、拓荒者、军师、泰斗……他的各种美名不计其数，而统称他为同志或老师，我觉得是合适的。"

特别令人敬佩的是，他年届古稀时，仍在思考为我国汽车工业培养人才。孟少农晚年是在口授笔耕、培育后人中渡过的。虽然他的健康状况一直欠佳，经常住院治疗，然而他在最后三年中，从未因病停止过给湖北汽车工业学院学生讲课，他常常挂完吊瓶，就去教室讲课。

为缅怀这位我国著名的汽车专家，二汽遵照国家科委提议，为孟少农塑造半身铜像两座，一座安放于湖北汽车工业学院，一座安放于武汉工学院即今武汉理工大学（图 5—80）。

5.3.3　郭孔辉

郭孔辉（图 5—81）是我国著名汽车专家，中国工程院院士。现任吉林大学汽车工程学院院长、教授、博士生导师，中国汽车工程学会副理事长、中国汽车工业协会副理事长等。

郭孔辉在国内外同行中享有很高的声望，在汽车系统动力学及其相关领域造诣精深。在轮胎力学、汽车动力学以及人—车闭环操纵动力学等方面的研究成果均达到世界先进水平。

图 5—80　孟少农半身铜像（安放于武汉理工大学）

图 5—81　郭孔辉

郭孔辉是我国最早把近代系统力学与随机振动理论引入汽车科学研究的学者，在汽车振动与载荷方面系统的具有开创性的著述在国内外都有重要的影响，也是我国汽车操纵稳定性、平顺性、制动与驱动稳定性以及轮胎力学等学术领域的主要开拓者和学术带头人。

五十年来，他一直进行汽车科学技术的系统研究工作，并取得了巨大的成就。曾经主持了多种新型汽车的开发与多项行业重大课题的研究，取得了大量具有国际先进水平的研究成果，获国家及部级科技进步奖 7 项，在国内外发表论文 250 余篇，出版专著两部，同时为我国汽车工业培养了大批高层次人才。

5.3.4　李书福

李书福，吉利汽车公司的创始人，浙江吉利控股集团有限公司董事长，被誉为中国汽车业的“奇人”和“黑马”。

李书福的浙江吉利控股集团有限公司始建于 1986 年，由小作坊生产起家，目前已经发展成为国内汽车行业十强中唯一一家民营轿车生产经营企业，经过二十多年的不懈努力，已经在汽车、摩托车、汽车发动机、变速器、汽车电子电器及汽车零部件制造领域取得了辉煌业绩。

2010 年 3 月 28 日，中国浙江吉利控股集团有限公司与美国福特汽车公司在瑞典哥德堡举行签字仪式（图 5—82），正式签署收购沃尔沃汽车公司的协议（图 5—83），实现了“羞怯的乡村少年迎娶美丽的城市姑娘的梦想（李书福语）”，首开中国民营企业收购国外著名汽车公司的先河。

图 5—82　2010 年 3 月 28 日 股权交易签订现场

李书福领导的吉利汽车公司，怀着“造中国人的汽车”的梦想，走出了一条民族汽车产业的自主创新之路，也代表着中国民族汽车工业的希望。

图 5—83　中国吉利公司与美国福特公司正式签署收购沃尔沃汽车公司的协议

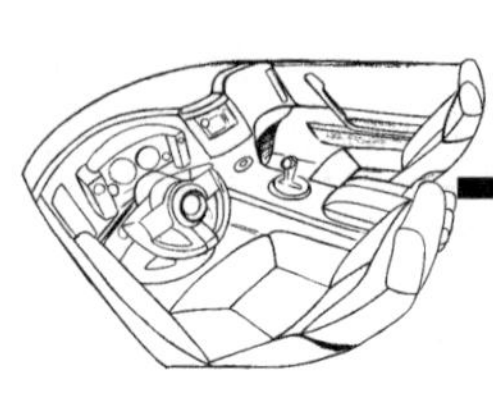

第6章

浴火而生——汽车设计、试验与生产

6.1 汽车的设计要求

对于汽车这样一种复杂的机械产品，其设计要求是多方面、多层次、互相关联、互相制约的。为了设计出市场竞争力强的汽车，设计人员除了不断创新，将各种新概念。新结构、新材料科学地结合进去外，更需要全面均衡地、有层次地处理各种不同的要求，务使整车的设计在技术、经济、艺术诸方面达到最佳结合。

汽车设计要求大体可归纳为功能性、工艺性、规范性、使用经济性、循环经济性、艺术性、和谐性等七个方面，现分述如下。

6.1.1 功能性

功能性要求是为满足汽车用途而提出的性能要求，即动力性、经济性、机动性、安全性和舒适性。

设计人员在确定性能的设计目标时，应根据国情、使用条件等规定优先次序。例如，高级轿车的动力性、舒适性和安全性是首要的，其他性能则次之；对微型汽车而言，经济性和机动性是首要的，再兼顾其他性能；对于军用越野车来说，机动性和可靠性就成为设计的首要目标。由于汽车的使用条件复杂多变，在设计汽车时，要考虑到不同道路、气候等条件对汽车性能的影响，要尽可能使汽车在不同使用条件下都满足其功能性要求，这便是经常说的汽车适应性。可以通过精心设计，使同一辆汽车对复杂多变的使用条件有良好的适应性，也可以通过选装不同的部件使同一型号的汽车满足不同用户的需要。

一般来说，后一种方式对用户可能更经济。随着汽车向个性化发展，满足用户的特殊功能要求将成为设计者需要考虑的一个重要问题。为此，汽车设计要具有更大的灵活性和变通性，以便在同一生产线上可以装配出定制要求不同的汽车。

6.1.2 工艺性

汽车产品在设计时考虑到生产工艺的要求是一项十分重要的任务。

一个好的设计不仅应使产品的性能优异，而且应使产品成本低，达到同类产品中最好的性能/价格比。这种产品结构设计时所考虑的制造、维修的可行性和经济性称为结构工艺性。

零件的机械加工工艺性和零部件的装配工艺性是结构工艺性的重要内容，其中特别要提到标准化、通用化和产品系列化的意义。产品系列化是把产品合理分档，组成系列，并考虑各种变型，如发动机可按缸数分为直列 4 缸、6 缸或 V6、V8、V12 缸，分自然吸气、增压、增压中冷等几个品种，这样就可以较少的基本型满足广泛的需要。

产品系列化给部件通用化创造了条件。所谓通用化是在总质量相近或同一系列的一些车型上尽可能采用同样结构和尺寸的部件，使不同车型上的部件类型大为减少，从而因部件生产批量的增加而提高工效，降低制造成本。

零件的标准化或零件结构要素的标准化对大量生产的汽车来说也十分重要，它们不仅简化了设计工作，而且使零件在机械加工中可使用标准的或通用的工艺装备，并减少了工艺装备的规格，这些都有利于缩短零件的生产准备周期和降低生产成本。

产品设计的结构工艺性是随生产类型（主要是生产批量）、生产条件、技术发展的变化而变化的。例如，在高生产率的高精度加工中，铸件的精度适应不了对定位一致性的要求而向型材、冲压、烧结、压铸件等转化，这时，有关零件的结构设计便要考虑所采用的工艺方式。

又如发动机的气缸体，国外由于铝的供应充足并采用压力铸造等先进技术，单件重量降低，尺寸精度高，表面光洁，生产效率很高，成本也低。但我国目前铝供应不足，仍普遍采用铸铁缸体，这就说明工艺与生产条件有关。

在这种情况下，缸体的壁厚、未加工表面的表面粗糙度和尺寸精度就要适应铸铁铸造工艺所能达到的要求。随着先进技术的应用，有些过去加工过程很复杂，材料消耗大的零件变得加工简单、材料消耗低。

比如球笼式万向节头的大端有一个内含 6 个形状复杂、尺寸精度高的偏心球面槽的碗形体，过去靠机械加工困难很大，质量也不易保证，现在通过冷挤压工序使这 6 个偏心球面槽成形后不需再进行磨削加工。

除考虑机械加工工艺性外，设计者在设计汽车产品时，要充分考虑其装配工艺性。这包括按零件→合件→组件→部件→产品考虑装配单元的划分和装配次序，考虑正确的装配基准和装配空间，尽可能采用完全互换装配法和在不能采用上述方法时合理安排尺寸补偿环节，注意焊装、涂装、胶粘装配等工艺对产品设计的影响等。

6.1.3 规范性

汽车设计要在有关标准和法规的指导下进行。除设计图纸的绘制与标注应按有关国家标准进行外，汽车设计还应遵守与汽车有关的一些标准与法规。

中国汽车工业标准包括与国际基本通用的汽车标准和为宏观控制汽车产品性能和质量的标准，它包括国家标准、行业标准和企业标准。汽车标准又分为强制性标准和推荐性标准。强制性标准主要有：整车尺寸限制标准、汽车安全性标准、油耗限制标准、汽车排放物限制标准及噪声标准。

为使我国汽车产品进入世界市场，设计时也应考虑到国际标准化组织汽车专业委员会（ISO/TC22）制订的一些标准和美国标准协会标准（ANSI）、美国汽车工程师学会

（SAE）标准、日本工业标准（JIS）、日本汽车标准组织（JASO）标准、日本汽车车身工业协会标准（JABIA）、日本汽车轮胎标准（JATMA）、日本汽车用品工业协会标准（JARP）、日本蓄电池工业协会标准（SBA）以及欧洲经济委员会（ECE）、欧洲经济共同体（EEC）所制订的汽车法规。

6.1.4 使用经济性

汽车的功能性要求中已有燃油经济性一项，而使用经济性是包括燃油经济性在内的更广泛的一项要求，它包括燃料、润滑油、轮胎、易损件等的消耗，还包括维修、保养等方面的费用开支。因此，要提高汽车的使用经济性，不仅需要在汽车设计中注意提高发动机的热效率、降低泵气和摩擦损失、减少附件的功率消耗、减少行驶阻力、降低机油消耗、减少轮胎磨损、注意汽车的轻量化等，而且需要减少维修和保养的工作量，提高汽车零部件的可靠性等。

例如，20 世纪 70 年代以前，国产车的大修里程一般规定为 10 万 km；现在，国产轿车和轻型货车的大修里程为 15 万 km 左右，中吨位货车的大修里程为 20 万 km 左右，重型货车大修里程为 30 万 km 左右。大修里程的延长反映了汽车可靠性的提高，从而大大降低了汽车的运行费用。

6.1.5 循环经济性

为了节省资源，减少给环境造成污染的各种废弃物，汽车部件所用材料的循环经济性（即可回收性）日益受到重视。一些对环境有害的材料已被限时停止使用，制动器摩擦片用的石棉、汽油添加剂四乙酸铅等，都已有了新的替代物。为电动汽车发展的高能镍镉电池，也因镉的毒性而从重点发展的项目中被剔除出来。对于汽车用塑料件，优先考虑使用那些可以回收后再生的材料品种。

6.1.6 艺术性

汽车既是代步工具，有实用价值，又对产品的外观造型和内饰布置等十分讲究，具有艺术观赏价值的人类宠物。

在车身设计中，艺术家的作用与工程师的作用同等重要。造型艺术家要使车型具有时代感、创新风格以及与环境的适配性。而在色彩的设计上，要考虑到包括社会倾向、时髦、爱好、安全、合理等要素，尤其是大众的审美观。在车内装饰方面，室内的美术设计要求与汽车的等级和用户群特点相一致，例如年轻人喜好的跑车需要轻快感的美术效果，而高级豪华车需要庄重感的美术效果。

实际上，对于同一时期的汽车，其性能差异并不太大，而决定销售量的因素往往是其外形是否使人感到赏心悦目。从这一点看，艺术性对汽车特别是轿车来说至关重要。

6.1.7 和谐性

汽车是由人来驾驶和乘坐的，是以人为核心并为人服务的交通工具。因此，其设计必须考虑人与车的和谐关系，即操纵要方便、乘坐要舒适。汽车设计是一门综合考虑人机工程、交通工程、制造工程、运营工程、管理工程的系统工程。

6.2 汽车的现代设计方法

6.2.1 汽车的设计过程

1. 制订产品开发规划

在汽车产品开始技术设计之前，必须制订产品开发规划。第一步，必须确定具体的车型，就是打算生产什么样的汽车。第二步是进行可行性分析，根据用户需求、市场情况、技术条件、工艺分析、成本核算等，预测产品是否符合需求，是否符合生产厂家的技术和工艺能力，是否对国民经济和企业有利。第三步是拟定汽车的初步方案，通过绘制方案图和性能计算，选定汽车的技术规格和性能参数。最后一步是制定出设计任务书，其中写明对汽车的形式、各个主要尺寸、主要质量指标、主要性能指标以及各个总成的形式和性能等具体要求。

产品开发的前期工作，是分析各方面的影响因素，明确产品开发的目的和工作方向。否则，不经过周密调查研究与论证，盲目草率上马，轻则会造成产品先天不足，投产后问题成堆；重则造成产品不符合需求，在市场上滞销，带来重大损失。在产品开发的前期，企业为了进行各种研究与探讨，概念设计和概念车在近年来逐渐兴起。概念设计，是对下一代车型或未来汽车的总概念进行概括描述，确定汽车的基本参数、基本结构和基本性能的设计。概念设计同样需要研究产品的开发目的、技术水平、企业条件、目标成本、竞争能力等。

概念设计可能只停留在图纸上和文件上的描述，称为“虚拟的”概念车；也可能制造出实体的样车供试验和研究之用。概念设计可能只是一种参考方案或技术储备，也有可能纳入正式的产品开发规划。所以概念设计虽然只供产品开发参考，但也有可能成为正式产品开发规划的组成部分，成为新一代车型的初步设计。

2. 初步设计

汽车初步设计的主要任务是完成汽车的形状设计，主要包括如下内容：

(1) 汽车总布置设计。

总布置设计（又称初步造型），是将汽车各个总成及其所装载的人员或货物安排在恰当的位置，以保证各总成运转相互协调、乘坐舒适和装卸方便。为了保证汽车各部分合理的相互关系，需要定出许多重要的控制尺寸。

在这个阶段，需要绘制汽车的总布置图，绘出发动机、底盘各总成、驾驶操作场所、乘员和货物的具体位置以及边界形状；也包括零部件的运动（如前轮转向与跳动）范围校核。经过汽车总布置设计，就可确定汽车的主要尺寸和基本形状。

(2) 效果图。

效果图（图 6—1）是表现汽车造型效果的图画。造型设计师根据总布置设计所定出的汽车尺寸和基本形状，就可勾画出汽车的具体形象。

效果图又可进一步分为构思草图和彩色效果图两种。构思草图是记录造型设计师灵感的速写画。彩色效果图是在构思草图的基础上绘制的较正规的绘画，需要正确的比例、透视关系和表达质感。

图 6—1　效果图

彩色效果图包括外形效果图、室内效果图和局部效果图，其作用是供选型讨论和审查之用。效果图的表现技法多种多样，可采用铅笔、钢笔，也可采用毛笔（水彩画或水粉画）等，而目前较流行的是混合技法——用麦克笔描画、喷笔喷染以及涂抹、遮挡等多种表现技法。只要效果良好，表现技法可不拘一格。

（3）制作缩小比例模型。

缩小比例模型（图 6—2）是在构架上涂敷造型泥雕塑而成的。

图 6—2　油泥模型

轿车缩小模型常用 1∶5 的比例，亦即是真车尺寸的 1/5。造型泥是一种油性混合物，又称油泥，在常温下有一定硬度（比肥皂硬些），涂敷前须经烘烤。缩小比例模型是在彩色效果图的基础上更进一步表达造型构思，具有立体形象，比效果图更有真实感，要求比例严格、曲线流畅、曲面光顺。雕塑一个缩小比例汽车模型，需要从各个角度审视，反复推敲，精工细雕，因而很难在两三天内完成。

（4）召开选型讨论会。

经过初步设计，绘制出一批彩色效果图和塑制出几个缩小比例模型，就可以召开选型讨论会。会议的目的是从若干个造型方案中选择出一个合适的车型方案，以便作为技术设计的依据。选型讨论会主要讨论审美问题，但也涉及结构、工艺等方面，故通常由负责人召集造型设计师、结构设计师和工艺师等参加会议。选型讨论会结束，说明选定车型的造型构思基本成熟，汽车的初步设计亦宣告结束。

3. 技术设计

技术设计包括确定汽车造型和确定汽车结构两个方面。

（1）确定汽车造型。

1）绘制胶带图。

胶带图是用细窄的彩色不干胶纸带粘贴成的 1∶1（全尺寸）汽车整车图样，可表达零部件形状及外形曲线。胶带图的外形曲线数据取自选定的缩小比例模型，可用来审查整车外形曲线的全貌。如发现某条曲线不美观或不符合要求，可将胶带揭起重新粘贴，直到满意为止。胶带图完成后，缩小比例模型放大的曲线又经过进一步修订。

2）绘制 1∶1 整车外形效果图。

单纯由缩小比例的绘画表达汽车的外形效果尚嫌不够，还需要绘制等大尺度（全尺寸）的彩色效果图。现代造型设计非常重视等大的尺度感。缩小比例图样和全尺寸图样的真实感是截然不同的。打个比方，鸡雏看上去很小巧可爱，若放大 5 倍就显得太胖、太臃肿。汽车也是一样，缩小比例模型上某些圆角或曲线看上去很小巧雅致，放大 5 倍后就显得笨拙臃肿。因此，汽车形状的最后确定，不能从缩小比例的图样或模型直接放大，而应经过 1∶1 效果图和 1∶1 模型的修正，以符合等大的尺度感和审美要求。

3）制作 1∶1 外部模型。

1∶1 外部模型是汽车外形定型的首要依据。根据缩小比例模型的放大数据，结合胶带图和 1∶1 效果图的修订情况，就可以制造 1∶1 外部模型。这个模型是在一个带有车轮的构架上涂敷造型泥而雕塑成的。由于要用数以吨计的造型泥，并雕塑得细致、平整、光顺，所以制造一个 1∶1 外部模型的时间很长，通常需要几个星期。

4）制作 1∶1 内部模型。

1∶1 内部模型（图 6—3）用以审视汽车内部造型效果和检验汽车内部尺寸。1∶1 内部模型与 1∶1 外部模型同时制作，其设计和尺寸相互配合。1∶1 内部模型的形状、色彩、覆盖饰物的质感和纹理都应制造得十分逼真，使人具有置身于真车室内的感觉。

5）造型的审批。

1∶1 外部模型、内部模型、效果图完成后，需要交付企业最高领导审批，使汽车最终定型。汽车造型设计是促进汽车销路的重要竞争手段，大公司为了击败对手会采用频繁更换车型的手段，对汽车造型设计的需求就十分迫切，并在整个汽车设计过程中占有愈来愈重要的地位。

（2）确定汽车结构。

汽车造型审定后，就可以着手进行汽车结构设计。汽车的结构设计，是确定汽车整车、部件（总成）和零件的结构。也就是说，设计师需要考虑由哪些部件组合成整车，又由哪些零件组合成部件。

图 6—3　1∶1 内部模型（仪表台模型）

零件是构成产品的最基本的、不可再分解的单元。毫无疑问，零件设计是产品设计的根基。零件设计时，首先要考虑这个零件在整个部件中的作用和要求；其次，为了满足这个要求，零件应选用什么材料和设计成什么形状；最后，零件如何与部件中其他零件相互配合和安装。

按照零件所使用的材料，可分为金属材料和非金属材料两大类。金属材料又可分为钢铁（黑色金属）材料和有色金属材料两大类。汽车所采用的非金属材料种类繁多。

钢铁是汽车上所使用的最重要的材料，占全车重量的大部分。钢铁的主要优点是强度、刚度和硬度高，耐冲击和耐高温，因而用于汽车上载荷大、高温、高速的重要零件。所谓强度高，就是这种材料可承受较大的力而不被破坏；所谓刚度高，就是这种材料可承受较大的力而变形很小。

汽车的零件在工作时，有的零件承受拉力而有伸长的趋势；有的零件承受压力而有缩短的趋势；有的零件承受弯曲力矩而趋于弯曲变形；有的零件承受扭转力矩。事实上，许多汽车零件的受力比上述例子复杂得多。如汽车变速器的轴就同时承受了拉、压、弯、扭多种力的作用。汽车零件不仅是承受静载荷，而且，由于汽车的行驶随路况变化，还要承受十分复杂的动载荷。

作为设计师，必须充分考虑零件的受力情况，经过周密的计算，确保零件的强度和刚度的数值在允许的范围内。

确定汽车零件的形状，也要花费设计师许多心血。例如，发动机气缸体的形状就非常复杂，需要设计气缸和水套，考虑与气缸盖、油底壳的接合，安装曲轴、进气管、排气管和各种各样的附属设备，乃至气缸体内部细长的润滑油通道……所有这些因素都应考虑周全，每个细节均不能遗漏。

汽车车身零件的形状就更特别，既不是常见的平面或圆柱体，也不是简单的双曲面或抛物面，而是造型师设计师根据审美要求而塑造的。在确定零件的形状时，还需要考虑零件的制造工艺方法，例如零件在机床上怎样装夹、定位，刀具怎样加工，半成品怎样传送、堆叠等等。

设计师必须把所设计的汽车结构用图纸表达出来。图纸是设计师与企业中的工艺师、技工和其他人员交流的“工程语言”。

我国颁布了十多项机械制图的国家标准，规定了绘制机械产品图纸的方法。在工科院校还设置专门的课程，训练学生掌握这种标准的工程语言。图纸绘制的方法，是按照投影原理并借助于几个视图、剖面或局部放大等手段，把产品的立体形状和内部结构详细而清晰地表达出来。图纸应按指定的比例绘制并且写出对产品的技术要求。

零件图需要详细地标注出各部分的尺寸。总成图应清楚地表达各个零件之间的装配的关系并标注出相关的装配尺寸。设计一辆汽车，需要绘制数以千计的图纸。一些复杂的图纸，图面的长度竟达 10m～15m。

6.2.2 汽车设计理论与设计技术

汽车设计理论是指导汽车设计实践的，而汽车设计实践经验的长期积累和汽车生产技术的发展与进步，又使汽车设计理论得到不断的发展与提高。汽车设计技术是汽车设计的方法和手段，是汽车设计实践的软件与硬件。

由于汽车是一种包罗了各种典型机械元件、零部件、各种金属与非金属材料及各种机械加工工艺的典型的机械产品，因此，其设计理论显然要以机械设计理论为基础，并考虑到其结构特点、使用条件的复杂多变以及大批量生产等情况。

汽车设计理论涉及许多基础理论、专业基础理论及专业知识。例如：工程数学、工程力学、热力学与传热学、流体力学、空气动力学、振动理论、机械制图、机械原理、机械零件、工程材料、机械强度、电工学、工业电子学、电控与微机控制技术、液压技术、液力传动、汽车理论、发动机原理、汽车构造、车身美工与造型、汽车制造工艺、汽车维修等等。

在近百年中，汽车设计技术也经历了由经验设计发展到以科学实验和技术分析为基础的设计阶段。

经验设计是以已有产品的经验数据为依据，运用一些带有经验常数或安全系数的经验公式进行设计、计算的一种传统的设计方法。这种设计由于缺乏精确的设计数据和科学的计算方法，使所设计的产品不是过于笨重就是可靠性差。一种新车型的开发，往往要经过设计—试制—试验—改进设计—试制—试验等二次或多次循环。反复修改图纸，完善设计后才能定型。设计周期长，质量差，财力、物力的消耗也大。

随着测试技术的发展与完善，在汽车设计过程中引进新的测试技术和各种专用的试验设备，进行科学实验，从各个方面对产品的结构、性能和零部件的强度、寿命进行测试。同时广泛采用近代数学物理分析方法，对产品及其总成、零部件进行全面的技术分析、研究，这样就使汽车设计发展到以科学实验和技术分析为基础的阶段。

电子计算机的出现和在工程设计中的推广应用，使汽车设计技术飞跃发展，设计过程完全改观。汽车结构参数及性能参数等的优化选择与匹配，零部件的强度核算与寿命预测，产品有关方面的模拟计算或仿真分析，都可以在计算机上进行。这种利用计算机及其外部设备进行产品设计的方法，统称为计算机辅助设计（CAD，Computer Aided Design)。20世纪 60 年代中期，计算机辅助设计方法使汽车设计逐步实现半自动化和自动化。

随着计算机在汽车设计中的推广应用，一些近代的数学物理方法和基础理论方面的新成就，在汽车设计中也日益得到广泛应用。现代汽车设计，除传统的方法和计算机辅助设计方法外，还引进了最优化设计、可靠性设计、有限元分析、计算机模拟计算或仿真分析、模态分析等现代设计方法与分析手段，甚至还引进了雷达防撞、卫星导航、智能化电子仪表及显示系统等高新技术。

在产品开发的整个过程中，产品的先天质量决定于设计，产品在包括原材料、锻造、使用、维修等各方面的花费，即广义成本的70%是由设计阶段决定的。因此设计方案的修改尽可能地在产品开发的前期进行，使产品设计一次成功，避免在产品开发后期因修改设计而造成的巨大浪费。

6.2.3 现代汽车设计方法

汽车设计的现代理论和方法正在不断地发展之中，很难给它下一个确切的定义。一般来说，汽车的现代设计理论为汽车设计的创造性过程建立各种数学模型，而其现代设计方法则针对这些数学模型进行求解，或者为设计师实施创造性的设计过程提供各种手段。

采用现代设计理论和方法的优点是可以不做或少做试验，在设计阶段就能预估未来汽车产品的性能、结构和品质，从而缩短设计周期，提高设计质量。

在汽车设计中所采用的现代设计方法择其要者有：有限元分析和评价技术、优化设计、系统工程方法、人工智能和专家系统、疲劳和可靠性设计、价值工程、反求工程、人机工程和计算机辅助设计技术等。

现代设计方法是近代数学物理方法与计算机技术相结合的结果。但这并不是说有了现代设计方法就可以完全不要试验了。实际上，无论是现代设计方法的发展还是其应用，都仍然需要各种试验技术，而且对试验技术提出了更高的要求，以便为精确的物理模型提供机理方面的依据；为具有高的空间分辨率和时间分辨率的计算结果提供试验验证；为各种计算提供边界条件、经验常数、基本统计数据等。

下面就有限元分析、优化设计、系统工程方法。可靠性设计、反求工程、人机工程和计算机辅助设计这几种现代设计方法在汽车设计中的应用作一简要介绍。

1. 有限元分析

有限元法是古典变分方法的一种变种，它直接把所需分析的结构离散化，使用最小位能原理或虚位移原理等力学基本原理，列出计算格式，用电子计算机求解。

有限元法在结构离散化时可采用各种单元形式，以适应不同的问题，网格的加密也很方便，边界易贴合。有限元分析的算法无论对弹性或弹塑性问题均较成熟，对流体问题也有一定的长处。在汽车设计中，有限元分析除应用于车身、车架等板梁结构外，还用来对各种零部件、组合结构等进行强度、刚度、热强度、振动模态、稳定性等各种计算分析。

国内外有许多商用的有限元分析软件，如SAP5/SAP6、ASKA、ADINA/ADINAT、NASTRAN等，一般都有较强的前、后处理功能。但通用的有限元分析软件有时不利于在优化设计中多次调用，因此，各厂家也自己开发一些针对特定对象的专用有限元分析软件，以提高运算速度，减少解题时间。

2. 优化设计

无论是总体设计，还是零部件设计，人们总是力求从各种可行方案中选择最优方案，这就是优化设计的基本任务。过去工程设计中尽管没有“优化”这一词汇，但在实际设计过程中往往通过直觉判断、试验比较，对产品优胜劣汰。

随着科学的进步，实际工程问题可以通过数学模型来描述，并又发展了最优化数值方法求解所确定的数学模型，这就为优化计提供了科学工具。

目前，有许多优化算法可供选用，其优劣随所解问题的特征而异。

优化设计首先要确定设计变量、优化准则、优化目标函数和约束条件，它们由设计要求而定。例如，在汽车发动机与传动系统的匹配计算中，可以以给定工况谱条件下的最低百公里油耗为目标函数，也可以最低排放指标或多种指标的加权平均值为优化目标。在零件的结构优化中，不仅可以进行尺寸优化，还可以进行形状优化。

3. 系统工程方法

对于像车辆整体这样一个复杂系统，无法简单地定义为一个最优化设计问题。这时，为了能在设计阶段进行较为准确的定性和定量分析，需要采用系统工程方法，其中主要内容为系统分析。

汽车的系统分析除研究汽车系统结构、系统行为外，也要研究汽车系统的受控方式，研究怎样使汽车系统演化才能达到设计者所期望的目标。

用系统分析的方法，可以预先研究系统结构及其相关性，可以通过建模和仿真进行模拟研究，所以它能在设计阶段事前处理问题，提高了设计开发过程的质量和效率。

4. 可靠性设计

可靠性理论是以产品的寿命特征作为主要研究对象的一门综合性科学。20世纪60年代以来，可靠性研究由电子、航空、宇航、核能等尖端工业部门，扩展到大批量生产的汽车工业部门，并取得可喜成果。

当今，提高产品的可靠性已成为提高产品质量、增强竞争力的关键。因此，可靠性设计已成为汽车现代设计方法中的一项重要内容。

可靠性设计主要包括可靠性预测和可靠性分配等。可靠性预测是一种预报方法，它在设计阶段从所得到的失效率数据，预报零部件和系统实际可能达到的可靠度，预报这些零部件和系统在规定时间、规定条件下完成规定功能的概率。在汽车设计初期，通过可靠性预报可以了解汽车中各零部件可靠度的相互关系，找出提高汽车可靠度的有效途径。

如何将系统规定的允许失效概率合理地分配给该系统的各零部件，是可靠性分配的任务。在可靠性设计中，采用最优化方法进行系统的可靠性分配，是当前可靠性研究的重要方向之一，称为可靠性优化设计。当完成可靠性分配后，就可以在给定可靠度下确定零部件尺寸，使零部件的质量得到恰当地减轻，而又保证足够的寿命。

5. 反求工程

反求工程又称反求设计，是以设计方法学为指导，以现代设计理论、方法和技术为基础，运用专业设计人员的知识、经验和创造性，对已有产品进行剖析和再设计的过程。因此，反求工程在本质上是从已知事物的有关信息（如国外样车的数据资料及实物）去寻求这些信息的科学性、技术性、经济性以及具体实施的途径，并经再创造达到设计目标。

应当指出，反求不是简单地模仿，只有消化再创造，才能融会参照物的先进技术，而变成既有自己特色又无知识侵权的具有竞争力的新产品。在我国汽车设计的现阶段，推广反求工程，提高设计能力和水平是重要的，但最终不能全靠反求，创造性的设计才是永恒的目标。

6. 人机工程

人机工程又称人体工程学，是20世纪50年代前后迅速发展起来的一门新兴学科。它以工程设计中与人体有关的问题为研究对象，目的在于使设计更好地适应人体的各种要求，从而提高人机系统，亦即人与他所操纵的机构在内的整个系统的工作效能。

与人们日常生活息息相关的汽车，其车身及其附件与人的关系很密切，例如，设计中要考虑人的最小活动空间、手伸界限；考虑能适应不同人体的座椅及其可调装置；考虑人在车内如何减少车外视野中的盲区以提高安全性；考虑人体最敏感的频率范围，使悬架设计避开这一频率区；考虑仪表指示和报警信息如何使人最易觉察又不致干扰其他操作和不引起疲劳；考虑车体在事故碰撞中如何保护人体不受或减少伤害等。

人机工程涉及人体尺寸、心理学、心理生理学、运动生理学、生物工程和医学等许多复杂课题，属于跨学科的边缘科学领域。

7. 计算机辅助设计

在汽车设计过程中，有创造性的思维劳动（如方案构思、车身外形的创新等），有综合性的分析与判断（如方案评价），也有复杂的计算和精细的绘图等，其工作量十分巨大。

计算机辅助设计（CAD）技术将计算机高速而精确的计算能力、大容量数据存储和处理能力与设计者的综合分析和逻辑判断能力以及创造性思维结合起来，从而大大加快了设计进程，缩短了设计周期，提高了设计质量。

在发达国家，20世纪70年代就已用CAD技术进行汽车设计，并逐步发展和完善了自己的CAD系统。现在，CAD系统除进行结构和性能的计算、分析并绘制出零部件的设计图样外，还越来越多地把方案初选、最优决策、规划布置、经验评估等包括进去，构成所谓“智能化”CAD系统。

对于某些重要的典型零件，CAD与CAM（计算机辅助制造）、CAPP（计算机辅助生产过程规划）相结合，构成计算机集成制造系统（CIMS）。如车身与覆盖件模具CIMS技术就是将车身CAD子系统，覆盖件模具CAD、CAPP和CAM子系统集成在一起。

车身CAD完成车身造型、覆盖件设计、总体布置和结构分析等功能。模具CAD子系统在车身覆盖件产品模型的基础上，完成冲压工艺设计、模具结构设计和成形过程分析，为模具CAPP和CAM提供所需的信息。模具CAPP子系统具有设计模具机加工工艺、设计毛坯、制定材料与工时定额、编制生产网络控制计划等功能。模具CAM子系统则根据模具CAD和CAPP所提供的资料编制数控（NC）加工程序，并有加工仿真、加工检验等内容。

这样，新车型的开发中由于实现了模型信息的共享，废除了过去长期沿用的“三主”即主图板、主样板、主模型方式，而仅保留了主模型。利用上述技术，可使通常的车身开发和模具设计制造周期缩短一年以上，显然其成效是很大的。

6.3 汽车试验

由于汽车的使用条件复杂，汽车工业所涉及的技术领域极为广泛，致使许多理论问题研究得还不够充分，因此汽车工业特别重视试验研究。汽车的设计、制造过程始终离不开试验，无论是设计思想和理论计算、初步设计、技术设计、汽车定型还是在生产过程，都要进行大量的试验。

最后，在客户购买了汽车并使用的过程中，车辆交通管理部门还要定期对车况进行测试，以确保行车安全。

6.3.1　汽车整车性能试验

汽车性能试验是为了测定汽车的基本性能而进行的试验。主要包括以下试验。

1. 动力性能试验

动力性能试验对常用的三个动力性能指标，即对汽车的最高车速、加速和爬坡性能进行实际试验。最高车速试验的目的是测定汽车所能达到的最高车速，我国规定的测试区间是 1.6km 试验路段的最后 500m。

加速试验一般包括起步到给定车速、高速挡或次高速挡，以及从给定初速加速到给定车速两项试验内容。加速试验一般包括起步加速和高速挡或次高速挡从给定初速加速到给定车速两项试验内容，试验通常用图 6—4 所示的非接触式汽车性能试验仪进行。

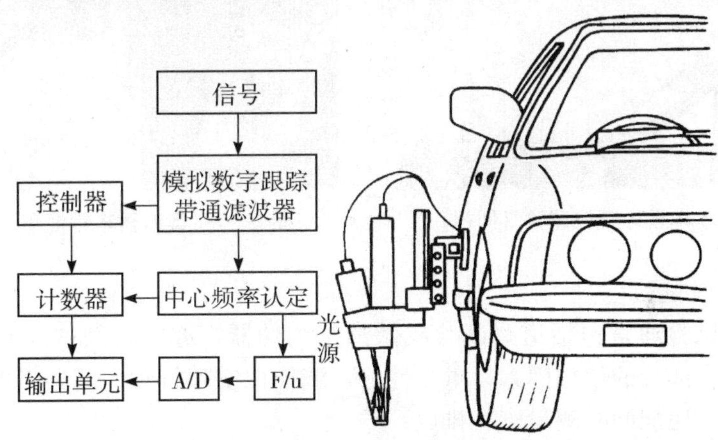

图 6—4　非接触式汽车性能试验仪简图

图 6—5 为重庆力帆 520 轿车进行性能测试的情形，安装在发动机舱盖和前保险杠上的设备即为非接触式汽车性能试验仪。

图 6—5　重庆力帆 520 轿车在进行性能测试

爬坡试验包括最大爬坡度与爬长坡两项试验。最大爬坡度试验最好在坡度均匀、测量区间长 20m 以上的人造坡道上进行，如果人造坡道的坡度对所测车不合适（例如坡道过大或过小），可采用增、减载荷或变换排挡的办法做试验，再折算出最大爬坡度；爬长坡试验主要用来检查汽车能否通过坡度为 7%～10%、长 10km 以上的连续长坡，试验中不仅要记录爬坡过程中的换挡次数、各挡位使用时间和爬坡总时间，还要观察发动机冷却系统有无过热、供油系统有无气阻或渗漏等现象。

图 6—6 和图 6—7 为奥迪轿车进行雪地爬坡试验的情形。

图 6—6　奥迪轿车雪地爬坡试验（仰视）

图 6—7　奥迪轿车雪地爬坡试验（俯视）

2. 燃料经济性试验

燃料经济性试验通常包括道路试验或做汽车测功器（亦即转鼓试验台，图 6—8）试验，后者能控制大部分的使用因素，重复性好，能模拟实际行驶的复杂情况，能采用各种测量油耗的方法，还能同时测量废气排放。

图 6—9 为滚筒式汽车转鼓试验台的构成示意图。采用转鼓模拟道路路面，飞轮模拟汽车当量惯性，增速箱使飞轮和加载装置不至过大，加载装置模拟汽车行驶阻力，轮胎冷却鼓风汽车行驶阻力，轮胎冷却鼓风机防止轮胎过热，发动机冷却鼓风机用来冷却发动机，测量系统测量汽车驱动力、垂直力、车速、燃油经济性以及排放等参数，而控制系统用于对试验工况进行控制。

图 6—8　汽车转鼓试验台

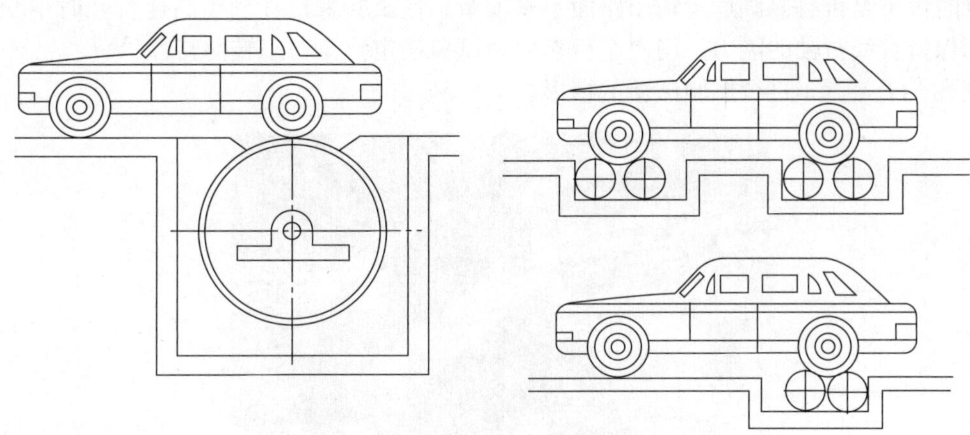

图 6—9　滚筒式汽车转鼓试验台

3. 制动性能试验

汽车制动性能的优劣直接关系到汽车行驶的安全性，用制动效能和制动效能的稳定性评价。常进行制动距离试验、制动效能试验（测定制动踏板力和制动减速度关系曲线）、热衰退和恢复试验、浸水后制动效能衰退和恢复试验等。

汽车制动性能试验既可以在试验道路上进行，也可以采用台架法在室内的汽车制动试验台上进行（图 6—10）。

图 6—10　汽车制动性能试验（台架法）

4. 操纵稳定性试验

试验类型较多，如用转弯制动试验评价汽车在弯道行驶制动时的行驶方向稳定性；用转向轻便性试验评价汽车的转向力是否适度；用蛇形行驶试验来评价汽车转向时的随从性、收敛性、转向力大小、侧倾程度和避免事故的能力；用侧向风敏感性试验来考察汽车在侧向风情况下直线行驶状态的保持性；用抗侧翻试验考察汽车在为避免交通事故而急打方向盘时汽车是否有侧翻危险；用路面不平度敏感性试验来检查汽车高速行驶时承受路面干扰而保持直线行驶的能力；用汽车稳态回转试验确定汽车稳态转向特性等。

图 6—11 是汽车进行侧倾试验的情形。

图 6—11　侧倾试验

5. 平顺性试验

平顺性主要是根据乘坐者的舒适程度来评价的，所以又叫做乘坐舒适性，其评价方法通常根据人体对震动的生理感受和保持货物的完整程度确定。

典型的试验有汽车平顺性随机输入行驶试验和汽车平顺性单脉冲输入行驶试验，前者用以测定汽车在随机不平的路面上行驶时，其震动对乘员或货物的影响；后者用以评价汽车行驶中遇到大的凸起物或凹坑冲击震动时的平顺性。

平顺性试验既可以在试验道路上进行，也可以采用台架法在室内的汽车平顺性试验台上进行（图 6—12）。

图 6—12　汽车平顺性试验台

6. 通过性试验

一般在汽车试验场和专用路段上进行通过性试验。图 6—13 和图 6—14 为我国枭龙军用越野车进行通过性试验（跨越凸岭）的情形。

图 6—13　我国枭龙军用越野车进行通过性试验（跨越凸岭，右后）

图 6—14　我国枭龙军用越野车进行通过性试验（跨越凸岭，左前）

7. 安全性试验

安全性试验项目很多，而且耗资巨大，特别是碰撞安全试验，除正面撞车试验外，近来还增加侧面撞车试验。可以进行实车撞车试验，也可以进行模拟试验或撞车模拟计算；但不少国家规定新车型必须经过实车撞车试验，以验证其撞车安全性。

实车碰撞试验（图 6—15）需要使用假人进行承受碰撞、数据采集工作。

碰撞试验假人（Dummy，图 6—16）又称为拟人试验装置（Anthropomorphic Test Devices），是用于评价碰撞安全性的标准人体模型。

假人的尺寸、外形、质量、刚度和能量吸收性能与相应的人体十分相似，所以当假人处于模拟的碰撞事故条件下，其动力学响应与相应的人体也十分相近。

图 6—15　实车碰撞试验

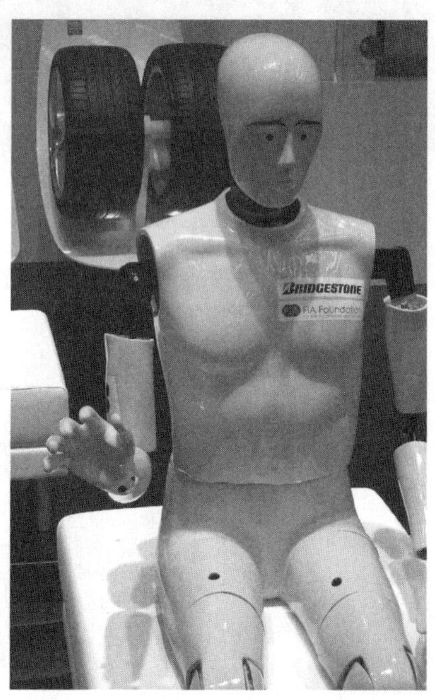

图 6—16　碰撞试验假人（Dummy）

在假人身上装备有各种传感器（图 6—17），可用于测量人体各部位的加速度、负荷、挤压变形量等。通过对这些物理量的分析、处理可以定量地衡量汽车的碰撞安全性。

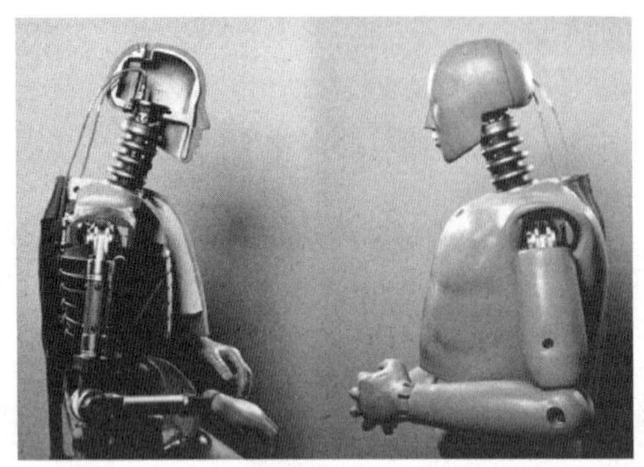
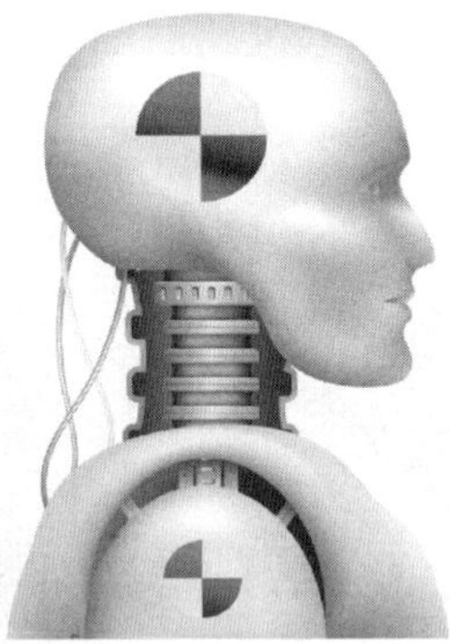

图 6—17　在假人身上装备有各种传感器

按人体类型分，假人可分为成年人假人和儿童假人。成年人假人按体型大小又分为中等身材男性假人、小身材女性假人和大身材男性假人等。

目前，随着碰撞试验技术的发展，已经研发出一系列的假人，形成了碰撞试验假人家庭（图 6—18），甚至有孕妇假人（图 6—19）可供研究在实车碰撞中对孕妇和胎儿的伤害情况。

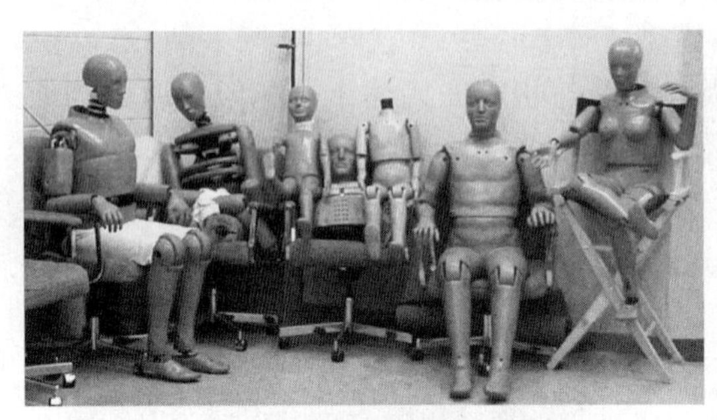

图 6—18　碰撞试验假人家庭

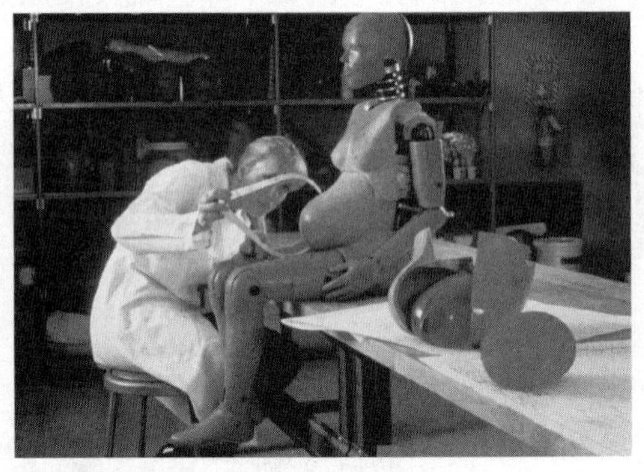

图 6—19　孕妇假人

图 6—20 是汽车进行实车撞车试验的示意图，图 6—21 是模拟汽车撞假人示意图。

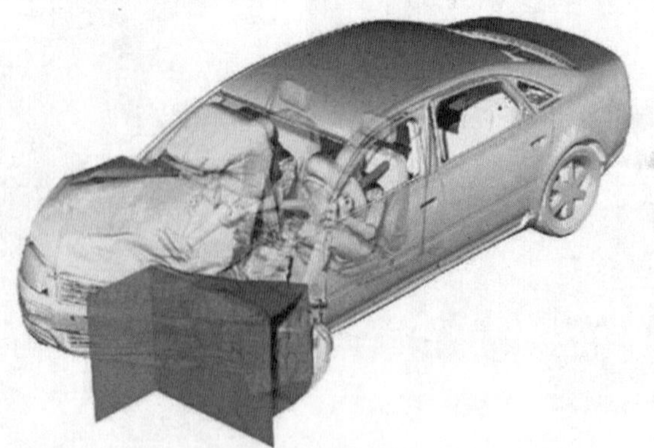

图 6—20　汽车进行实车撞车试验的示意图

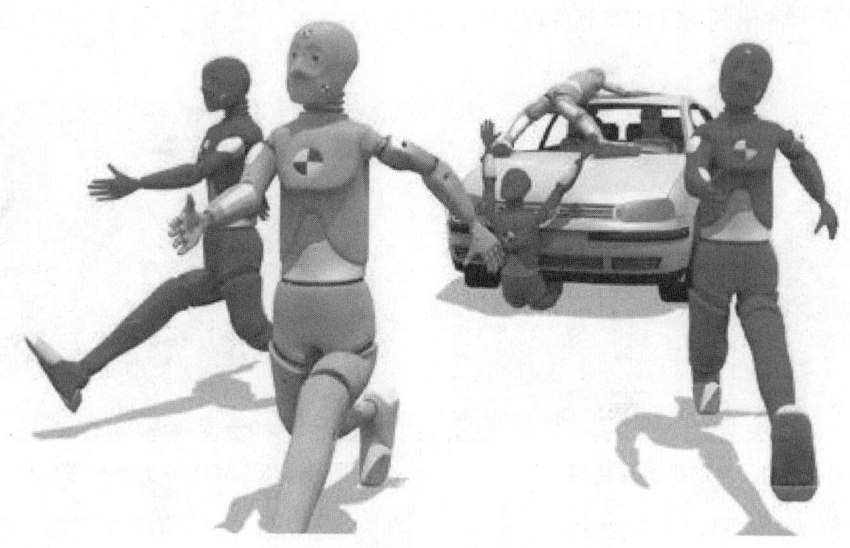

图 6—21　模拟汽车撞假人示意图

图 6—22 和图 6—23 为上海华普 M203 轿车整车撞车试验的情况。图 6—22 是正面冲撞，图 6—23 是汽车以 50km/h 的时速剧烈撞击后的情况，车门开启自如，气囊弹出，驾乘者（假人）稳坐其中。

图 6—22　整车撞车试验（撞车瞬间）

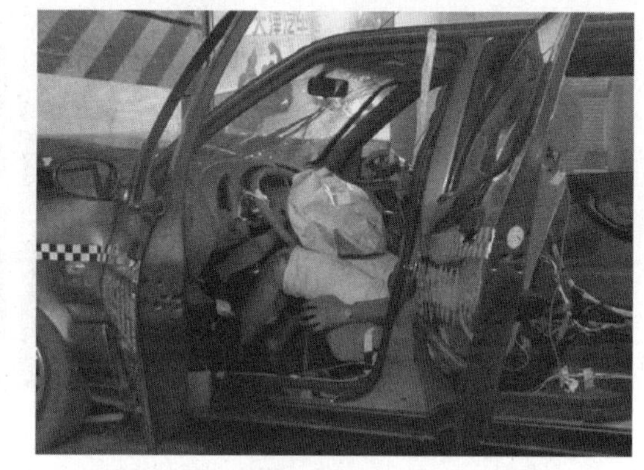

图 6—23　整车撞车试验（撞车后）

当进行车内装置（如安全带、座椅、方向盘、仪表板等）抗冲撞能力试验时，为节省开支常用撞车模拟装置进行，它以装有人体模型的平台车代替实车，摸拟以一定初速运动的汽车撞击固定壁后部件的减速度特性，从而研究冲击能量的吸收情况。

6.3.2　汽车零部件试验

尽管汽车零部件种类繁多，其试验通常是性能、强度、耐久性等内容。发动机是汽车中最重要的总成，其性能试验主要有功率、怠速、空转特性、负荷特性、调速特性、起动、机械效率、多缸工作均匀性、排放和噪声等试验。

对发动机的重要零部件（如曲轴、连杆、活塞等运动件和缸盖、缸体等固定件）应进行强度试验，整机和重要部件常需进行耐久性试验，重要部件的耐久性试验可在专门的试验台上进行，整机的耐久性试验则在发动机试验台架上进行（图 6—24）。

图 6—25 为常用的 MTS 零部件电液伺服试验台。

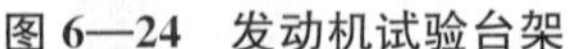
图 6—24　发动机试验台架

图 6—25　MTS 零部件电液伺服试验台

为了缩短试验时间，通常强化试验条件，如在额定工况、全负荷最大扭矩工况、超负荷超转速工况下运转。耐久性试验前后要全面测量尺寸和性能，以便评价磨损情况和动力性、经济性、排放等指标的稳定程度。许多汽车承载系统的寿命都与“道路—汽车”系统产生的随机振动特性有关。因此，可以按载荷谱提供激振力（或位移）的电子液压震动试验台成了许多零部件试验中不可缺少的加载工作台。图 6—26 为 MTS 十通道道路模拟机在进行试验。

（a）MTS 垂直十通道道路模拟机

（b）MTS 轴向十通道道路模拟机

图 6—26　MTS 十通道道路模拟机在进行试验

6.3.3　汽车试验场

1. 汽车试验场的作用

汽车试验场，亦称试车场，是重现汽车使用过程中遇到的各种道路条件和使用条件，进行汽车整车道路试验的场所，为满足汽车的试验要求，汽车试验场将实际存在的各种道路经过集中、浓缩、不失真地强化形成典型化的道路。汽车试验场的主要试验设施是集中修筑的各种试验道路，如高速环形跑道、高速直线跑道、可靠性强化试验路段、耐久性试验跑道、爬坡试验路以及特殊试验路段，如噪声试验路段、“比利时路”、搓板路、随机波形路、扭曲路、越野路、涉水路等。

由于汽车试验在汽车开发过程中处于极为重要的地位，许多汽车企业都投入巨额资金修建大型的汽车综合试验场，例如通用汽车公司的密尔福德试验场、日本汽车研究所试验场、英国汽车工业研究协会（MIRA）试验场等。

2. 我国的汽车试验场

海南汽车试验场始建于1958年，是我国第一个现代化湿热气候的汽车道路试验基地。试验场设在海南省五指山区琼海市加积镇，海拔670m，年平均温度23.9℃，年平均湿度85%，是对车辆进行湿热气候实验的理想场所。

襄樊汽车试验场始建于1985年，隶属东风汽车工程研究院。试验场占地面积2 902亩，内有高速环道、直线性能路、2#综合路、比利时环道等近30km试验路面和溅水池、标准坡、灰尘洞等试验设施。试验场设有汽车整车、总成、零部件等试验室十余个，国家进出口车商检试验室两个，可满足国内外机动车辆的新产品开发试验、产品质量鉴定的需要，是一个集室内零部件台架试验、整车试验以及道路试验、服务保障于一体的综合性的汽车产品研发阵地，同时还具有汽车质量监督检验、进出口汽车商品检验、机动车排气污染监督检验、新产品定型以及汽车专用仪器和汽车检测线检验校准等能力，是目前全国功能最全、管理最好、服务一流的现代化汽车试验基地。

图6—27是襄樊汽车试验场全景图，图6—28是试验道路组成图。

此外，我国还有位于安徽省定远县境内的解放军总装备部定远汽车试验场、具有寒带气候特点的一汽集团吉林农安汽车试验场（国内唯一具有侧向风试验设备的汽车试验场）、交通部北京汽车试验场、上海大众轿车试车场等汽车试验场。

图6—27 襄樊汽车试验场全景图

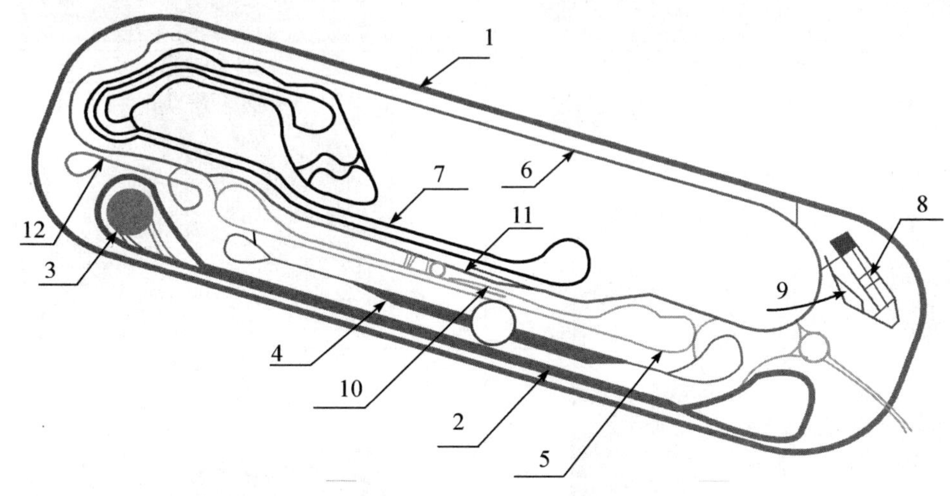

图6—28 襄樊汽车试验场

1. 高速环道；2. 综合性能路；3. 圆广场；4. 1#综合路；5. 石块环道（比利石路）；6. 2#环道；7. 2#综合路；8. 标准坡道；9. 自卸车试验区；10. 溅水池；11. 涉水池；12. 灰尘洞

3. 试验场的道路设施

汽车试验场的道路设施主要有：

（1）高速环形跑道。

按一定的规律铺上各种石块的汽车试验道路。高速环形跑道是平面形状，长度约 4～8km，多数采用两端圆形路和中间直线路的形状，也有椭圆形或其他形状；设有 3～5 条车道。这种跑道的设计最高车速通常在 200km/h 以上，可供汽车长时间持续高速行驶，以考验汽车的高速性能和零部件的可靠性。

（2）高速直线跑道。

高速直线跑道是水平直线路，长度约 2.5～4km，可供汽车作动力性、制动性和燃料经济性试验。为了节省建设费用，许多试验场将高速直线跑道设置在高速环形跑道的直线部分，两者结合使用。

（3）可靠性、耐久性试验道路。

模仿汽车使用寿命中在各种好路和坏路上行驶的情况，在汽车试验场内，除了建造沥青路外，也建造沙土路和各种不同的砾石路，以便进行强化试验，使汽车能在较短的行驶里程内就能暴露问题。

我国海南汽车试验场的部分试验路面见表 6—1。

表 6—1　　海南汽车试验场部分试验路面

高速跑道	性能跑道
ABS 试验路	盐水路
沙滩路	搓板路

续前表

扭曲路	条石路
石板路	标准坡道
石块路	波形路
鱼鳞坑路	沙土路
卵石路（甲）	卵石路（乙）

续前表

操纵稳定性试验广场	碎石路
通过性路	凸块路

（4）扭曲试验路。

汽车在扭曲试验路（图6—29）上行驶时，车身和车架、前后轴、悬架，以及汽车传动系都将产生反复扭转，以此考验这些部件的性能。

图6—29　扭曲试验路

（5）坡路。

汽车试验场通常还建有各种坡度的坡路，用以检验汽车的爬坡能力，还可考察驻车制动器（手刹）在坡道上的停车能力、汽车在坡路上起步时离合器的工作状况等。

图6—30为长城哈弗SUV在做40%坡道的爬坡试验。

图 6—30　长城哈弗 SUV 在做 40%坡道的爬坡试验

（6）操纵性、稳定性试验设施。

操纵性、稳定性试验设施最常见的是圆形广场，直径 100m，可供汽车转向或绕“8”字形行驶试验。有的圆形广场还备有洒水装置，使地面生成均匀的水膜以测试汽车韵侧滑情况。

易滑路用来试验汽车在冰雪或附着条件很低的路况下的行驶性能和制动性能，多采用磨光、洒水、冰雪等方法降低路面的附着系数。

横向风路段是考验汽车空气动力稳定性的设施。丰田汽车公司是在试车道路旁排列有 15 个直径为 2.7m 的大型风扇，可产生类似垂直于道路的横向风，以考验汽车在横向侧风作用下的操纵性能。

（7）涉水池。

涉水池有浅水池（水深约 0.2m）或深水池（水深 1～2m）两种，用以检查汽车涉水时水对汽车各种部件的影响，如电器设备、制动器、发动机进/排气管浸水后的工作情况等。

图 6—31 为军用越野车进行涉水试验的情形。

图 6—31　军用越野车涉水试验

6.3.4 汽车风洞

1. 汽车风洞的组成

汽车风洞是用来研究汽车空气动力学的一种大型试验设施。其实风洞不是个洞，而是一条大型隧道或管道，里面有一个巨型风扇，能产生强劲的气流。气流经过格栅，减少涡流后才进入试验室。

按照尺寸的大小，风洞可分为供缩小比例模型试验的小型风洞和供整车试验的大型风洞两种。按照气流流动的形式，风洞又可分为直流式和回流式两种。

图 6—32 为整车试验风洞的一般布置。试验汽车被固定在天平平台 12 上，通过空气动力天平 10 测定试验风速下的六个气动力分量（阻力、升力、侧向力、俯仰力矩、侧倾力矩和横摆力矩）。用道路试验的办法是不可能同时测得空气作用力的 6 个分力的。

附面层吸缝 11 用于消除气流造成的地面附面层对试验结果的影响。图中转鼓试验台 9 可在模拟环境条件下作汽车性能试验。

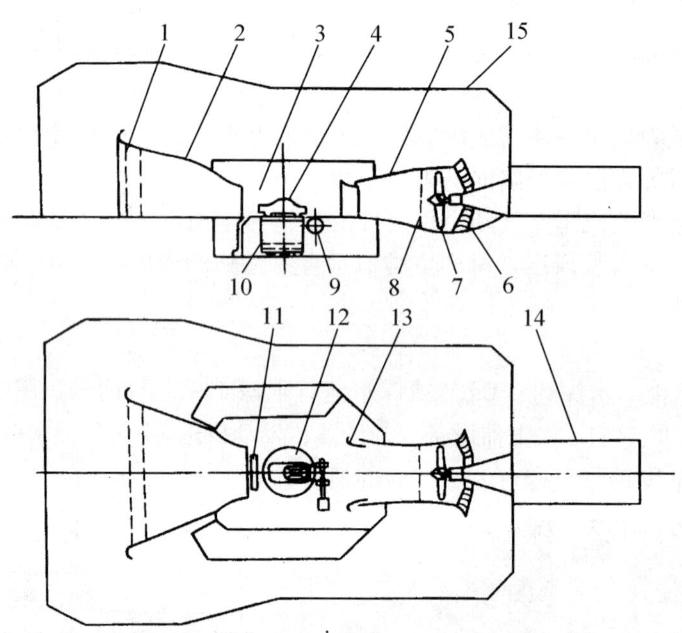

图 6—32　整车风洞示意图

1—阻尼网；2—收缩段；3—试验段；4—试验汽车；5—扩散段；6—螺旋扩散片；7—风扇叶片；8—安全网；9—转鼓试验台；10—空气动力天平；11—附面层吸缝；12—天平平台；13—导流器；14—动力与传动装置；15—建筑物

2. 汽车风洞的用途

风洞的最大作用是用来测量汽车的风阻，风阻的大小用风阻系数 CD 表示，风阻系数越小，说明汽车受空气阻力影响越小。

当然，除了用来测量风阻外，风洞还可以用来研究气流绕过车身时所产生的各种效应，如升力、下压力等，还可以模拟不同的气候环境，如炎热、寒冷、下雨或下雪等情况。这样，工程师们便可以知道汽车在不同环境下的工作情况，特别是发动机散热器（冷却水箱）散热、制动器散热等问题。

新车在造型设计阶段，必须将汽车制成风洞试验模型进行风洞试验，以便改进汽车的外形设计，提高空气动力性能。

因而，风洞试验就成为研究汽车空气动力性能的最有效的手段。

风洞试验还可测定汽车表面的压力分布情况（图 6—33）以及借助于烟雾、丝带、油膜等显示汽车周围的气流流动情况（图 6—34 和图 6—35）。

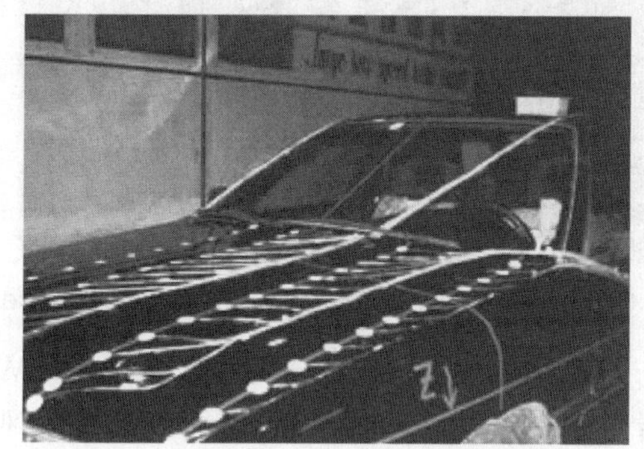

图 6—33　汽车表面压力分布测量试验

图 6—34　气流通过汽车顶部的情形（左前侧观察）

图 6—35　气流通过汽车顶部的情形（右侧观察）

风洞是在飞机制造业最先应用的，从 20 世纪 60 年代起，世界各大汽车公司和相关研究机构开始建立自己的风洞试验室。如德国大众汽车公司的多用途风洞试验室，可进行模拟多种环境条件下的汽车风洞试验，空气温度可在－30℃～45℃之间调节，湿度为 5%～95%，最大风速为 180km/h。

过去风洞试验中车轮是不转的，实际上转动的车轮对空气阻力系数也有一定影响。因此，近年来不少风洞纷纷安装转鼓以便能更好地模拟汽车行驶状态。带有转鼓测功器的全天候整车风洞功能较多，除可对汽车的空气动力学性能进行测试、评价外，还可对严寒、高温、潮湿等条件下的汽车性能进行测定。

3. 典型汽车风洞

图 6—36 为沃尔沃公司的汽车风洞试验室，其测试区域长 15.8m，宽 6.6m，高 4.1m，测试平台直径为 6.6m。

该风洞不仅能模拟车身四周的高速气流，还能模拟车底气流，甚至能够模拟轮胎在平整路面上高速旋转时的风阻（图 6—37），是目前全球汽车制造商自有风洞试验室中最先进的。

图 6—36　沃尔沃公司的汽车风洞试验室

图 6—37　模拟轮胎在平整路面上高速旋转时的风阻

风洞的核心部件是巨型风扇（图 6—38），风扇电动机的功率高达惊人的 5MW（6 800hp），风扇直径为 8.15 m。风扇拥有 9 个叶片，叶片由强度极高的碳纤维制成，风速高达 250 km/h，控制精度为±0.18 km/h，车底的滚动钢带能模拟的最高车速达到 260km/h。

此外，通用汽车公司的汽车风洞（图 6—39）和法拉利公司的汽车风洞（图 6—40）也是久负盛名的。

目前，我国最大型的风洞是中国航空动力研究所的风洞试验室，主要承担中国航天（火箭、导弹）和航空机械（飞机）的风洞试验任务，也可用作汽车、建筑物、运动设备的风洞试验。

图 6—38　沃尔沃汽车风洞的巨型风扇

图 6—39　通用公司的汽车风洞（技术人员在检查巨大的风洞叶片装置）

图 6—40　法拉利公司的汽车风洞（白色管状物，模型比例 0～60%）

6.4 汽车生产

6.4.1 汽车生产的特点

汽车是复杂的产品，又具有大批量、多品种的特点，这就决定了它的生产是高度发展的大工业生产。现代汽车工业的特点集中了现代大工业生产的特点，可从技术方面和社会方面来说明。

1. 技术特点

（1）高度分工的专业化生产。

在汽车工业兴起的头 30 年，主要趋势是扩大工厂规模、高度综合化，也就是“大而全”。最典型的是福特公司在 20 年代末建成的露奇河厂（River Rouge Plant），后来苏联的高尔基汽车厂乃至我国的第一汽车厂也是按这种模式建立的。

但是随着世界汽车工业的发展，大而全的缺点也暴露出来了。首先，不能适应产品快速改型换代的要求；其次，每个局部还是比专业厂的规模小，竞争能力也不强；再次，由于机构过于庞大，难以管理，领导对次要环节无暇顾及，妨碍了它们的自主发展和进步。因此，后来汽车厂趋向于分工细化，分成若干个专业厂。

汽车的生产过程是先由若干零件组成合件或部件，由小的合件或部件组成大的部件或总成，再由总成构成系统，若干系统组装在一起构成了汽车。从零件到汽车有几个界限明显的层次，这样就可以进行生产分工，一个生产单位生产某一具有独特功能和相对完整性的部件或总成，并对这个部件或总成的功能和质量负责。

（2）零部件全球采购。

汽车的零部件除了金属制品外，还有非金属制品，如橡胶、玻璃、塑料、石棉、纺织品等，这些产品只能由专业厂生产。即使是金属制品，有些也以由专业厂生产为宜，如电机、仪表、轴承、标准件等。汽车生产的分工首先是不同的专业生产厂的分工。

由零部件专业厂组成的汽车零部件工业在发达国家是很强大的，它们有“小型巨人”之称。它们拥有很强的技术开发力量和先进的生产手段，进行多品种、系列化、大批量、专业化生产，因而质优价廉，面向全世界的汽车制造厂和用户，有很强的竞争力。

自从 20 世纪 90 年代初通用汽车公司成功地实施了以降低成本为核心的全球采购战略以来，世界上许多汽车整车企业不断降低零部件自制率和减少协作厂数，实行全球生产、全球采购的策略，从原先的向多个零部件厂商采购变为向少数系统供应商采购；从单个零件采购转变为模块采购；从国内采购转为全球采购。这些变革有力推动了零部件企业与整车企业之间的相互独立与剥离。整车企业对所需的零部件实行全球采购，谁家产品的质量好、价格低就买谁的，不必拘泥于应用原来本集团公司的零部件企业。

（3）互换制。

互换制的基础是零件的公差。在零件设计时必须考虑具体的配合要求，根据它规定各有关部位的名义尺寸及极限偏差，即公差。凡是在公差范围内的零件，装配时都可以不经任何加工而达到预定的配合。这样，互换制就可以大大简化装配过程，提高了生产率，而且在需要更换零件时也非常简便。

互换制的推行还为零部件的专业化生产创造了条件。许多机械零件都已标准化了，如各种紧固件、连接件、轴承等，任何一家工厂生产的都可以互相通用。这就使专业化生产成为可能。

为了实行互换制，在生产中要采取一系列保证措施：

1）依靠工艺装备保证加工精度，而不是依靠工人对每个零件进行调整。

2）使用专用量具检查每个零件是否符合公差要求，而不是使用万能量具。

3）对量具进行定期检查维修，以保证量具准确可靠。

4）制定各级计量标准以及标准的递进方法，使各企业有共同的计量标准，避免发生混乱。

对于各种机械零件的公差配合，各国都有国家标准，国际标准化组织（ISO）也有详细的规定，在汽车设计中广泛采用这些标准，用以保证零件的互换性。

（4）流水作业。

流水作业是一种生产组织形式，是汽车工业首创发展起来为大批量生产服务的。由于总装采用了流水作业，大大加快了生产速度，使各分装工序和其前的加工工序不得不采取同样的措施以加快进度，于是输送各种零部件的输送带、输送链被广泛采用，整个厂的生产逐步转移到流水作业方式上来了，生产过程变得协调顺畅，生产效率大大提高。

现在，流水作业在轿车生产中得到充分的发展。轿车的总装生产线从车身的焊接开始，经过喷漆、烘干、内饰、机械安装、附件安装、加油加水、调整试车，最后检查到新车下线，整条总装生产线由若干段空中、地面、地下的输送带组成。沿线设置各工位所需零部件的周转库，并用输送带与大件分装线相连接，就像支流汇入主流一样。这样复杂、庞大的机电一体化系统，是现代科学技术的伟大成就之一。

汽车零件的机械加工基本上采用流水作业方式。铸造的流水作业最彻底，从造型、浇铸、冷却到出铸件、空箱返回、再造型……组成一条环形铸造生产线。锻造和冲压一般为若干零件轮番生产的短流水线，在压力机上设置快速换模装置。

（5）生产过程自动化。

汽车产量的增加促使汽车生产过程自动化，自动化不但提高了生产速度，降低了生产成本，而且能保证产品质量稳定。

生产过程自动化是从工艺过程开始的，首先是加工机床的自动化和半自动化。

生产自动化的另一种发展趋势是采用程序控制和数字控制，在机床上安装电子或液压控制系统，按设定程序对工件进行加工。它比专用机床更加灵活，可以通过改变设定程序来加工各种形状和尺寸的工件，适应多品种加工的要求。

把计算机技术应用于汽车制造，可使汽车制造技术面目一新。有了计算机辅助制造技术（简称 CAM，即 Computer Aided Manufacturing），人们只要把零件的形状、尺寸要求等信息通过软盘输入计算机，就可以由计算机控制机床自动加工出合格的产品。

现在，CAM 技术进一步发展为 CIMS 技术。CIMS（Computer Integrated Manufacturing System）就是计算机集成制造系统，它是信息时代出现的一种利用计算机硬件、软件、网络、数据库等现代化高技术，将企业的经营、管理、计划、产品设计、加工制造、销售服务等环节和人力、物力、财务、设备等资源集成起来，使之一方面能发挥自动化的高效率、高质量；另一方面又具有充分的灵活性，以利于经营、管理及工程技术人员发挥智能，根据激烈变化的市场需要及企业的经营环境，灵活及时地改变企业的产品结构及人、财、物等生产要素的配置，实现全面优化，从而提高企业在激烈竞争中的生存、竞争能力，并赢得稳定的高效益。因此，CISM已成为世界各主要工业国家竞相发展的一项具有战略意义的高技术，是现代制造企业和工厂自动化的一种最新模式和发展方向。

2. 社会特征

（1）汽车生产的社会化。

由于生产规模的扩大和竞争的日益激烈，像福特公司的露奇河厂那样从矿石进来到汽车出厂的大而全的生产方式已不复存在。汽车厂与广大的汽车零部件厂开展了广泛的配套协作，甚至跨出国门与国际汽车行业进行协作。然而，汽车生产在社会经济生活中所涉及的内容远不止此，还涉及其他诸多方面的联系。

汽车工业与其他工业有密切的联系。首先是钢铁工业，钢铁是汽车工业的主要原材料，没有钢铁工业的发展，汽车工业的发展是不可能的。汽车制造业是机械制造业的一部分，它的装备必须由机械制造业提供。其他如有色金属工业、橡胶工业、轻工业、纺织工业、电子工业等，都与汽车工业有密切关系，特别是随着汽车电子化的发展，电子工业与汽车工业的关系越来越密切了。

汽车是世界第一商品，各大公司的汽车销售网遍布世界各地。汽车工业与汽车商业的结合，再加上处理用户分期付款的银行业务，就形成了一个社会集团，其影响远远超出单纯工业生产的范围。

另一方面，汽车生产与汽车使用相结合，又形成一个更广的范畴。公路主要供汽车行驶，汽车的广泛使用促进了公路建设，发展了交通事业，公路的建设和维护管理是国家和地方重要的公用事业。沿公路的停车场、加油站。汽车维修站、餐馆、旅店等服务设施也都不可缺少。

（2）汽车生产的规模经济性。

汽车生产的规模经济性，是指汽车生产的经济效益与其规模有密切的关系。

一条汽车生产线的最小有效经济规模是6万～10万辆/年，一条发动机生产线的最小有效经济规模是50万台/年，一条汽车覆盖件冲压生产线的最小有效经济规模是100万件/年。为了最大限度地发挥大批量生产的优越性，最好是一条生产线生产单一品种的汽车产品。但是为了适应用户对车型多样化的要求，当前又有多品种大批量或多品种小批量生产的倾向。为此，要求汽车生产线具有相当的通用性，生产线的程序要容易变换，并能进行多种车型的混合生产，这就是柔性生产线。

（3）汽车工业新陈代谢快。

现代科学技术的三大支柱是材料、能源和信息。随着材料、能源和信息科学的快速发展，汽车工业的技术基础也在加快新陈代谢。这不但表现在汽车产品的更新换代上，而且表现在生产方法和生产手段的进步上。

轿车和轻型车的生产寿命较短，一般不超过 10 年。中型和重型货车的生产寿命较长。一种牌号的车，在生产期间也应随着技术进步或市场、用户的需求有所更新，不断提高其性能，改进其外观。要提高汽车产品的竞争力，必须加快更新换代。

3. 汽车工业的新特点

21 世纪世界汽车工业有着不同于 20 世纪的一些新特点，主要表现为：

（1）集中化。

几年前，全世界有 25 家百万辆级独立的大型轿车整车生产企业。如今，通过兼并、重组形成了 6 家超大型企业集团，它们生产着占世界 80%以上的汽车，控制着大部分资金、技术和市场，使较小的企业难以生存。

今后，只有两种企业能够存在，一种是超大规模企业集团，一种是这些集团在世界各地建立的中小型独资或合资企业。后者在资金、技术市场等方面依靠超大型集团。

（2）跨国化。

汽车业兼并浪潮的另一个特点是不同国家大型企业间实现联合。几年前，所谓跨国公司是指大型企业在国外建立分支机构，而母公司的资本基本上是本国的。现在有些集团很难说是属于哪个国家的，世界汽车工业正从有国别的工业向世界统一的汽车工业转变。这一转变不是意味着不存在国家利益，相反，各国更关注自己的利益，但追求的不是建立独立于世界的工业体系，也不仅仅是关注在本国领土上生产多少汽车，而是在统一的世界汽车工业中寻找自己的地位，从中追求最大的利益。

（3）自由化。

既然汽车工业正在形成统一的世界工业，这一进程必然促进汽车产业进一步自由化，不仅产品要自由流动，资金也要自由流动。所谓资金自由流动，就是要允许国内外任何企业从事汽车生产，那种由政府指定企业生产的做法不能继续下去了。自由化为世界大企业集团的经营创造了有利条件。

6.4.2　汽车生产工艺过程

汽车工业是在许多相关联的工业和有关技术的基础上发展起来的综合性工业。一般来说，汽车的发动机、变速器、车桥、车身等主要总成由汽车厂自己制造，而轮胎、玻璃、电机、电器、仪表、车身内饰件和其他小型零部件多靠协作厂生产或从市场采购。外协、外购件的制造和选购往往涉及许多特殊的制造工艺和技术。仅就汽车制造厂本身来说，它所用的原材料过去主要是钢铁，现在铝合金正越来越多地被采用，非金属材料特别是塑料和陶瓷的使用不断增加。汽车制造厂所采用的工艺，从毛坯制造到整车装配，可分为铸造、锻造、冲压、热处理、机械加工、焊接、涂漆、电镀和装配工艺等许多种。

汽车生产工艺过程的编制通常以总装为核心。为了提高效率，汽车制造尽量采用流水线的生产方式。整个汽车厂的流水线生产方式，要求同时进行各种零部件的制造。加工，然后装配成大部件或总成，最后汇总到总装配线装配成整车出厂。各条流水线之间必须互相协调，其中任何一个环节出了问题都可能影响整个汽车厂的生产。

典型的汽车制造工艺流程如图 6—41 所示。

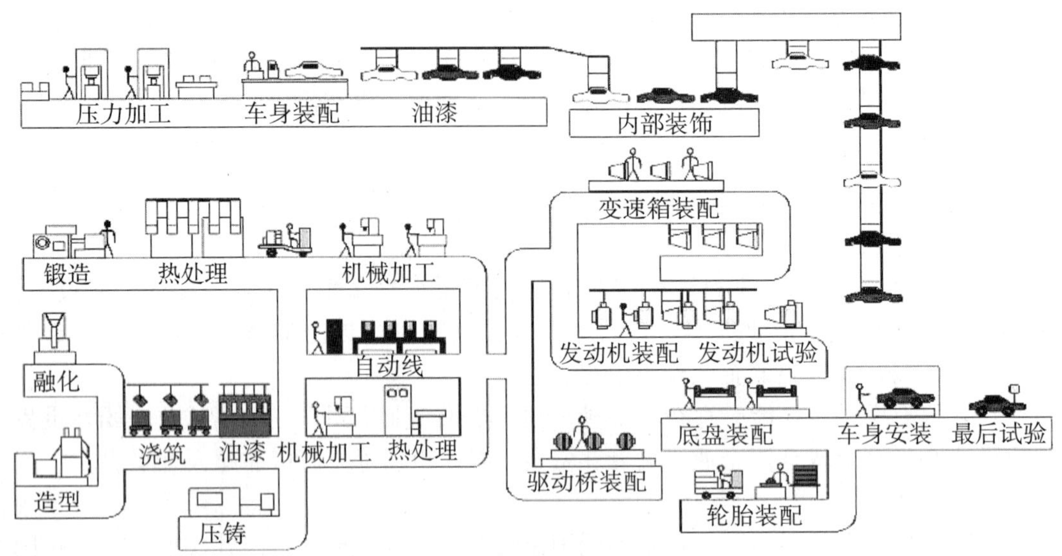

图 6—41　典型的汽车制造工艺流程

1. 铸造工艺

在铸造工艺方面，原始的手工造型根本不能适应工业化大生产的要求，现代汽车厂都采用各种铸造自动线，开发了振动造型、金属型铸造、气化模铸造、树脂砂铸造、压力铸造、低压铸造等新技术。

图 6—42 为长安汽车公司发动机铸造生产线。

图 6—42　长安汽车发动机铸造生产线

2. 锻造工艺

汽车上的锻件毛坯较多，一般轿车锻件有 50 多种，而且通常这些锻件的形状复杂、精度高。为了提高锻造生产的生产率和毛坯质量，汽车锻件生产除了采用普通的模锻工艺外，还大量采用精锻、热挤、冷挤、热墩、轧制等工艺。

如变速箱同步器齿环采用精锻工艺后，齿形可不再作机械加工；等速万向节壳采用锻造→机加工→冷挤压工艺后，使得这一形状复杂、精度高、尺寸大的工件在冷挤压后，基本上不需再作机加工便可直接装车。一些直径小、法兰大的零件可采用热挤，花键、齿轮等齿形件可采用冷、热成形轧制工艺，轴类零件可用楔横轧工艺……

总之，锻件生产已出现各种特种工艺、专用设备纷呈的局面，有效地提高了锻件质量和生产率。

图 6—43 为曲轴锻造车间的生产情况。

图 6—43　曲轴锻造车间

3. 冲压工艺

汽车特别是轿车车身绝大部分是冲压件，有很高的质量要求。这些冲压件曲面形状复杂，并要求较高的尺寸精度和较小的表面粗糙度值。通常，货车冲压件的型面公差和轮廓公差为±1mm，而轿车则要求±0.5mm。因此，轿车冲压件的模具制造水平同货车相比要相应提高。

图 6—44 为奇瑞汽车公司车身冲压覆盖件生产车间的情形。

图 6—44　奇瑞汽车公司车身冲压覆盖件生产车间

汽车冲压件生产是大批量生产，而且品种繁多，如顶盖、挡泥板、车身侧护板、地板、发动机罩、车门内外板、行李箱盖板、中门柱、前门柱、保险杠等。例如德国奔驰汽车公司辛德尔芬根厂冲压车间日产冲压件 1 000t，年产 30 万 t，6 000 余种。因此，为提高生产率，必须采用机械化。半自动化或全自动化流水生产。

4. 机械加工工艺

以大批量生产为特征的汽车零件的机加工，走过了从普通机床到专用机床和组合机床，再到数控机床（图 6—45）、加工自动线、加工中心这样一条道路。现在，汽车零件机加工的自动化水平相当高，绝大部分都采用计算机控制的全自动生产线，少量采用单机生产的设备也都是数控机床，只有少量辅助工序由人工操作。

图 6—45 数控机床

5. 焊接工艺

车身焊接通常称焊装，是将车身冲压零件组装和焊接成符合产品设计要求的白车身（即未经油漆的车身）。

在车身焊装过程中，先将整个车身分成几个大的总成先进行焊装，如地板总成、发动机舱总成、左侧围总成、右侧围总成、后围总成、顶盖总成、左车门总成、右车门总成、发动机罩总成、行李箱盖总成、左右翼子板总成等；然后再将这几个大的总成焊装成白车身。车身上的小分总成一般在单机上进行焊装，各大总成的焊装和车身焊装则在流水生产线上完成。

因此，通常车身焊装需建立十几条生产线。生产线上配备各种焊接设备和工具、走位和夹紧工装、机械化运输系统、生产过程控制和质量检测与控制系统、安全防护设施等。生产线之间的运输通常用悬挂式输送机和搬运机械手等完成。

车身焊装所用的焊接方法以电阻焊居多，一般占焊接总量的 90%以上，主要是点焊和凸焊，其生产率高、成本低。所用的设备有悬挂式点焊机、固定点焊机、多点焊机、螺柱焊机、焊接机器人等。

焊接机器人被越来越广泛地采用，并出现了机器人焊装线和无人操作机器人焊装车间。采用焊接机器人可使焊接质量稳定，但投资较大。目前激光焊接技术正迅速发展。点焊逆变电源变压器正加紧研究，它将使焊接变压器的体积大大缩小，进一步推进自动化焊接技术的发展。

为了在同一条焊装线上组织生产几种不同品种而工艺相似的车身，已出现了所谓混流生产的柔性焊装线，它通常用机器人点焊和更换夹具来实现。

车身焊装过程中，各大总成和白车身在焊装完后均要进行严格的质量检验。例如，在生产线上设自动检测机检查装配、焊接质量和尺寸要求，在白车身完成后用三坐标测量机进行抽检。图6—46是为采用焊接机器人进行轿车焊装的情形。

图6—46　采用焊接机器人进行轿车车身焊装

6. 涂漆工艺

轿车、客车车身和货车驾驶室的涂漆不仅装饰性要求高，而且还要求高的抗蚀性。装饰性要求包括涂层光亮、平滑、丰满、美感强；抗蚀性要求包括外观锈蚀、穿孔腐蚀、损坏结构腐蚀出现的使用时间。例如，加拿大规定这三种腐蚀出现的使用时间应分别保证5年、10年和20年。

为保证喷漆质量，车间厂房及其环境要求非常干净，并注意将产尘区与喷漆工作区分开。

喷漆之前需进行预处理。预处理质量的优劣对整车的耐蚀性有重要影响。货车预处理一般设有7～8道工序，而轿车的预处理则多达12～13道工序。预处理的目的是使金属车身脱脂清洗后通过中温低锌磷化，生成一层磷化膜，并经钝化进一步增强其耐蚀性。

涂漆有好几道，先经电泳底漆（图 6—47），后喷中间涂料，最后作面漆施工，面漆施工是决定车身美观的最后一关，面漆类型有氨基醇酸类、聚脂类、丙烯酸类等。通常用高速旋转静电喷枪喷涂，其厚度单色面漆为 30～35μm，金属闪光漆为 15μm，要求得到较高的光泽和鲜艳度。

图 6—47　电泳底漆

为了高质量、快节奏，涂漆生产较多地采用往复式喷涂机、喷漆机器人（图 6—48）等装备，构成自动化程度较高的生产线，考虑到轿车面漆的返修率较高，一般在车间设计中安排一条较大的返修生产线，供正常返修使用。

图 6—48　喷漆机器人

返修喷涂时，多采用人工喷涂（图 6—49）方法进行，但工人要穿戴好相应的防护装具。

图 6—49　人工喷涂

7. 总装工艺

汽车总装配是将汽车各零部件总成根据技术条件装配成一辆完整合格的汽车的生产过程，也是汽车生产的最后一道工序。

总装过程客观上对零件起了最终检查的作用，因为装配工人发现变形、损坏、碰伤、不合规格的零件均会将其剔除。

总装配生产线（图 6—50）由一系列输送设备构成“立体装配”，并设置许多装配台架和电动、风动工具。根据投资强度和生产批量，总装配生产线上安装一定数量的自动化设备，如不少汽车厂安装仪表板、前后风挡玻璃（图 6—51）、座椅、车轮、发动机（图 6—52）、车桥等时实现自动化装配，但与焊装相比，总装配仍有不少环节需靠人工进行（图 6—53）。

图 6—50　奇瑞公司总装配生产线

图 6—51　机器人安装风挡玻璃

图 6—52　发动机装配线

在总装配的出口处，汽车要进行严格的检查、调整和整车检测，其中包括发动机综合测试、废气排放测试、灯光测试、前轮定位测试、密封性测试（淋雨测试，图 6—54）和电器检验等。

此外，还要对一定比例的整车在试车跑道上进行抽检。质量保证部门每天从当天总装线上生产出来的车辆中抽出 1～2 辆车进行全面检验，以此考核各部件质量和总装质量，并反馈给生产管理部门和技术部门，以便采取措施，不断提高产品质量。

图 6—53　总装配生产线（仍有不少环节需靠人工进行）

图 6—54　密封性测试（淋雨测试）

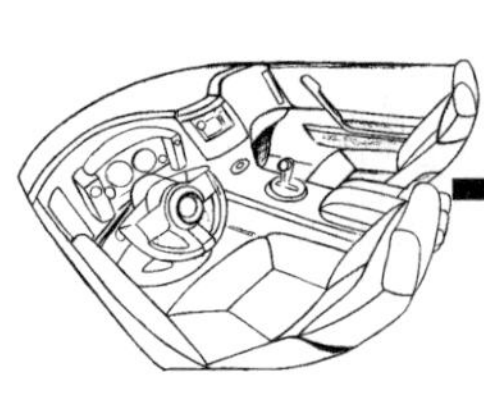

第7章

速度与激情——汽车运动

7.1 汽车运动的起源与分类

7.1.1 汽车运动的起源

1894年，在法国举行了首次汽车比赛，共有102辆汽车参加比赛。比赛的目的是为了检验车辆的性能，宣传汽车的安全性和可靠性。参赛的有内燃机汽车、蒸汽汽车、电动汽车和酒精汽车。比赛结果，只有9辆汽车到达终点，蒸汽汽车获得第一名，时速为24km/h。

自从第一次汽车比赛开始以后，美国和欧洲一些国家每过几年就要举行一次汽车比赛。

1904年6月，法国、英国、德国、比利时等欧洲国家发起成立国际汽车联合会，总部设在法国巴黎（后移至端士），以推动汽车工业发展为宗旨，并负责全球汽车俱乐部和各种汽车协会的活动。下设世界汽车旅游理事会、世界汽车运动理事会，负责统筹安排世界各国的汽车运动，为所有不同种类的赛车运动制定规则，协调安排世界范围内的各项汽车比赛。

图7—1为1908年纽约至巴黎拉力赛的一组珍贵的老照片，从中可见当时的比赛盛况。

(a) 1908年纽约至巴黎拉力赛（发车盛况）

（b）1908 年纽约至巴黎拉力赛（战胜严寒）

（c）1908 年纽约至巴黎拉力赛（征服泥泞）

（d）1908 年纽约至巴黎拉力赛（跨越铁路）

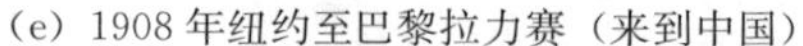

（e）1908 年纽约至巴黎拉力赛（来到中国）

（f）1908 年纽约至巴黎拉力赛（庆祝胜利）

图 7—1　1908 年纽约至巴黎拉力赛

中国汽车运动联合会于 1975 年成立，1983 年加入世界汽车运动联合会。

1985 年，中国汽车运动联合会举办了香港—北京（港京）汽车拉力赛。这是中国汽车运动的一个先驱性项目，之后共计举办了七届。

图 7—2 为港京汽车拉力赛路线图，图 7—3 为港京汽车拉力赛冠军车队在庆祝胜利。

自 1994 年起，“港京拉力赛”被国际汽联列为亚太拉力锦标赛的一站。为了申办世界拉力锦标赛，1997 年“港京拉力赛”改版为“中国拉力赛”，并在 1999 年被批准列为当年世界拉力锦标赛中的一站。

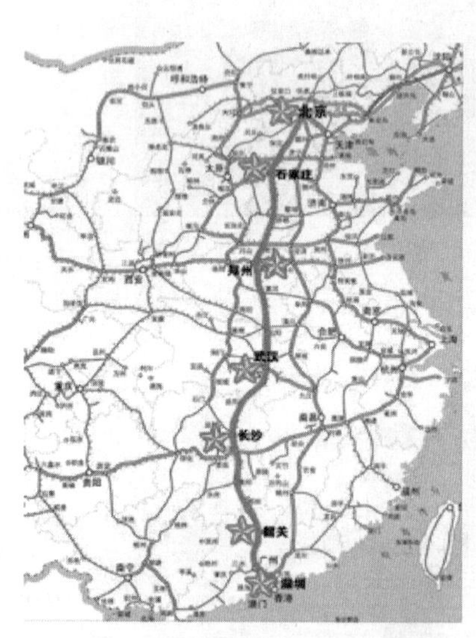

图 7—2　港京汽车拉力赛路线图

图 7—3　港京汽车拉力赛冠军车队在庆祝胜利

7.1.2　赛车组织机构

国际汽车联合会（Federation Internationale de L'Automobile，缩写为 FIA，简称国际汽联，其 Logo 如图 7—4 所示）于 1904 年 6 月 20 日成立，由法国、英国、德国和比利时等几个欧洲国家发起，现在总部在瑞士。

FIA 是一个非营利性组织，代表五大洲的 117 个国家的 150 个国家级汽车驾驶组织。

图 7—4　FIA 的 Logo

FIA 有两大部分（旅行和汽车部；运动部）。

旅行和汽车部：负责协调道路交通安全、环境保护、消费者权益保护、组织相关活动及旅行事务等。

运动部：负责管理世界所有形式的汽车运动，包括每年吸引 600 多亿人次电视观众的 F1 大赛，还有 F3000 大赛、旅行车（GT）赛、世界汽车拉力锦标赛、卡丁车赛等。FIA 根据各国的申请，每年在世界上约 80 个国家安排近 800 场各类汽车比赛。

FIA 的官方语言为法语和英语。FIA 是国际奥林匹克委员会成员组织。

FIA 制定有关汽车大赛路线、车辆、驾驶员以及比赛规则的相应规定，对比赛和纪录进行认可，并对举行的比赛作必要的调整或协调。FIA 联系着各个国家的中央汽车俱乐部。各地方汽车俱乐部就汽车比赛有关事务与 FIA 进行接触，参照国际比赛的规则，制定适合当地的比赛规则，组织实施汽车比赛。

7.1.3　汽车运动的分类

目前国际上正规汽车比赛主要分长距场离比赛（又可细分为拉力赛、越野赛等）、环形场地赛（又可细分为方程式汽车赛、耐久赛等）以及无道路比赛（如特种车赛、大脚车赛等）几种。

详细的汽车运动的分类见表 7—1。

表 7—1　汽车运动的分类

<table>
<tr><td rowspan="3">长距场离比赛</td><td rowspan="2">拉力赛</td><td>一级拉力赛</td></tr>
<tr><td>二级拉力赛</td></tr>
<tr><td>越野赛</td><td>巴黎—达喀尔赛，巴黎—莫斯科—北京赛</td></tr>
<tr><td rowspan="7">环形场地赛</td><td rowspan="5">方程式汽车赛</td><td>F1</td></tr>
<tr><td>F3</td></tr>
<tr><td>方程式 3000</td></tr>
<tr><td>亚洲方程式</td></tr>
<tr><td>卡丁车方程式</td></tr>
<tr><td rowspan="2">耐力赛</td><td>法国勒芒 24 小时耐力锦标赛</td></tr>
<tr><td>日本铃鹿 8 小时耐力锦标赛</td></tr>
<tr><td>无道路比赛</td><td colspan="2">特种车赛，大脚车赛</td></tr>
</table>

其中，当属一级方程式汽车赛的影响力最大，也最被国内所熟悉。

另外，在国外比较有热度的比赛还有直线加速赛（Drag Racing），这种比赛是源自美国的富家子弟。早期是因为这些花花公子玩腻了纸醉金迷的奢侈生活，需要寻找新的刺激来满足自己的欲望，目光便转向了当时还属奢侈品的汽车。直线加速比赛按不同车型及发动机工作容积分为12～14个级别，在两条并列长1 500m、各宽15m的直线柏油跑道上进行，实际比赛距离为400m，所以国际上也惯称“零四”加速赛。

7.1.4 参加竞赛的汽车

凡是参加竞赛的车辆，其结构和功能应尽可能适合比赛的需要。现代赛车大致分为以下五种：

（1）A组车。指年产量在5 000辆以上，得到FIA认可的运动车型。这种车型在比赛中使用相当普遍。

（2）B组车。指年产量200辆以上，得到FIA认可的运动车型。它的运动性能更高，主要使用于拉力赛中。参加国际汽车拉力赛的汽车几乎都是B组车。

（3）C组车。主要用于耐久速度赛。对其要逐辆审查。由于比赛道路恶劣，又需夜间行驶，故对照明和车轮要求很高。

（4）D组车。为专用赛车。车轮在车身外面，单座，又可细分为F1、F2、F3等类。

（5）E组车。其他车辆，如用于印第汽车（Indy Car）赛的车辆等。

FIA车辆审查委员会年审查4次，每年审查300～500项申请。自1950年第一场世界锦标赛以来，一级方程式赛车已有巨大的变化（其他赛车也一样有变化）。最近的发展动向大致是：用涡轮增压发动机，改进中冷器；对悬架进行强化，采用钛和轻合金材质；全时四轮驱动；出现了用塑料制的横摆式悬架和传动轴，以及用钛制的横向稳定杆，以减轻车重；将机油冷却器和阻流板合在一起。

图7—5为第49代法拉利F1一级方程式赛车F2003-GA，图7—6为F2003-GA赛车搭载的052型发动机。

（a）法拉利F1一级方程式赛车F2003-GA（俯视）

（b）法拉利F1一级方程式赛车F2003-GA（侧视）

图7—5 法拉利赛车

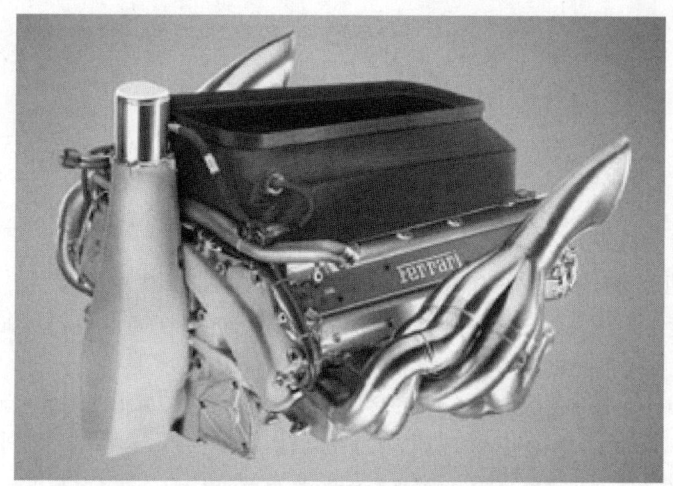

图 7—6　F2003-GA 赛车搭载的 052 型发动机

汽车比赛不仅是车手之间在驾驶技术、体质和毅力上的角斗，同时也是各汽车制造厂在汽车技术上的较量。因此，各汽车制造商均不断把创造新的技术及时用在赛车上。

7.2 精彩汽车赛事

7.2.1　一级方程式 F1 汽车赛

自从汽车问世以来，人们就对汽车进行车速和耐力性竞赛。由于其竞争激烈，刺激性强和充满趣味性，吸引了众多的汽车爱好者。特别是赛车运动中等级最高的一级方程式汽车大奖赛（图 7—7）更是令世人瞩目。

(a) F1 汽车大赛（弯道拼抢）

(b) F1 汽车大赛（一马当先）

图 7—7　F1 汽车大赛

1. 何为 F1 汽车赛

F1 是 Formula 1 的简称，是 Formula 1 Grand Prix 的缩写，Formula 1 Grand Prix 译成中文就是“一级方程式大奖赛”。这项比赛的全称是“一级方程式赛车世界锦标赛”，英文为 FIA Formula 1 World Championship，习惯上简称为 F1 汽车赛，其 Logo 如图 7—8 所示。

图 7—8　F1 汽车赛的 Logo

F1 汽车赛是汽车场地赛项目中最高级别的比赛，也是世界上最为引人注目的汽车运动项目之一。60 年来吸引了数百万观众到场观战，年电视收视率高达 600 亿人次。全世界的车手也几乎都以拼杀 F1 赛场为终极目标。

20 世纪 30 年代，为了规范汽车比赛并使比赛的胜负不再由发动机的功率、而是由车手的技术来决定，人们开始规定发动机的类型和汽缸容量。于是有了方程式（FORMULA，意为规则或限制）的概念。所谓方程式赛车是按照国际汽车运动联合会（FISA）规定标准制造的赛车。

这些标准对“方程式”赛车的车长、车宽、轮距、车重、发动机的功率、排量、是否用增压器以及轮胎的尺寸等技术参数都作了严格的规定。

与早期的 F1 赛车（图 7—9）相比，现在的 F1 赛车（图 7—10）在结构上已经发生了很大的变化。

图 7—9　早期的 F1 赛车

要生产方程式赛车的厂家，首先要通过 FIA 的认可，在确信有足够的技术生产实力后才能够生产方程式赛车。方程式赛车是生产厂家创造力、想象力、技术水平和经济实力的结晶，其价值不亚于一架小型飞机。

方程式赛车共有三个级别，见表 7—2。

表 7—2　方程式赛车的三个级别

级别	排量和功率
一级方程式，简称 F1	规定发动机气缸排量 3L，功率 600 至 780 马力，最高时速可达 320 公里/小时。
三公升方程式，简称 F3000	规定发动机气缸排量 3 L，功率 475 马力。著名赛事有国际汽联 F3000 与欧洲 F3000 锦标赛。
三级方程式，简称 F3	规定发动机气缸排量 2 L，功率 170 马力。著名赛事有福特、欧宝、雷诺方程式系列赛，大众方程式锦标赛也属于这一系列。

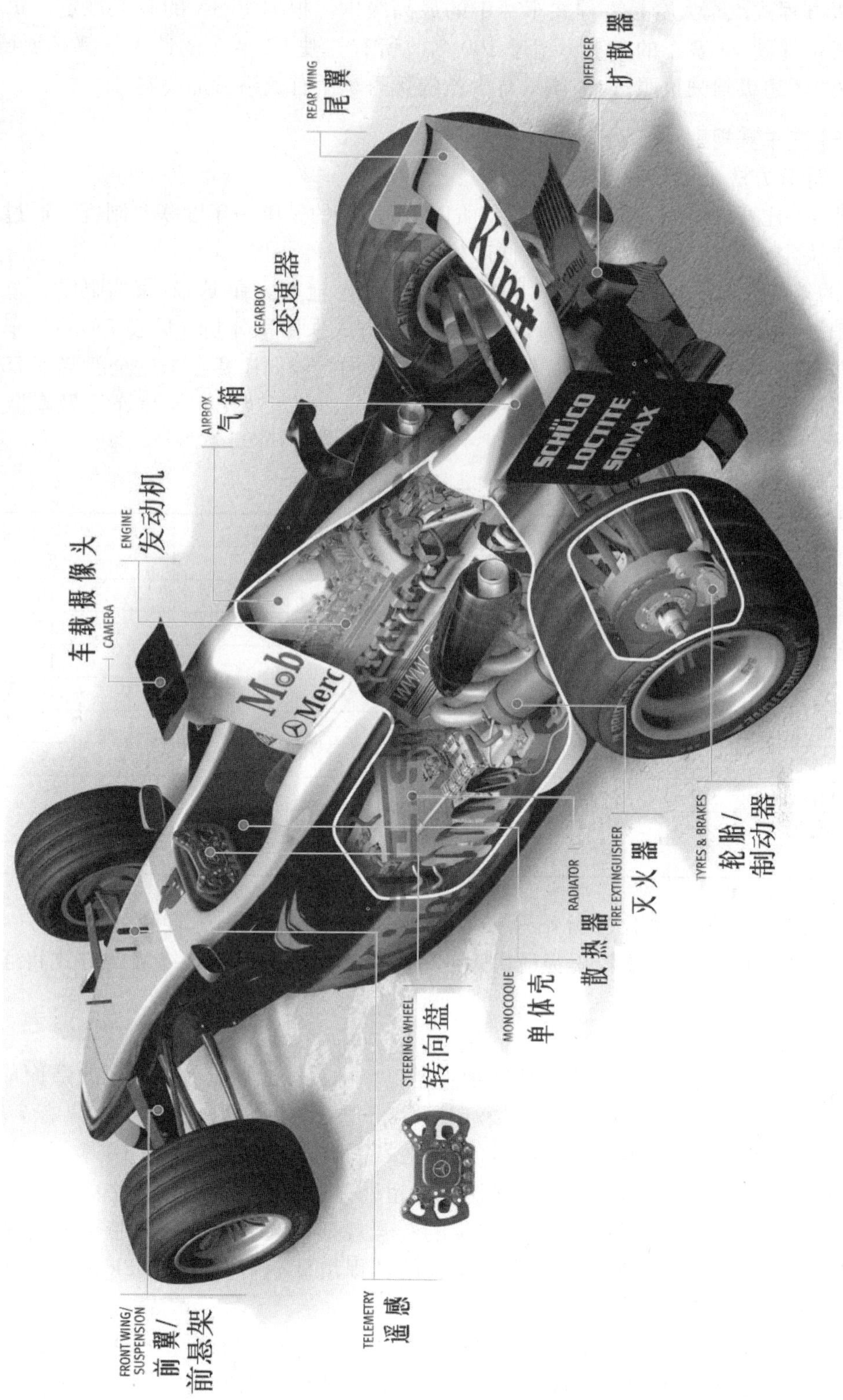

图 7—10　现在的 F1 赛车结构示意图

一级方程式汽车大赛是方程式车赛中的最高级别。根据 FISA 的有关规定，每年，全世界有资格驾驶 F1 赛车的车手不超过 100 名。所有驾驶 F1 赛车的选手，都必须持有 FISA 签发的“超级驾驶执照”；每年只有少数的优秀车手有资格参加决赛。

2. F1 汽车赛规则

（1）计分方法。

因为 F1 比赛的时间不是跨年度的，所以 F1 使用的是单一年度联赛制度，通过积累全年积分来决定车手和车队的成绩，以便产生冠军。

F1 的年度总冠军分为两种：车手总冠军及车队总冠军。在 F1 专家的眼中，车队总冠军的价值要远远大于车手总冠军。F1 比赛的计分方式采用积分制（见表 7—3），车手与车队的积分都是累积的，车队积分以两位车手积分累加。假如比赛在未达全部赛程 75%时被迫中止，则积分必须乘上 1/2，通过各赛站积累计分，即可决出本年度车手及车队的世界冠军。

表 7—3　　F1 车手积分方法

名次	2003 年前	2003 年起	2010 年起
第一名	10	10	25
第二名	6	8	18
第三名	4	6	15
第四名	3	5	12
第五名	2	4	10
第六名	1	3	8
第七名	0	2	6
第八名	0	1	4
第九名	0	0	2
第十名	0	0	1

若最终积分相同，则比较分站冠军数，亚军数，季军数……直到一方比另一方多为止。如果依旧相同，还要比较正赛最快圈速的多少、杆位的多少，终级的方式将通过抽签决定。

（2）赛季与赛程。

第一场 F1 赛举办于 1950 年，比赛地点是一个由英国战后废弃飞机场改造而成的银石（Silver-stone）赛道。2010 年是 F1 的第 61 个赛季。F1 的规模从当初每年只有 7 场比赛，发展到目前每年最多可举办 19 场比赛，比赛地点更涵盖了世界五大洲 18 个国家，每年赛季从 3 月开始到 11 月结束，全年 19 场比赛中超过一半的比赛是在欧洲举办的。

为了配合全世界的电视现场直播，F1 的赛程规划以约 300km（蒙特卡罗为特例）或 2h 为限，看谁先完成，比赛即告结束。最长的赛程是日本站（310. 352km），最短的赛程是摩纳哥站（262. 626km）。

F1 每单场的比赛赛程分为三天，即星期五 11 时至 12 时的自由练习（不计成绩）及 14 时至 15 时的第一段测时赛（成绩作为星期六正式排位赛出发顺序的依据）；星期六 9 时至 9 时 45 分及 10 时 15 分至 11 时的自由练习（不计成绩），星期六 14 时至 15 时的测时排位赛（Qualifying）；星期日 14 时的决赛（The Grand Prix）。

星期日的正式比赛是最刺激的部分。星期日 14 时，比赛正式开始。比赛赛程约 300km，差不多需要耗时 1.5h，如有意外情况必须延误，也不得超过 2h。比赛结束后随即进行颁奖。决赛过程中，选手必须视轮胎的磨耗及油耗的状态进入维修站（Pit）换胎及加油，称为 Pit Stop。从 2010 赛季开始，F1 取消了比赛中途加油，所有赛车不得中途加油。

比赛结束后，前十名车手可分别获得 25、18、15、12、10、8、6、4、2、1 的积分。一个赛季（一年）比赛下来，积分最多的车手即获得 F1 年度冠军车手的头衔，2009 年度冠军车手是简森·巴顿（Jenson Button，图 7—11）。

图 7—11　2009 年度冠军车手简森·巴顿

F1 的车队积分则是该车队两部赛车在整个赛季当中所获得的积分总和。积分最多的车队可拿下年度车队冠军，2009 年的年度冠军车队是布朗 GP（Brawn GP）车队（2010 年改组为梅塞德斯 GP）。

3. F1 参赛车手与车队

目前，F1 汽车大赛共有 12 支参赛车队，每队最多有 2 名车手参赛。2010 年 F1 参赛车手编号及所代表的车队见表 7—4。

表 7—4　2010 年 F1 参赛车手编号及所代表的车队

号码	车手	车队	号码	车手	车队
1	简森·巴顿	迈凯轮-梅塞德斯	3	迈克尔·舒马赫	梅塞德斯 GP
2	路易斯·汉密尔顿	迈凯轮-梅塞德斯	4	尼科·罗斯博格	梅塞德斯 GP

续前表

号码	车手	车队	号码	车手	车队
5	塞巴斯蒂安·维泰尔	红牛-雷诺	15	布埃米	红牛二队-法拉利
6	马克·韦伯	红牛-雷诺	16	阿圭苏阿里	红牛二队-法拉利
7	菲利普·马萨	法拉利	17	亚诺·特鲁利	莲花-考斯沃斯
8	费尔南多·阿隆索	法拉利	18	海基·科瓦莱宁	莲花-考斯沃斯
9	鲁本·巴里切罗	威廉姆斯-考斯沃斯	19	卡伦·查铎	HRT-考斯沃斯
10	尼科·霍肯博格	威廉姆斯-考斯沃斯	20	布鲁诺·塞纳	HRT-考斯沃斯
11	罗伯特·库比卡	雷诺	21	德拉·罗萨	宝马-索伯-法拉利
12	维塔利·佩特罗夫	雷诺	22	小林可梦伟	宝马-索伯-法拉利
13	苏蒂尔	印度力量-梅塞德斯	23	蒂姆·格洛克	维珍-考斯沃斯
14	维泰托尼奥·里尤兹	印度力量-梅塞德斯	24	卢卡斯·迪格拉西	维珍-考斯沃斯

法拉利 Ferrari 车队、迈凯轮 Mclaren 车队和威廉姆斯 Williams 车队在多年的 F1 赛场上战绩辉煌，被称为 F1 车队的“三大豪门”。

图 7—12　车王迈克尔·舒马赫

法拉利车队是 F1 赛车界的“大哥大”。从 1999 年到 2010 年，法拉利车队连续多年蝉联年度车队总冠军和车手总冠军，日益显露出垄断态势，其中“车王”迈克尔·舒马赫（Michael Schumacher，图 7—12）功不可没。

法拉利车队总部设在意大利，所用发动机是由生产世界最著名跑车的法拉利公司提供的，其轮胎供应商则是日本的普利司通公司。

威廉姆斯车队 1973 年才加入 F1 狂飙行列，不过这并不影响它成长为 F1 巨头。威廉姆斯车队历史上最传奇的人物要数巴西人赛纳（Senna，图 7—13），这位天才车手 1994 年在圣马力诺伊莫拉赛道代表威廉姆斯车队参赛时遇难（图 7—14）。

图 7—13　天才车手赛纳

图 7—14　天才车手赛纳遇难的车祸现场

威廉姆斯车队曾经由法国雷诺公司提供发动机，现在的发动机供应商则是德国宝马公司，轮胎由法国米其林公司提供。参加上海站比赛的车手是哥伦比亚人蒙托亚和德国人拉尔夫·舒马赫（Ralf Schumacher）——迈克尔·舒马赫的弟弟。

麦克拉伦车队的创始人是布鲁斯·麦克拉伦，他在 1970 年试车时不幸遇难。1974 年，这支车队获得第一个年度总冠军。20 世纪末，芬兰飞人哈基宁（图 7—15）两度为麦克拉伦赢得车手总冠军。

图 7—15 芬兰飞人哈基宁

F1 汽车大赛，不仅是赛车手勇气、驾驶技术和智慧的竞争，在其背后还进行着各大汽车公司之间科学技术的竞争。福特汽车公司就形象地把汽车大赛比作“高科技奥运会”。在汽车大赛中推出的新型赛车，从设计到制造都凝聚着众多研制者的心血，并代表着一家公司乃至一个国家的科技水平。汽车大赛还是各国科技人才素质的较量。据悉，德国有 2 000多名专业人才直接从事赛车的设计、制造和研究工作；美国约有 1 万人；而日本则最多，有近 2 万人。

Formula One 里面的这个“One”不仅仅代表比赛所用的车辆是世界顶级的技术结晶，也不仅仅代表参赛的车手和技术都是世界赛车界的精英，而在另一个角度讲这个“One”则是代表 F1 是世界顶级“金钱大赛”。

一辆 F1 赛车的发动机造价在 12 万～30 万美元之间，一条固特异轮胎约 600 美元，资格赛用的汽油每升 240 美元……高额的投入，同样提升着广告的价位，世界音响巨头健伍在著名车手的车身上印刷 4 个 10×12cm 的商标就要掏 400 万美元。

4. F1 指挥旗及旗语

指挥旗为长方形，由赛道各处的裁判执掌。各种旗语的具体含义如下：

（1）黄旗。

黄旗的出示表明赛道路段前面有事故状况。可能是撞车或是有发生机械故障的赛车，车手驾车必须特别小心注意，并且赛车准备缓慢减速下来。

平举的黄旗表示：前面发生事故的赛车停在赛道外的路边，或是赛道没有阻碍的残骸等。但挥动的黄旗表示：赛道上发生了事故，或是赛道上有事故车残骸等。

如果事故发生造成塞车的状况，将有两支黄旗在挥动。

黄旗的出示还表示车手不准超车，假如车手没有注意到黄旗的出示，赛车以比赛的车速行驶到事故现场，那将是非常危险的。因此，对不守黄旗出示规定的车手将会被重重地处罚，严重的甚至可能被取消比赛资格。

（2）红黄相间条纹旗。

在 F1 比赛过程中，红黄相间条纹旗的出示表示前面赛道路段湿滑，路上可能有油污，赛车手驾车必须小心通过。

（3）白旗。

在比赛的过程中，白旗的出示说明前方的赛道路段有慢车。可能是救护车、拖车，或者是国际汽联的 Safety Car。车手必须小心注意，并且准备减速。

（4）红旗。

红旗的出示表示比赛或是赛段的提前退出。出示的红旗将会出现在全赛场。当赛车手看到红旗，必须在完圈后进入 Pit，等待组委会的命令重新比赛或停止比赛。

（5）蓝旗。

蓝旗在 F1 跑赛过程中的出现，表示赛车的后方有较快的赛车跟近，并且准备超越。摇动的蓝旗表示：前方的赛车必须让路给后方较快赛车，以便后车超车。如前方赛车的车手不理会蓝旗三次让路的警告，其赛车将会受到被判罚进站停 10s 的处理。

（6）黑旗。

黑旗的出现，表示被警告的车手在赛道上比赛时，有犯规行为出现，车手必须在完圈之后，马上回到 Pit。黑旗将伴随着犯规行为的车号在起终点处出现。被警告的车手将可能会被取消其比赛资格或是被加时处罚。

（7）黑底红圈旗。

黑底红圈旗的出现，表示组委会认为被警告车手的赛车有机械故障，比赛时可能会有隐患的发生，赛车必须在完圈以后，马上返回 Pit。黑底红圈旗将会伴随这辆赛车的车号，在起终点处出现。除非赛车故障修复，否则被警告的车手将不能再返回到赛场比赛。

（8）黑白格子旗。

黑白格子旗的挥动表示比赛或赛段退出，车手必须马上返回 Pit，并且进入围场。进入围场的赛车将会被 FIA 检验是否符合其制定的规定。黑白格子旗的挥动是对终点冲刺的冠军赛车而挥舞的，固定不动的黑白格子旗是对其他通过终点的赛车的。

（9）绿旗。

绿旗的出现，表示原先赛道发生事故的情况已经消除，车手可以恢复比赛的速度，或者可以超越对手。

7.2.2 汽车拉力赛

拉力赛（Rally）亦称多日赛，是汽车道路比赛项目之一，在有路基的土路、砂石路或柏油路上进行，是一种在一个国家内或者跨越数国举行的既检验车辆性能和质量，又考验驾驶技术的长途比赛。

1. 拉力赛里的 F1——WRC

拉力赛主要比技术和耐力。将整条比赛路线划分为若干站，要求按规定时间表通过各站；时间长者减分，以减分少者为胜。国际著名的拉力赛有蒙特卡罗拉力赛、东非沙法利拉力赛及巴黎—达喀尔拉力赛等。

世界拉力锦标赛（World Rally Championship，又译作世界越野锦标赛，简称 WRC，其 Logo 如图 7—16 所示）是一项由国际汽车运动联合会组织的，全世界范围内级别最高的拉力系列赛事，第一场赛事在 1973 年举行。

图 7—16　世界拉力锦标赛的 Logo

WRC 世界越野拉力锦标赛（图 7—17）是仅次于 F1 比赛的世界顶级赛车运动，参加 WRC 的赛车都是以制作精良的顶级世界越野拉力赛车（World Rally Car）为主，参加 WRC 比赛中等级最高的组别。除此之外还有很多私人车队会同时参赛，通常每一站的参赛车辆 70～100 辆，全球约有超过 10 亿人次通过电视转播或其他媒体观赏这项世界顶级的汽车越野拉力赛事。

图 7—17　WRC 世界越野拉力锦标赛的精彩瞬间

同时，WRC 还以它“不要门票的比赛”或称“家门口的比赛”而闻名，因为 WRC 的赛道多是利用乡村、野外的砂石、沙漠或者柏油路面设计组成，比赛时赛车会在村庄中穿行，而观众就站在赛道两侧的安全区域观战，可以零距离地体验赛车飞驰的惊险刺激。

世界拉力锦标赛 WRC 是所有赛车项目中最苛刻的一种，因为所有参赛车辆都是以量产车为基础研发制造而成。目前 FIA 规定的 WRC 每年有 14 站比赛，比赛时间是从每年的 1 月到 11 月。

2. 蒙特卡罗拉力赛

国际著名的蒙特卡罗拉力赛的比赛时间是每年的 1 月份，赛程 4～5 天，地点在摩纳哥附近长约 4 000km 的山区。整个赛程冰天雪地，条件十分恶劣，对参赛车辆和车手都是一种严峻的考验。

每年 4 月在肯尼亚举行的东非沙发利（SAFARI）拉力赛也很著名。在约 5 000km 长的路面条件十分差的情况下进行，在 4～5 天的赛程内能坚持驶完全程就不太容易。

此外，还有摩洛哥拉力赛、奥地利阿尔卑斯拉力赛、希腊的阿克罗波利斯拉力赛、法国的阿尔卑斯杯拉力赛，美国的奥林巴斯拉力赛、芬兰的千湖拉力赛等等。因此，拉力赛与其算是一项比赛，不如说它是一项长距离的耐久性试验。

图 7—18 为在冰雪赛道上进行的蒙特卡罗汽车拉力赛。

图 7—18　蒙特卡罗汽车拉力赛

另外，同属越野拉力赛的还有欧洲拉力锦标赛（11 站）、亚洲拉力锦标赛（6 站）、非洲拉力锦标赛（5 站）、中东拉力锦标赛（6 站）等众多大型赛事。

3. 巴黎—达喀尔汽车拉力赛

以非洲沙漠为舞台的巴黎—达喀尔汽车拉力赛作为最严酷和最富有冒险精神的赛车运动，被称为魔鬼般的赛事，为全世界所知晓。

每年 1 月 1 日以法国为赛程起点的这项拉力赛，为世界上 180 个国家和地区的电视、广播、报纸以及杂志广泛报道，受到全球 5 亿人以上的热切关注。巴黎—达喀尔的正式法语名称为“Le Dakar”，每年的比赛都会以赞助商或地区名称冠名。巴黎—达喀尔汽车拉力赛官方网站是 http：//www. dakar. com，其 Logo 如图 7—19 所示。

图 7—19　巴黎—达喀尔汽车拉力赛的 Logo

巴黎—达喀尔汽车拉力赛被誉为世界上最艰险的比赛。所有参赛车辆由法国出发，用 2～3 个星期穿越非洲大陆，最后到达塞内加尔首都达喀尔（图 7—20），全程约 10 000km。至今赛程的全程跑完率只有 38%，更有“跑完全赛程者均为胜利者”一说，可见赛事的艰辛程度。

以严酷的大自然为对手，发挥人类自身的全部智力、体力和意志进行挑战的“世界上最艰巨的充满冒险精神的汽车赛程”，这就是巴黎—达喀尔汽车拉力赛！

巴黎—达喀尔汽车拉力赛的另一个特征就是：与 WRC（世界拉力锦标赛）不同，无论专业选手还是业余赛车爱好者都可自由参赛，共同竞技。

正如创始人泽利·萨宾（Thierry Sabine）所说，巴黎—达喀尔汽车拉力赛是一个对于专业选手充满吸引力的专为业余爱好者举办的拉力赛。并且任何车辆都可参加巴黎—达喀尔拉力赛，无论是轿车、赛车、卡丁车还是卡车，不管是从车行购入的现车还是自己装配的世界上独一无二的车，都来者不拒。各式参赛车辆混杂、共同拼杀的参赛情景，只有在巴黎—达喀尔汽车拉力赛才能看到。

图 7—21 为巴黎—达喀尔汽车拉力赛中参赛车辆在雪水和泥泞中驰骋的镜头。

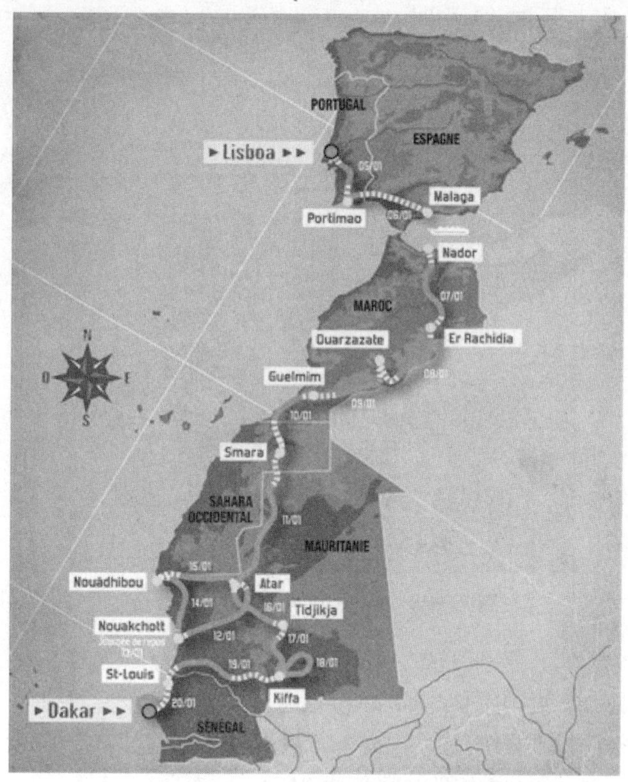

图 7—20　巴黎—达喀尔汽车拉力赛路线图

图 7—21　巴黎—达喀尔汽车拉力赛

7.2.3 耐力赛

耐力赛（Grand Touring Racing）亦称“GT 赛”。顾名思义，汽车耐力赛比的就是耐力。最具代表性的汽车耐力赛就是勒芒 24 小时耐力赛（Le Mans 24 Hour race）。

始于 1923 年的勒芒 24 小时耐力赛每年 6 月在位于巴黎西南 200km 的小镇勒芒（香港称为利曼）举行。

勒芒 24 小时耐力赛赛道（图 7—22）是利用当地的高速公路和街区公路封闭成的一个环行路线，单圈长 13.5km 的沥青和水泥路面。比赛一般从第一天的下午 4 点开始，一直持续到次日的下午 4 点，历时 24 小时。

图 7—22 勒芒 24 小时耐力赛赛道

每部赛车由 3 名赛车手分别驾驶（1980 年中期以前为 2 名赛车手），采用换人不换车的方法，所有的加油、换胎和维修时间都包括在 24 小时以内。最后，行驶里程最多的赛车获胜，一般一昼夜下来，成绩最好的赛车行驶的里程将近 5 000km。

图 7—23 为勒芒 24 小时耐力赛的宣传海报。

图 7—23 勒芒 24 小时耐力赛宣传海报

勒芒耐力赛是全球各种耐力赛时间最长的比赛，而且赛车手驾车在同一环行赛道上要不停地转上 350 多圈，比赛显得单调、乏味。不论车手、维修人员还是观众，在下半夜的时候都会变得疲惫不堪。因此，这场比赛被称为最辛苦、最乏味的赛事。大多数观众是带着宿营车或帐篷前来观战的，赛场旁的 30 个大型停车场每次比赛都停满了 10 万辆汽车。

赛场周围还有设施齐备的餐饮、娱乐和休闲场所，以及销售仿制的各大车队服装、帽子的铺位，让车迷们在这里如同过节一样。观众可以在餐厅里一边吃着可口的食物，一边观看窗外速度达到 300km/h 的赛车飞驰而过（图 7—24），这也是堪称赛车界里独一无二的景致。

图 7—24　勒芒 24 小时耐力赛赛车飞驰而过的镜头（时速高达 300km/h）

同样性质的比赛还有日本铃鹿（Suzuka）8h 耐力赛。图 7—25 为铃鹿 8h 耐力赛摩托车比赛赛况，图 7—26 为车手冒雨参加铃鹿 8h 耐力赛的镜头。

图 7—25　铃鹿 8h 耐力赛摩托车比赛赛况

图 7—26　车手冒雨参加铃鹿 8h 耐力赛

7.2.4 大脚车赛

大脚车（Bigfoot Car，亦称 Monster Truck，如图 7—27 所示）被称为最疯狂的运动车。

大脚车使用的轮胎是联合收割机上的大轮胎。把轮胎的花纹削掉，每个大轮胎约减轻 91kg，使车速可达到 120km/h。

在大脚车赛（Monster Truck Racing）中，为了使大脚车能够跳得足够高，以便能进行惊险的空中表演，必须使用功率足够大的发动机，涡轮增压器目前已是大脚车的标准装备。为了使大脚车重心位置更加合理，发动机位置的设计既低又靠后，使整车重心偏后。当汽车高高跃起落地时，能使后轮先着地，避免因前轮先着地而使车向前翻滚。

图 7—27 大脚车

为使驾驶员的操作更简便，大脚车采用了自动变速器，为了增大扭矩，采用了一个分动器。大脚车不仅具有四轮驱动，而且还能够四轮转向。前轮的液压助力转向系统使用了一个减压阀。如果没有这只阀门，那么当车子一个前轮着地时，对液压系统产生的回弹力会使转问盘急速回转，这个力量足以扭断驾驶员的手指或手腕。

驾驶着改装的大脚车驰骋在一般越野车难以通过的路面上，特别是将一辆辆小轿车碾碎（图 7—28 和图 7—29）及在沙地、泥浆中或山地上角逐（图 7—30），内心深处的野性、激情和破坏欲都会尽情释放，酣畅淋漓、其乐无穷！

图 7—28 大脚车碾压小轿车（蓄势待发）

图 7—29　大脚车碾压小轿车（砸向小轿车）

图 7—30　大脚车驰骋在沙地上（凌空跃起）

7.2.5　卡丁车赛

卡丁车的英文名称 KARTING 是指有车厢或无车厢的微型汽车，车轮独立持久地接触地面，后两轮驱、制动，前两轮转向。卡丁车的结构十分简单，由钢管式车架、四个小车轮、转向系统、脚蹬（油门、刹车）、风冷式发动机（二冲程或四冲程）、汽油箱、传动链护罩、车手座椅、前后及左右防撞保险杠及护套等组成。

卡丁车是诸多赛车种类中的微型赛车，外型小巧，结构简单。卡丁车赛始于 1940 年，是赛车运动中最低的起步运动，是进入 F1 方程式赛车的摇篮，在欧洲也称迷你方程式。在最早的时候，卡丁车是一些父母设计出来供子女在后花园或大型停车场玩要的玩具，最初是用剪草机改装而成的，设备及发动机均非常简单。

由于卡丁车在性能及场地安全方面不断地改良及转型，再加上可供标准比赛用的场地纷纷落成，基于其入门技术及费用要求不是很高，所以迅速发展为一项老幼皆宜的运动项目，世界各地大大小小国际性赛事便应运而生。其中最具代表性的赛事是“全欧洲卡丁车锦标赛”和“日本世界杯锦标赛”。在安全方面，由于卡丁车的重心非常低，易于操控。故卡丁车可算是于赛车运动中最安全的一种车型。

国际汽车联合会（FIA）在1962年成立了世界卡丁车联合会。中国汽车运动联合会（FASC）于1995年加入国际汽车联合会世界卡丁车联合会，完成了我国卡丁车运动与国际的接轨工作。为了推广、普及卡丁车运动，加强青少年的素质教育和培养我国赛车运动的后备人才，1998年全国少工委和国家体育总局联合成立了全国青少年卡丁车运动委员会，作为在我国广大青少年中组织开展卡丁车运动的专门机构。

图7—31为卡丁车锦标赛中的镜头。

（a）卡丁车锦标赛（你争我抢）

（b）卡丁车锦标赛（杀出重围）

图7—31　卡丁车锦标赛

7.2.6　中国汽车运动

1. 中国汽车赛事

（1）中国人自己的F1——中国汽车场地锦标赛。

2003年12月19日，由中国汽车运动联合会、中央电视台体育中心与上海国际赛车场在珠海签署三方协议，确定三方将从2004年起联手打造和经营中国汽车场地锦标赛

(CCC)。

全国汽车场地锦标赛简称 CCC (China Circuit Championship)，也称全锦赛。其 LOGO 是一匹飞奔向前的骏马，在骏马的脖子下面胸部的地方，是 3C 标志（图 7—32)。

图 7—32　全国汽车场地锦标赛（CCC）的标志

因为全锦赛的主题口号是“驰骋中国”(Racing in China)，所以形象物的寓意和主题口号做到了完美结合。

比较巧合的是，CCC 的核心理念经过浓缩、升华，竟然也是三个以英文字母“C”开头的词，即 Challenge（挑战）、Confidence（信心）、Cooperation（合作)。同时，全锦赛还有众多与 3 有关的巧合——全锦赛有三大目标、由三强携手、有三个经营模式、打造三种魅力……

全锦赛是按照赶超 F1 的目标打造的，所以相对于中国现有的赛车运动，显得更加正规和庞大。全锦赛从 6 月到 10 月共有六站比赛，分别在上海、珠海和北京三个拥有国际赛车场的城市举行，每个城市连续举办两站。

CCC 能否达到 F1 的运作规模和影响力先不说，但其蓬勃的开展对于国内汽车赛事的气氛和国内赛车手的成长是绝对有利的。CCC 已经成为加快中国赛车事业发展的一个重要盛会。

(2) 中国车手的盛会——全国汽车拉力锦标赛。

在国内越来越多引进国际赛事的情况下，中国汽联为推动国内汽车运动发展，统一制定了比赛规则、规程。1996 年，作为一个试点，郑州汽车拉力赛在河南成功举行，这是一次国内选手、汽车及相关产业厂商以及组织者们的大聚会。1997 年，第一届全国汽车拉力锦标赛在全国范围内展开，无论在赛事组织、参赛车手、俱乐部数量和运动水平上均有很大提高，这是中国汽车运动走向规范化、系列化的一个良好开端。

1998 年，第二届全国汽车拉力锦标赛再次成功举办，使这一系列性赛事逐步走向正轨。1999—2001 年，全国汽车拉力锦标赛在全国范围内稳步开展，把拉力运动推向了北京、上海、河北、河南、山东、贵州、云南、广东、湖北、吉林等省市和地区，在国内产生了广泛的影响，并得到赛事赞助商的广泛青睐。

图 7—33 为全国汽车拉力锦标赛“南江大峡谷杯”贵州开阳比赛的赛况。

在汽车文化及汽车运动迅速发展的近几年，全国汽车拉力锦标赛得到了社会各界的广泛支持，已经成为国内赛车爱好者的一次盛会。

图 7—33　全国汽车拉力锦标赛贵州开阳比赛赛况

2. 中国汽车赛场

（1）珠海国际赛车场。

珠海国际赛车场（Zhuhai Internation Circuit，简称 ZIC）位于珠海经济特区金鼎镇，始建于 1996 年，是中国第一座符合国际汽车联盟一级方程式标准的国际级赛车场。自建成以来，珠海国际赛车场（图 7—34）已多次主办 2010 亚洲 GT 赛等重要国际赛事。

图 7—35 为在珠海国际赛车场举行的 2010 亚洲 GT 赛赛场花絮。

图 7—34　珠海国际赛车场赛道示意图

图 7—35　珠海国际赛车场 2010 亚洲 GT 赛赛场花絮

(2) 上海国际赛车场。

上海国际赛车场（Shanghai International Circuit）位于上海嘉定区。该车场斥资 2.4 亿美元建造，2002 年 10 月动工，2004 年 6 月竣工，总面积 5.3km²，可容纳 20 万人。同年 9 月 26 日举办 F1 中国站首个大奖赛。

上海国际赛车场赛道的总长度为 5 451.24m，具有 7 处左转弯道及 7 处右转弯道。平均时速 205km/h。最长的直道长度为 1 175m，位于弯道 T13 和 T14 之间。赛道的宽度在 13～15m 之间，一般为 14m，在弯道处加宽到最大 20m（弯道 T14/T15）。

上海国际赛车场举办过的赛事有：世界一级方程式锦标赛（F1），世界杯汽车大奖赛（A1），世界摩托车大奖赛（Moto GP），全国房车锦标赛（CTCC），中国方程式公开赛（CFO）等，以及各种表演赛等。

图 7—36 和图 7—37 为好莱坞电影特技飞车表演队在上海国际赛车场进行特技表演的精彩镜头。

图 7—36 好莱坞电影特技飞车表演队在上海国际赛车场进行特技表演（单侧轮行驶过人）

图 7—37 好莱坞电影特技飞车表演队在上海国际赛车场进行特技表演（单侧轮行驶倒立）

7.3 极品赛车

1. 标致 908 HDi FAP

众所周知，勒芒 24 小时耐力赛因为采取 24 小时里换人不换车的方式，不间断地在单圈 13.5km 长的同一赛道上跑 350 多圈的特点，而被称为最辛苦、最苛刻的汽车耐力赛。然而，其对赛车手与车辆性能的极限挑战也让各个国家的顶级赛赛手痴迷不已，更是吸引了标致、奥迪、保时捷等在汽车技术研发方面走在前列的著名汽车厂商的目光。

标致车队在 2007 年携全新的 Peugeot 908 HDi FAP（图 7—38）重返勒芒赛场，为这场巅峰对决增添了更多的悬念和观赏性。

图 7—38　908 HDi FAP 赛车

908 HDi FAP 赛车全新装配的 100°夹角 Peugeot 5.5L V12 Twin Turbo 的柴油发动机（图 7—39）更是打造出 700 马力的最大功率和惊人的 1200Nm 的最大扭矩。

图 7—39　Peugeot 5.5L V12 Twin Turbo 柴油发动机

由于采用了柴油发动机，908 HDi FAP 无疑具有了更大的优势，既提供强大的动力，又能够因节油而减少进站次数，这对于像勒芒这样的超长距离赛事而言是制胜的一大法宝。

除此之外，这款无敌的赛车还使用了博世提供的发动机控制系统和柴油微粒子过滤器技术（FAP），在保证强大动力的前提下更注重了环保。同时，借鉴空气动力学的车身设计和全铝车身材料也成为制胜的撒手锏。

的确，在竞争残酷激烈的勒芒 24 小时耐力赛中，标致 908 HDi FAP 的雄厚实力和优良性能毋庸置疑。继 2007 年摘得勒芒系列赛年度总冠军的桂冠后，标致 908 HDi FAP 再次力克包括奥迪车队在内的诸多强大对手，连续夺魁，续写了标致家族的赛场神话。

2. 标致混合动力赛车 908 HY

法国标致公司在 2008 年 9 月在勒芒系列赛第五站比赛中，发布了配备柴油发动机的 LMP 1 级车 908 HDi FAP 的混合动力车——908 HY（图 7—40），并在银石环状赛道上进行了行驶演示。

图 7—40　908 HY

该车通过配备混合动力系统，将减速时的能量储存在锂离子充电电池中，利用这些能量不仅可在加速时临时提高输出功率，还可在同等输出功率的情况下实现低油耗行驶。

908 HY 的混合动力系统（图 7—41）采用 60kW 电动机兼发电机取代了以往的起动电机，还配备了 10 块由 60 个单元组成的锂离子充电电池，6 块装在驾驶舱，4 块装在左侧地板处。控制锂离子充电电池和电动机兼发电机之间能量流向的动力控制装置位于左侧前翼板的后面。

908 HY 在勒芒的赛道上每圈可回收能量 20～30s。加速或超车时，每圈约有 20s 的时间将发动机输出功率提高 60kW（80hp）。另外，还可在维修区域（Pit Lane）只凭借电动机行驶。

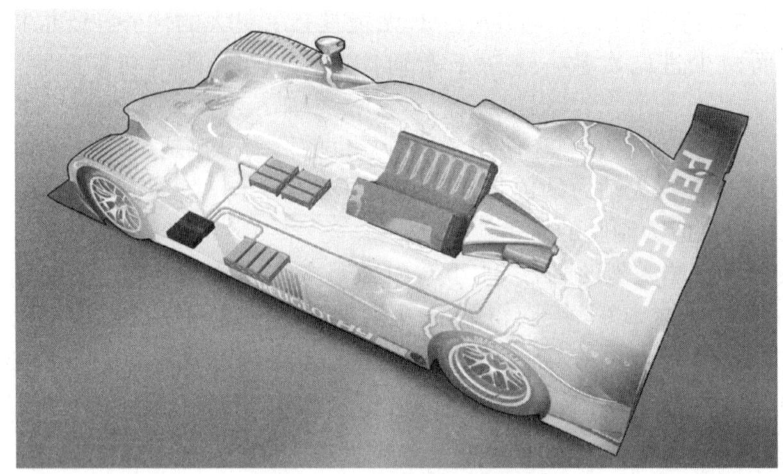

图 7—41 混合动力系统

3. 奥迪 R10 赛车

装备柴油发动机的奥迪 R10 赛车（图 7—42）一直是勒芒耐力赛的佼佼者，这款搭载最新 5.5L V 型 12 缸双涡轮 TDI 柴油直喷发动机（图 7—43）的顶级勒芒赛车，将成为奥迪继续领跑勒芒 24 小时耐力赛的最新利器。

(a) 左前视图

(b) 侧视图

图 7—42 奥迪 R10 赛车

奥迪 R10 的动力超过 650 马力，扭矩高达 1100Nm，其动力性能超越了包括屡获勒芒

图 7—43 奥迪 5.5L V 型 12 缸双涡轮 TDI 柴油直喷发动机

24 小时耐力赛冠军殊荣的其前代车型奥迪 R8 等奥迪赛车。在柴油发动机领域，奥迪 R10 突破性地采用了全铝 V 型 12 缸动力系统这一前所未有的最新技术。

由于运转非常平稳，人们几乎很难分辨出配备两个柴油微粒过滤器的奥迪 R10V 型 12 缸发动机是柴油机。该车型的有效动力区界于 3 000～5 000r/min 之间——对于赛车发动机，这是相当慢的转速范围，这样驾驶者的换挡频率就可大大降低，而换挡频率的降低则意味着发动机的动力输出可以保持在一个相对稳定的峰值范围。该款发动机不仅噪音微弱，且经济实用。

此外，奥迪 R10 的轴距比 R8 长很多，同时 R10 装备迄今在勒芒赛车中仍属罕见的超宽型前轮。在开发一体化碳纤维车身的过程中，R10 也采用多项新技术，底盘、发动机和变速器构成了一个刚度超强的动力系统。

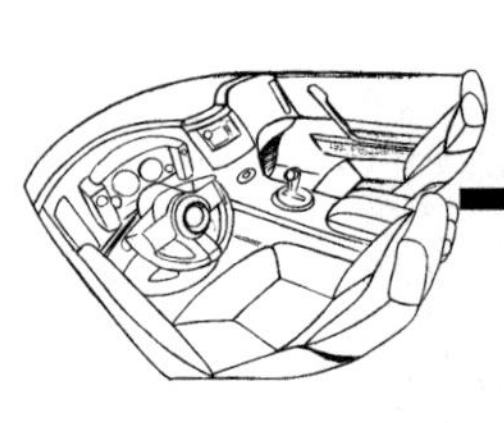

第 8 章

小心驶得万年车——安全行车

8.1 中国道路通行原则与汽车行驶规定

8.1.1 我国道路通行原则

1. 右侧通行原则

我国机动车、非机动车和行人实行右侧通行原则。

右侧通行是我国（包括台湾省）道路交通的基本原则。但由于历史原因，目前，我国香港特别行政区和澳门特别行政区仍然奉行左侧通行原则。在国际上，一些国家或地区实行的是右侧通行的制度，如美国、俄罗斯等；一些国家或地区实行的是左侧通行的制度，如英国、日本等。规定是右侧通行还是左侧通行是其他一切通行原则的前提。

2. 分道行驶的原则

分道行驶的原则也称各行其道原则或路权原则。机动车、非机动车、行人必须各行其道，才能确保道路通行秩序良好。

3. 优先权原则

优先权原则包括流向优先和交通物体优先。

（1）流向优先：直行车辆优先于转弯车辆，干道上行驶的车辆优先于支路上行驶的车辆；车辆行至无管制交叉路口时，只有在右边无车辆驶入路口时才可通行。

（2）交通物体优先：火车和有轨电车在行驶时，优先于其他一切交通物体；一切车辆在道内通行时，优先于行人；紧急车辆（如警车及护卫的车队、消防车、救护车、工程抢险车）优先于其他车辆；在人行横道内行走的行人优先于车辆。

4. 确保安全、畅通原则

车辆、行人应当按照交通信号通行；遇有交通警察现场指挥时，应当按照交通警察的指挥通行；在没有交通信号的道路上，应当在确保安全、畅通的原则下通行。

8.1.2　汽车行驶规定

1. 行驶速度

汽车行驶速度与行车安全，油量消耗，机件磨损有直接关系。车速过高，不仅增加油量消耗，加速机件磨损，而且容易发生行车事故，但车速过低，会使油量消耗增加，运输效率降低，所以必须根据车型、道路、气候条件交通流状况确定行车速度。在有限速标志的路段，不得超过限速标志标明的最高时速。在没有限速标志的路段，应当保持安全车速。

2. 行驶间距

同车道行驶的机动车，后车应当与前车保持足以采取紧急制动措施的安全距离。不得尾追过紧，同时注意前车的行车信号（转向灯、制动灯）。

3. 让车、会车、超车、停放

（1）让车。机动车在行车中应严格遵守优先权原则。遇有流向优先和交通物体优先时须停车或减速瞭望，确认安全后方准通行。

（2）会车。在没有中心隔离设施或者没有中心线的道路上，机动车遇相对方向来车时应减速靠右行驶，并与其他车辆、行人保持必要的安全距离；在有障碍的路段，无障碍的一方先行；但有障碍的一方已驶入障碍路段而无障碍的一方未驶入时，有障碍的一方先行；在狭窄的坡路，上坡的一方先行；但下坡的一方已行至中途而上坡的一方未上坡时，下坡的一方先行；在狭窄的山路，不靠山体的一方先行；夜间会车应当在距相对方向来车150m以外改用近光灯，在窄路、窄桥与非机动车会车时应当使用近光灯。

（3）超车。机动车超车时，应当提前开启左转向灯，变换使用远、近光灯或者鸣喇叭。在没有道路中心线或者同方向只有一条机动车道的道路上，前车遇后车发出超车信号时，在条件许可的情况下，应当降低速度、靠右让路。后车应当在确认有充足的安全距离后，从前车的左侧超越，在与被超车辆拉开必要的安全距离后，开启右转向灯，驶回原车道。

（4）停放。机动车停放必须在停车场或准许停放车辆的地点，依次停放。不准许在行车道、行人道或其他有妨碍交通的地点停放。机动车停放时，须关闭电路，拉紧驻车制动器，锁好车门。机动车在停车场以外的地点临时停车，须按顺行方向靠道右侧停留，驾驶员不准离开车辆，妨碍交通时必须迅速驶离；车辆未停稳前，不准开门和上下人，开门时不准妨碍其他车辆和行人通行。在有禁停标志路段不准停车。

4. 调头、倒车

（1）调头。机动车在有禁止调头或者禁止左转弯标志、标线的地点以及在铁路道口、人行横道、桥梁、急弯、陡坡、隧道或者容易发生危险的路段，不得调头。

机动车在没有禁止调头或者没有禁止左转弯标志、标线的地点可以调头，但不得妨碍正常行驶的其他车辆和行人的通行。

（2）倒车。机动车倒车时，应当观察车后情况，确认安全后倒车。不得在铁路道口、交叉路口、单行路、桥梁、急弯、陡坡或者隧道中倒车。

5. 通过交叉路口

机动车通过有交通信号灯控制的交叉路口，遇放行信号时，依次通过；交通信号与交通警察指挥不一致时，按交通警察指挥决定行止；遇停止信号时，依次停在停止线以外，没有停止线的，停在路口以外。

机动车通过没有交通信号灯控制也没有交通警察指挥的交叉路口时，有交通标志、标线控制的，让优先通行的一方先行；没有交通标志、标线控制的，在进入路口前停车瞭望，让右方道路的来车先行：转弯的机动车让直行的车辆先行；相对方向行驶的右转弯的机动车让左转弯的车辆先行。

机动车遇有前方交叉路口交通阻塞时，应当依次停在路口以外等候，不得进入路口。

机动车在遇有前方机动车停车排队等候或者缓慢行驶时，应当依次排队，不得从前方车辆两侧穿插或者超越行驶，不得在人行横道、网状线区域内停车等候。

机动车在车道减少的路口、路段，遇有前方机动车停车排队等候或者缓慢行驶的，应当每车道一辆依次交替驶入车道减少后的路口、路段。

6. 机动车装载

(1) 机动车载物。机动车载物应当符合核定的装载质量，严禁超载；载物的长、宽、高不得违反装载要求，不得遗洒、飘散载运物。

机动车运载超限的、不可解体的物品，影响交通安全的，应当按照公安机关交通管理部门指定的时间、路线、速度行驶，悬挂明显标志。在公路上运载超限的、不可解体的物品，并应当依照《道路交通安全法》的规定执行。

机动车载运爆炸物品、易燃易爆化学物品以及剧毒、放射性等危险物品，应当经公安机关批准后，按指定的时间、路线、速度行驶，悬挂警示标志并采取必要的安全措施。

(2) 机动车载人。机动车载人不得超过核定的人数，客运机动车不得违反规定载货。

禁止货运机动车载客，货运机动车需要附载作业人员的，应当设置保护作业人员的安全措施。

8.2 道路交通标志识别

8.2.1 道路交通标志概述

道路交通标志是用图形符号和文字传递特定信息，用以管理交通、指示行车方向以保证道路畅通与行车安全的设施。适用于公路、城市道路以及一切专用公路，具有法令的性质，车辆、行人都必须遵守。

道路交通标志分为主标志和辅助标志两大类。主标志中有警告标志、禁令标志、指示标志和指路标志四种。

道路标志的形状、颜色、尺寸、图案种类和设置地点均按现行的《道路交通标志和标线》(GB5768—1999) 的规定执行。

所有的交通标志应做到位置适当、准确、完整、醒目和美观。

辅助标志是附设在主标志下，起辅助说明作用的标志。分表示时间、车辆种类、区域或距离、警告、禁令理由等类型。

道路交通标志的设置方式分柱式（包括单柱式和双柱式）、悬臂式、门式和附着式四种。

柱式标志内缘距路面（或路肩）不得小于25cm，标志牌下缘距路面的高度为180～250cm；悬臂式标志的下缘距路面的高度，一、二级公路净高为5m，三、四级公路净高为4.5m。标柱内缘距路面（或路肩）不得小于25cm；门式标志的设置规定与悬臂式标志相同；附着式标志的设置规定与柱式标志相同。

8.2.2 警告标志

警告标志是警告车辆、行人注意危险地点的标志。警告标志的颜色为黄底、黑边、黑图案，形状为等边三角形，顶角朝上。

警告标志设置的位置与公路的计算行车时速有关。在农村山区公路，一般应设在距离危险地点20～50m的地方。

常见警告标志的图形和含义见表8—1。

表8—1 常见警告标志的图形和含义

标志名称	标志图形	标志含义
十字交叉		除了基本形十字路口外，还有部分变异的十字路口，如，五路交叉路口、变形十字路口、变形五路交叉路口等。五路以上的路口均按十字路口对待。
T形交叉		丁字形标志原则上设在与交叉口形状相符的道路上。右侧丁字路口，此标志设在进入T字路口以前的适当位置。
环形交叉		有的环形交叉路口，由于受线形限制或障碍物阻挡，此标志设在面对来车的路口的正面。
向左急弯路		向左急弯路标志设在左急转弯的道路前方适当位置。
反向弯路		此标志设在两个相邻的方向相反的弯路前适当位置。
连续弯路		此标志设在有连续三个以上弯路的道路以前适当位置。
下陡坡		此标志设在纵坡度在7%和市区纵坡度在大于4%的陡坡道路前适当位置。

8.2.3 禁令标志

禁令标志是禁止或限制车辆、行人交通行为的标志；禁令标志的颜色为白底、红圈、红杠、黑图案，图案压杠。其中解除禁超车、解除限制速度标志为白底、黑圈、黑杠、黑图案，图案压杠。形状为圆形，让路标志为顶角向下的等边三角形。

禁令标志一般应设置在需要限制或禁止的地方，除禁止停车标志外均应成对设置在限制或禁止路段的起终点和桥梁的两端。

常见禁令标志的图形和含义见表 8—2。

表 8—2　　常见禁令标志的图形和含义

标志名称	标志图形	标志含义
禁止通行		表示禁止一切车辆和行人通行。 此标志设在禁止通行的道路入口处。
禁止驶入		表示禁止车辆驶入。 此标志设在禁止驶入的路段入口处。
禁止机动车通行		表示禁止载货机动车通行。 此标志设在载货机动车通行的路段入口处。
禁止向左转弯		表示前方路口禁止一切车辆向左转弯。 此标志设在禁止向左转弯的路口前适当位置。
禁止直行		表示前方路口禁止一切车辆直行。 此标志设在禁止直行的路口前适当位置。
禁止向左向右转弯		表示前方路口禁止一切车辆向左向右转弯。 此标志设在禁止向左向右转弯的路口前适当位置。

8.2.4 指示标志

指示标志是指示车辆、行人行进的标志。指示标志的颜色为蓝底、白图案。形状为圆形、长方形和正方形。

指示标志多用于城市道路和高等级公路，一般公路使用较少。

常见指示标志的图形和含义见表 8—3。

表 8—3　　常见指示标志的图形和含义

标志名称	标志图形	标志含义
直行		表示只准一切车辆直行。
向左转弯		表示只准一切车辆向左转弯。
向左和向右转弯		表示只准一切车辆向左和向右转弯。
靠右侧道路行驶		表示只准一切车辆靠右侧道路行驶。
立交直行和左转弯行驶		表示车辆在立交处可以直行和按图示路线左转弯行驶。
立交直行和右转弯行驶		表示车辆在立交处可以直行和按图示路线右转弯行驶。
环岛行驶		表示只准车辆靠右环行。
单行路向左或向右		表示只准车辆向左或向右行。
单行路直行		表示只准车辆直行。

8.2.5　指路标志

指路标志是传递道路方向、地点、距离信息的标志。

指路标志的颜色除里程碑、百米桩、公路界牌外，一般道路为蓝底、白图案。形状除地点识别标志外，均为长方形和正方形。

里程碑、百米桩和公路界碑均属指路标志。里程碑设在国道上时颜色为白底、红字；设在省道上时颜色为白底、蓝字；设在县、乡道上时颜色一律为白底、黑字。公路界碑的颜色不分道路性质，一律为白底、黑字。

指路标志在一般公路上常用的有地名、分界、指向等标志和里程碑、百米桩、公路界碑。地名标志设在城镇的边缘处；分界标志设在行政区划、管养路段的分界处；指向标志设在距离叉路口 30～50m 处。

常见指路标志的图形和含义见表 8—4。

表 8—4　　常见指路标志的图形和含义

标志名称	标志图形	标志含义
地名	玉 门	指示前方到达地点
著名地点	黄河大桥	指示前方到达地点
行政区划分界	北京界	指示前方到达地点
环形交叉路口	中央门 挹江门　太平门 草场门	指示前方环形交叉路口行车方向
交叉路口预告	长椿街　宣武门　前门 前方300m	指示前方交叉路口行车方向
告示牌	保护动物	指示前方行车注意事项
绕行标志		指示前方行车绕行方法
入口预告	京塘高速 JINGTANG EXPWY 塘沽方向 DRECTION of TANGGU	指示通向高速公路某方向的入口

8.3 一般道路条件下的驾驶

保证行车安全的基础是娴熟的驾驶技术，一般道路条件下的驾驶又是车辆驾驶技术的基础。同时，应该看到最平常的情况也许是最危险的情况。因此，驾驶员都应重视一般道路条件下的驾驶。

8.3.1 平路驾驶

1. 行驶路线

为了增强行车的安全性，减少磨损和消耗，汽车应尽可能地保持直线匀速行驶，避免颠簸与偏重。若路面较宽且平坦，应靠右侧行驶；若路面较窄，拱度较大，在无会车和超车的情况下，可在道路中间行进，避免道路上的尖石、棱角物等。

2. 行驶速度

在良好的道路上行驶时，宜用高速挡，保持经济车速。这里所说的经济车速是指道路所允许的最高限速，而不是违章超速行驶。车辆在通过繁华街道、交叉路口、隧道、窄桥、陡坡、弯道、狭路以及下雪、结冰、雨雾视线不清等条件下，最高车速不得超过 20km/h。

3. 行车间距

旅游行车，尤其是在热线旅游公路上，车辆较多，为避免相互碰撞，同向行驶车辆间的距离，在公路上应保持在 30m 以上；在市区应保持在 20m 以上；在繁华地区应保持在 5m 以上；在冰雪道路上应保持在 50m 以上。

4. 转弯

为避免事故发生，在弯道行驶时，驾驶员必须做到“减速、鸣号、靠右行”。在城镇路口转弯时，应适当降低车速，做好制动准备。在傍江弯路及视线较短的弯道上行驶时，应换入低速挡，并且不断鸣号。在冰雪、泥泞道路上或雨、雾天气转弯时，车速应降低到 10km/h 以下。在狭窄道路上转弯时应迅速使车辆靠右侧通过，以免妨碍其他车辆行驶。转弯时，驾驶员应扫视后视镜，观察尾随车辆动向，以便及时避让。

5. 会车

两车交会，礼让三先，靠右侧通过。会车时，要鸣号缓行，注意保持车辆侧向最小安全间距和车轮至路边的最短距离。会车困难时，有让路条件的，应让对方先行。下坡车让上坡车先行；但下坡已行至中途而上坡车未上坡时，让下坡车先行。

6. 超车

超车前认真观察被超车辆的行驶速度，道路宽度，对面有无来车。确认安全后方可超车。在被超车过程中，若发现右前方有障碍，应减速直至停车，切不可突然左转方向，企图绕过障碍，以防与超越车辆相撞。

7. 车辆调头

车辆调头，一般选择交叉路口，平坦、宽阔、路面质地坚实的安全地段或路旁可利用的空地进行，尽量避免在坡道、狭窄地段、交通繁忙的地方调头。在危险地段调头时，车尾应朝向安全的一边，车头朝向危险的一边。宁可多进退一次，也不要过分驶近路边，以保安全。

8. 车辆停放

在公路上停车，应选择平坦、坚实、视线开阔、不影响其他车辆的安全地点，顺行进方向停在道路右侧。若与其他车临近停放，至少在道路侧边并列停放。行车途中发生故障，应设法移至道路右边，以免妨碍交通。若因故必须暂停在弯道上或视线不良的隐蔽地点时，应在前后数十米外设立明显标志，如用停车提示牌、三角架等。夜间必须开启小灯和尾灯。

8.3.2 坡道驾驶

汽车在坡道上行驶时，必须善于观察地形、路面，采取适当的驾驶操作方法，做到手脚协调配合，合理制动，换挡敏捷、准确，以便顺利完成坡道驾驶。

1. 上坡

在上坡时，应根据坡度大小、坡道长短，选用适当挡位。做到“高速挡不硬撑、低速挡不硬冲”，使发动机保持一定的余力徐徐而上。上坡道短而陡，无急弯和路面障碍，视线清楚又无对方来车的情况下，可适当加速冲坡。在弯曲坡道上行驶，因视线受限制，必须以低速挡谨慎行驶，做到“减速、鸣号、靠右行”。接近坡顶时，视距缩短，也要减速谨行。在视线不清的弯路内不可贸然超车，几辆车同向上行驶时，车距应保持在 30m 以上，以防前车倒溜发生危险。

2. 下坡

下坡行驶，应提前轻踏脚制动器，及早控制车速，特别是在下坡转弯，视线不清，交通情况不明的情况下，应将车速控制在随时可以制动停车的范围内。凡车辆同向下坡时，车距应适当拉长，一般应不小于 50m。

3. 坡道停车与倒车

坡道上尽量不要停放车辆，若因故必须在坡道上停放时，应选择路面较宽、视距较远的地点。停稳后拉紧手制动器，并挂上挡，上坡挂一挡，下坡挂倒挡。

坡道倒车时，右脚放在制动踏板上，首先利用发动机怠速牵阻车辆的后倒速度，并根据情况用轻微制动配合。停车时，踏下离合器踏板，同时踏下制动踏板，防止汽车倒溜。

8.3.3 通过桥梁的驾驶

汽车驶近桥梁时，应先看清竖立在附近的交通标志，严格遵守限载，限速规定。在通过桥梁时，尽量避免桥上变速、制动和停车，遇有情况不明或视线不清时，应在 100m 前减速，并鸣笛示警。

8.3.4 通过立交桥的驾驶

随着市政建设的飞速发展，市内的立交桥（图 8—1）越来越多。在立交桥上通行具有哪些特点呢？一般在距立交桥 200～400m 处设置的指示牌可以帮助驾驶员通过立交桥时辨明方向。指示牌上的箭头指明了沿着立交桥能够到达目标的街路名称。紧靠每个路口前又都设有具体目标的指示牌。

与制动和加速带相接的路口的出口处，是最易发生车祸的地点。猛拐并线和紧急制动是驶上另一条干线之前发生事故的两个原因，驶出路口往往很危险。原因或者是在车流中选择间隙不当，或者是同前面驶出的车辆相撞。

对立交桥地带的车祸进行分析之后可以得出结论：一部分车祸之所以发生，是由于驾驶员在通过路口时采取危险的动作紧急制动、倒车而引起。他们往往忘记了，在立交桥上选错了路线时不一定非往后退不可，采取在桥上调方向的办法是能够走上需要的方向的。通过不熟悉的立交桥时不要着急，要尽可能减速，以便看清指示牌上的指示。

另外，在桥下通过时，还要特别注意位于立交桥桥下道路入口处的限高标志，以免因车辆高度超限而卡在桥下（图 8—2），进退不得。

图 8—1　立交桥

图 8—2　车辆高度超限而卡在桥下

8.3.5 通过交叉路口的驾驶

除了高速公路之外，任何道路都有交叉路口，必须谨慎驾驶。

在交叉路口易发生事故，而且负伤率也很高。即使驾驶员驾驶正确，也有可能被从横街开来的汽车撞着，而引起事故。尤其是车辆较少时，每一辆车通过交叉路口时都会增加车速。

接近交叉路口时，如果交通信号转了黄色，就要停车，以保安全。目前夜间各路口信号灯都是黄灯闪烁，通过路口时须减速观察。

路口分为有指挥的路口和无指挥的路口两种。前者由信号灯和交通民警指挥，后者则是靠路标、路面指标线或“右方干扰”原则来调节。不过，这种分类也不是一成不变的。交通民警指挥交通只能是短时间的，而信号灯在夜间通常改为黄灯闪烁的方式，这时的路口就变成无指挥的路口。而无指挥的路口也可能是同等道路与不同等道路的交叉。在这种情况下，路口的交通规则由相应的路标和路面指示线所规定。

不论路口属于哪一种，每一名驾驶员都应解决如何在路口中心安全会车的问题。如果路口的宽度不大，那么在试图斜着“切过”中心时，就有与右转弯的车辆相撞的危险。如果路口相当宽，那么，沿路口的周长绕过中心就会延长车辆在这一区域停留时间，这将大大降低路口的通行能力。如果路口的交通规则不是由“按车道行驶的方向”路标或相应的地面指示线规定的，那么，在路口转弯应按最短路线进行，不要驶上迎面来车右转弯的车道。在与迎面来车同时左转弯或调方向时，最安全的是以右侧相向会车。

8.3.6 通过城区的驾驶

1. 基本原则

在车辆通过城区时，应严格遵守道路交通管理条例，听从交通警察及交通管理人员指挥。遇到集镇赶集时，要鸣笛（鸣喇叭）低速缓行，决不可强行挤开人群。在城镇停车应遵守停车规定，没有停车设施时，要妥善选择停车地点，以免阻塞交通或与他车挤擦。

2. 正确判断行人与车辆动态

在城市行车，驾驶员思想要高度集中，精力充沛，沉着机警，耐心谨慎。人众车多、交通复杂时，不要紧张、不要急躁；人稀车少时，也不要掉以轻心、麻痹大意。要控制车速，随时做好制动和停车准备。发现行人和自行车进入机动车道，或突然横穿街道，要采取果断措施，不能优柔寡断或抱侥幸心理。应区别情况，该慢则慢，该停则停，不可冒险加速、穿挤绕越，更不可争道抢行。进入市区应尽量避开上下班时间的车流高峰。

近几年来，城市的汽车保有量持续高速增长，市内交通紧张程度也随之提高。在交通高峰时间里，在负担过重的路段上，慢速行驶甚至发生短时间交通堵塞，实际上是不可避免的。忽视交通规则的驾驶员会在这时表现出焦躁，按喇叭，试图沿着公路便道、人行道甚至逆行车道超越前面的车辆。但是这么做除了增加路上的险情外并不能消除交通堵塞。

道路上的一般气氛和交通的安全程度，取决于驾驶员对在市内街道上行车的一般性规则遵守得如何。

（1）忙而不乱。其实质在于：首先要想好走哪条路线，然后沉着地开车，尽量减少并线、紧急制动以及加速的次数。动作应该让路上的其他人能够理解。

（2）操纵自由。换句话说，就是要设法使自己有可能摆脱险情，而不造成不愉快的后果。如果看到有发生冲撞的可能时，要事先确定好可以往哪里并线，或是在什么时候制动而不冒被后面来车撞上的危险。

（3）时刻警惕。必须时刻做好需要转向、加速、制动的准备。并不是总要采取具体的措施，而只要提高注意力就够了，在心里总是做着准备。这样做也能缩短反应时间。

（4）路上并非你一人。经常变线行驶或者以低于整个车流的速度行驶，都会引起频繁超车等危险动作。

（5）眼观六路。不仅要注意前面的路上情况，而且要注意后面以及两侧的路上情况。为此，必须保持车窗玻璃的洁净和正确安置后视镜。

3. 避让自行车和摩托车

骑自行车的人最常犯的错误是：不遵守通过路口的规则、突然驶到路上、在车行道的左侧行驶。儿童是骑自行车的人中最危险的一类，他们常常做出不经思考的动作。

在路上遇到骑自行车的人时应该怎么办呢？在超越他的时候，必须做好应付各种突然情况的准备。尤其要当心他向左拐弯，因为他可能连往后看都不看一眼就拐弯。如果您在他的身后，请不要鸣喇叭。在没有灯光照明的路上遇到骑自行车的人时，要格外当心。

摩托车与自行车的差别在于它是机动车。它与汽车的差别在于它的体积小，重量轻，灵活性高，能够做出的动作多。驾驶摩托车的人通常都是比较年轻的人，他们发生交通事故的相当不少。原因是超过规定的速度极限行驶，不保持前后距离和左右间距，不按车道驾驶，轻率地超车，忽视交通信号灯。

为了避免与摩托车相撞，必须考虑到它的特点。摩托车的刹车性能比小汽车好得多。因此，在车流中跟在它后面行驶时，要保持比跟在任何汽车后面都大些的距离，特别是在人行横道、公共交通车辆停车站、路口附近。

4. 避让行人

驾驶员和行人在路上的相互关系在交通规则中有规定，其要求可以表述如下：

驾驶员在路口和人行横道上，在绿灯开放或交通民警的手势允许通过时，应该让正在过街的行人走过去；右转弯、左转弯或驶下车行道时，驾驶员应避让他前进方向的路上行人。

对行人保持应有的礼让和执行交通规则的要求，即便不能避免撞上行人，也能减轻事故后果的严重程度。

在行人当中，老人是特殊的一类。统计资料表明，在死亡事故中老年人占了很大的比率。老年人上街影响其安全的一个基本因素，是他体力和心理、生理状况整体不佳。他们在判断临近车辆的速度和距离方面经常有失误。老年行人一般来说耳不聪，目不明，对路上情况的变化反应较慢，常常犯下严重的错误。有时他们由于走地下过街横道行动艰难，便在地上过街，在汽车行驶的路线上行走。

儿童一般活泼好动，思维简单，交通安全意识薄弱。城镇儿童不仅不惧怕汽车，还常常会做出一些“勇敢”的恶作剧来，如不避不让，突然横穿马路在车前跑来跑去，甚至追攀车辆，所以车行道上的儿童在任何时候都应是危险的信号。不论他看不看这边，不论他是在人行道上还是在安全岛上，驾驶员都必须把儿童置于视野之内，必要时则应减低车速，做好紧急制动或做其他动作的准备。这些措施尽管不能完全保证在任何情况下都不撞上儿童，但是却可以避免产生严重的后果。

行车时遇到聋、哑、盲人时更要特别留心。因为这些残疾人由于视觉、听觉失灵，根本难以判断外界的险情。遇此情况，应观察判断视情况通过，不要鸣笛不止，而使这类人无所适从。必要时，可下车搀扶这些人离开危险区后，再驾车通行。

5. 城区驾车怎样保证安全

城市街道由于行人拥挤、车辆多，交通情况复杂多变，给安全行车带来一定威胁，因此，驾驶员必须熟悉城市的交通特点，掌握驾驶要领及注意事项，保证行车安全。

（1）在城区行车时，必须集中思想谨慎驾驶，严密注意行人和车辆动态，正确判断交通情况的变化。注意观察交通指挥信号和交通标志，服从交通警察和交通管理人员的指挥。

（2）在与其他车辆会车时，除注意对方来车外，还要随时做好停车准备，以防因来车后面有行人或自行车横穿街道而造成交通事故。

（3）当公共汽车、电车进站停靠时，要特别警惕从汽车、电车前面或后面跑出的准备横穿街道的乘客，以防万一，保证安全。

（4）根据交通情况适当掌握车间距离，不可紧跟其后。行驶中，车辆需要倒车或调方向时，应特别小心，最好有人指挥，在繁华或狭窄的街道上不宜调头。

（5）在上下班交通的高峰期，交通流量大，骑自行车的人特别多，要谨慎驾车，切勿急躁，以保证行车安全。

8.3.7 通过农村道路的驾驶

农村道路是乡村一级的公路，这些由土和砂石铺筑的路面，大部分凹凸不平，路面较窄，且经常有满载稻草的农用车（图 8—3）或横穿路面的牛马、羊群（图 8—4）等，对安全行车很不利。怎样在这种复杂的道路上安全行车呢？一般来说，驾驶员在这种复杂道路上行车时有如下表现。

图 8—3 满载稻草的农用车

图 8—4　横穿路面的羊群

第一种表现是：头脑清醒，判断准确，避让措施得当，逢凶化吉；第二种表现是：惊慌失措，无意识乱打方向，猛踩制动，有可能侥幸没发生事故，但车辆已倾翻或碰撞路边物；第三种表现是：吓呆了，双手紧握方向盘，用脚把制动踩死直逼障碍物，导致发生事故；第四种表现是：思维出现瞬时空白，忘记了一切操作要领，造成了严重事故和损失。为此，对紧急情况下车辆避让提示如下：

（1）遇有紧急情况时，驾驶员要保持头脑冷静，不惊慌，及时判明情况，准确无误、敏捷地采取有效的避让措施。

（2）先顾人后顾物。驾驶员在避让车辆相撞时，必须坚决排除人员伤害。宁可损失物资，不可伤及人员。

（3）避重就轻，要向损失较轻的一方避让。一般可采取平时绝对禁止的做法，如道路右侧情况复杂、人员较多而左方人员较少、情况简单，则可向左方实施紧急避让。

（4）先顾方向后顾制动。这样可使车辆避开事故中心位置，有时甚至可以转危为安。反之就会使车辆失去避让机会和机动能力。但一些需要缩短制动距离的事故，应在转动方向的同时采取紧急制动。

紧急避让是一项复杂的技术动作。要求驾驶员平时要提高心理素质和加强应变能力的训练，优化驾驶操作，提高敏捷无误地处理紧急避让的能力。

8.3.8　夜间驾驶

夜间行车时，由于光线亮度有限，道路视线不清，空间观念被破坏，视线条件不良，会给行车带来很大困难。夜间开灯行驶时判断道路、地形及观察障碍的能力较低，并易于疲劳。驾驶员必须掌握夜间行车规律、集中精力、细心观察、谨慎操作。

1. 道路的识别与判断

（1）车速自动减慢，发动机声音变得沉闷，说明行驶阻力增大，可能汽车正在上坡或驾驶在松软的路面上；车速自动增快、发动机声音变轻松，说明阻力减小，可能汽车正在下坡。

（2）灯光投射距离由远变近，表示汽车驶近或驶上坡道，驶近急弯或将要到达起伏的低谷地段。

（3）灯光投射距离由近变远，表示汽车已由弯道转入直线，或者已由陡坡驶入缓坡。

（4）灯光离开路，表示前方可能出现急弯或面临大坑或者是上坡车已驶上坡顶。

（5）灯光由路中间移向路侧时，表明前方出现一般弯道；若灯光以道路的一侧扫移到一侧，表示前方是连续弯道。

（6）道路前方出现黑影，若车辆驶近时逐渐消失，表示路面有深坑。

（7）黑夜关闭灯光时，可通过辨别颜色来识别道路情况：无月夜，路面为白色，有水处为白色；雨后夜，路面为灰黑色，坑洼、泥泞为黑色，积水处为白色；雪后夜，车辙呈白色，通过较多车辆后呈灰黑色。因此，一般有经验的驾驶员总结出了“走灰不走白，见黑停下来”的口诀。

2. 驾驶操作方法

夜间行车速度应比白天低，即使道路平直，视线较好，也应考虑到夜间对道路两侧照顾不周的特点。要注意控制车速，随时警惕突然情况的出现，夜间会车于与来车相距150米以外处，直到会车完成，都要使用近光灯。掌握车速，使车辆靠道路右侧或让出中心线，保持直线行驶，切不要盲目转向，以免发生意外。

会车时，若来车未及时变换灯光、可连续明灭大灯示意，切忌强光对射，以免伤害对方视觉，甚至酿成车祸。必要时，耐心靠边，开小灯停车让行。夜间行车应尽量避免超车，若必须超车时，灯光可连续变换远近光告知前车，待前车让路后，再行超越。在尘土飞扬的道路上夜间行车，应拉长与前车的间距，以免前车扬起的尘土妨碍视线；行驶中要注意道路施工信号；在阴暗的地段路况不易辨清时，必须减速。遇险要地段，应停车查看，弄清情况再行驶。夏季夜间行车，穿越集镇或村庄时，应鸣号减速行驶，注意路边乘凉、睡觉者的安全。雾夜行车应打开防雾灯。

8.4 复杂道路条件下的驾驶

8.4.1 穿越铁路、隧道和涵洞的驾驶

1. 穿越铁路

铁路两旁树木枝叶茂密，易遮挡视线，穿越铁路（图8—5）前应先减速，做到“一慢、二看、三通过。”要听从铁路道口管理人员指挥，确认两边均无火车开来，再用低挡通过。若在车上观察不清火车时，必须下车察看，不得冒失通过。严禁在火车行驶区域内变速。制动、停车。如在火车行驶区内发生故障，应尽快设法移开，不准就地检修停留。通过铁路时，还要注意轨道、连接螺栓等突出物，避免损伤轮胎。

与铁路相交的道路，由于路面的间隙很大，所以必须停车观察。

在交叉点外提前换好挡，对于减少冲击是有效的。在低挡状态下，当具有低传动比的车辆通过与铁路的交叉点时，由于路面的高低不平，不易踩稳油门，因而不能使发动机保

图 8—5　穿越铁路

持一定的转速而使车辆产生摇动。急剧的加油也容易引起这种“摇动”现象。进入与铁路的交叉点时，要轻踏油门，这样，车辆就能顺利通过。

2. 通过隧道和涵洞

通过隧道（图 8—6）和涵洞前，应确认车身高度在交通标志允许范围内再通过。通过单隧道前，应先减速，并注意对面有无来车或其他障碍，然后开启前后灯光，鸣号缓行。

图 8—6　终南山隧道

通过双隧道时，应靠右侧，以正常速度通过，一般不鸣号，以减少隧道内的噪声。隧道内不可停车，以免造成交通堵塞。

涵洞路面较窄，能见度较差，通过时应注意对面来车。

8.4.2 汽车在凸凹路面上的驾驶

发现路面凹凸时，应首先踏下制动踏板，使速度降低。

当前面的车轮快要驶入凹凸处时的瞬间，放开制动踏板，这不但可以避免车的前部低下，而且悬挂机构的冲程由于反作用而尽量增大。这样，把通过凹凸时的冲击限制在最小限度内。在凹面和凸面路上驾驶都可作这样的处理。

凸凹路面驾车不仅严重地损坏汽车各部的机件，同时容易使驾驶员疲劳。为了正确地驾驶车辆通过这一恶劣路面，应注意以下几点：

（1）遇到凸凹不平的道路时，驾驶员应有耐心，驾驶时应保持正确的驾驶姿势，上体紧贴靠背，两手握牢方向盘，尽量不使上身摆动或跳动。如果上体随车身的跳动而失去稳定性，便会影响均匀加速，会使车辆行驶得忽快忽慢，从而会失去对车辆的控制能力。

（2）通过较短的凸凹路时，可用空挡滑行而过。对连续的面积小的凸凹路，可用适当的速度匀速通过。在能引起跳动的凸凹路上，应用低速挡平稳地通过。

行车中，应随时注意各部件的声响及装载物资的情况。通过后，应检查各部连接螺栓是否松脱和折断，有损坏之处应及时整修。

（3）遇到较大的凸形障碍物，先判断车辆能否通过。若凸形障碍物超过本车的最大离地间隙，则应设法绕行或消除凸形体的顶端部。如果车辆可以通过，应事先减速，在接近障碍后用低速挡缓行通过。使两前轮正面接触障碍，以免车架受到过大的扭力。当前轮驶抵障碍时，应踩下加速踏板（加大节气门开度），待前轮刚越过凸顶时，即抬起加速踏板，使前轮自然滑下障碍。当后轮抵触障碍时，应再次踩下加速踏板，使后轮驶上障碍的凸顶，然后又松开加速踏板，待后轮自然滑下后再继续行驶。

（4）遇到较大的凹形横断路，应先判断本车最大离去角能否保证通过。若无法通过，应设法填平或绕道行驶。若能通过，应预先松开加速踏板，恰当使用制动减慢车速，待前轮进入沟底时再加速。如遇到动力不足，应迅速换入低速挡，增加牵引力，使前轮通过。前轮一上沟即放松加速踏板使后轮慢慢下沟，再加速使后轮通过。切记，前轮或后轮在沟底时，千万不可使用脚制动，以免应力集中而折断钢板弹簧。

8.4.3 山路驾驶

1. 山区公路的特点

山区公路（图 8—7）多在崇山峻岭之中，地势起伏不平，行车中大致有如下特点：一是坡路陡长；二是路窄弯急；三是气候多变；四是危险地段较多。

2. 山路行车前的准备

山路行车条件比较复杂，为确保行车安全，应做好必要的准备工作：一是保证汽车技术状态良好，即发动机动力性能良好，转向机构灵活轻便，制动器的制动效能可靠，冷却系统的功能正常。一些山路行车的辅助装置，如抗爆、防止气阻装置及制动鼓、淋水器等也要维护正常。二是配备必需的随车物品，主要是随车工具和防雨设备，带上足够的冷却

图 8—7　山区公路

水、润滑油、易损零件，以及防滑链、三角木、雪铲等用具。三是驾驶员在进入山区公路之前应休息好，保持充沛的精力。

3. 山路行车要领

在山路行车中，上坡行驶时，原则上应靠右行驶。但路旁常有障碍物，且路边土质松软，过分靠边行驶容易发生事故。因此，山路行驶、会车、停车都要注意选择路线、路面和路段。下坡前先检查制动和转向装置的技术情况，遇到湿滑、泥泞、冰雪未融的地段，应装好防滑链条；在下坡途中如感到制动效能有异常变化时，应立即停车检查，排除故障。若制动器突然失效，要迅速降入低挡，增强发动机的牵阻作用，并同时逐渐拉紧手制动器操纵杆，逐步阻止传动机件的旋转。注意手制动杆不可一次拉紧不放，以免将手制动盘"抱死"而损坏传动机件，甚至丧失全部制动能力。当制动器失效而又不能利用汽车本身机构控制车速时，应适当地利用山体的一侧向里靠拢摩擦，以求大事化小，减少损失。

在一些险峻的急弯狭路（图 8—8），一边靠山，一边临崖，地势险峻，行车中，驾驶员要注意做到精力集中，注意观察，遵守交通标志的规定。不要窥视崖下、深涧及山间景物，以免分散精力和产生不必要的紧张。行驶中，应勤鸣号，选择道路中间或靠山一边谨慎行驶。会车时"礼让三先"，宁停三分，不抢一秒，选择安全地段会车。

在山区行车时，由于山洪暴发、山体滑坡、山洞塌方、泥石流以及雪崩、冰川活动等原因，常使山间公路出现危险地段。行车中发现危险地段的路面有散乱的大小石块、泥石和砂石堆时，应看做塌山塌岩的迹象，须选择安全地带及早停车、细心察看。确认可以通过时，再加速一气通过。途中切勿犹豫不决，甚至停车，以防发生意外。遇到山路沿线施工地段，要注意爆破作业，听从安全人员指挥，不可掉以轻心，冒险通过。

图 8—8　险峻的靠山临崖急弯狭路

8.4.4　泥泞及翻浆路的驾驶

在行车过程中，遇有泥泞与翻浆道路（图 8—9）时，应选择质地坚实、滑度较小、泥泞较浅的路面行驶。有拱度的路面，尽可能在路中行驶，保持左右车轮高低一致。如有车辙，可循辙前进。泥泞路上车辆起动比较困难，行车中应尽量避免停车，尽量保持匀速直线行驶。转弯时，须提前减速，和缓地调整所需要的转向角度，切不可猛转、急回方向盘，从而引起车轮侧滑而发生事故。

泥泞路上的减速，无论是平路、下坡、直线行驶或弯道行驶，都应利用发动机的牵阻作用来实现。必要时，辅以间歇性的手制动，要尽量避免使用脚制动。因为在泥泞路面上使用脚制动，制动力很容易超过附着力，车轮会发动滑动，制动效果很差。当转向车轮被抱死时，方向便不能控制。如果各车轮的制动效果不一致，就会产生侧滑，甚至造成严重事故。万一发生制动引起了整车滑移，要迅速松开制动踏板，并稳住方向。

下大雨后，山路的路面变得格外松软。必须注意山坡上掉下的泥土及石头。应该知道，在大石落下之前，一定先有小石块稀稀落落地掉下。

图 8—9　泥泞、翻浆道路

8.4.5　雨季驾驶

大雨将临，应先检查发动机罩的封闭情况，防止雨水侵入将电器线路淋湿。要测试制动是否跑偏，检查滤水器工作是否正常。下雨时，应注意观察路上动态，行车中尽量避免泥水溅污行人。要严格控制车速，切不可急剧转向和急剧制动。

在傍山路、堤坝路或沿河道路上，不宜靠边行驶或停车。雨中行车，应勤按喇叭，引起行人注意。遇到特大暴雨，不要冒险行驶，应选择安全地点将车停放，并开亮小灯，引起来往车辆的注意。

当大雨倾盆而下的时候，没有比汽车更方便的交通工具了，但汽车也是十分易受坏天气影响的交通工具。在雨天驾驶，路面湿滑和视线不良是所有驾车人都必须小心对待的。

1. 注意轮胎打滑

在雨天的高速道路上行走时，必须注意滑行现象。滑行现象就是当车满载货物或车胎的沟纹变小时，在路面和驱动轮之间，存在水层而引起了滑行。

在高速道路行驶时，当车速超过 80km/h 时，就可能发生滑行现象。发生滑行现象时，驾驶盘和制动器都失去了作用。当突然间车胎空转或驾驶盘变轻时，应该首先抬起加速踏板，绝对不能踩制动踏板。当然还要把车速度降低。

其实每个人都知道在雨天要提前制动，但到底要提前多少并不一定十分清楚。大体上，在雨天制动要将制动距离提前三倍。所谓提前制动，就是将制动的行程延长，避免因骤然制动而使车辆打滑。而为什么要提前三倍呢？

从制动动作的流程来看，自驾驶员意识到须制动到车子完全停住共经过四个阶段：

（1）发现有障碍，到判断出须停车，需 0.3s。

（2）右脚从加速踏板移到制动踏板约需 0.3s。

（3）当踩下制动踏板到油压开始作用约需 0.2s。

（4）制动器发生作用到停车。

其中第一到第三阶段为驾驶员的反应动作期，制动器未发生作用，而在这段时间里车辆仍然继续前进，这期间行驶的距离叫“空走距离”。第四阶段中，制动器开始动作到车辆停下来之间的行程叫“制动距离”。一般所称“制动距离”应是两者之和。

空走距离是随驾驶员的“反应”而变化的，和天气无太大关系。而制动距离却会因雨天时轮胎与地面摩擦力减少而增加两倍。

另外，为了防止轮胎锁死，驾驶员在雨天时往往不敢紧急制动，制动距离必然大增。

2. 降低胎压制动更不灵

有人每逢雨季，就将胎压降低一些，使轮胎和地面摩擦面积增加来增加摩擦力。这个似是而非的方法其实并不正确。每个车轮本身所承受的重量一定，接地面积的增加，会降低每单位面积轮胎对地面的压力（即降低压强），如此一来，排除轮胎与地面形成水膜的力量会减弱，而这层有润滑油作用的水膜，会使轮胎更容易打滑。因此可以说，雨天保持较高的胎压，制动器反而较灵一点。

3. 视线良好就是安全

在雨中开车，视线不清是最大的隐患，尤其是左右侧及后方的视界更为重要。视线的好坏在于玻璃。当然除雨刷（亦称雨刷器和刮水器）的刮水动作外，也可以亮起前灯让来车看清你的位置。在暴雨中，即使雨刷高速摆动，还是无法拭净玻璃上的雨水，而这时在玻璃上所形成的水膜折射，会使驾驶员无法看清前方。没有雨刷的后窗玻璃，情况则更差。若雨大到雨刷也无法让驾驶员看清路面的时候，那最好赶紧靠路边停车等待，此时不要忘记开警示灯。

4. 雨刷的使用

在日新月异的汽车科技中，雨刷的功能始终不变，但其结构却不断进步。从手动到自动，从无加压板到有加压板……雨刷始终是消除玻璃上水滴的最佳方法。

加压板的作用是防止车子高速行驶时雨刷飘起，以确保雨刷将玻璃上的水珠刮净。可加压板也有副作用——当汽车在小雨中低速行驶时，车前玻璃只有一些小雨点，若雨刷压力太强，胶皮与玻璃的摩擦系数会太大而使其无法顺利摆动，出现颤动的现象。另外，当有小砂石附着在玻璃上时，那雨刷牵动砂石摩擦玻璃，即使再硬的玻璃也会被刮出许多小痕迹。有人在高速公路上高速行驶时，发生过前挡玻璃突然破裂的情况。据分析，很可能就是因日积月累的小伤痕所导致的后果。

总之，在小雨中低速行驶时需要慎重地使用雨刷，在雨刷颤动时就赶快停止。充分利用喷水器也可以保持玻璃和雨刷之间的润滑，对保持良好的视线有很大帮助。

在夏天驾车遇到大雷雨时，首先遇到的问题就是车窗起雾。要除雾，其中一种方法就是打开暖气来防止车窗玻璃产生雾层。开暖气时可将风口吹向玻璃，使玻璃变热来蒸发车窗上的水滴，以达到除雾的效果。至于后窗，目前大部分的车已经在后窗加上镍铬合金的除雾线，当打开开关时，玻璃会慢慢加热，使水珠蒸发掉。

有些车的后窗是一般玻璃的，那就可将空气导入口或后车窗打开一些，使冷风吹进来便可。此法虽不如镍铬除雾线的效果好，但总可帮驾驶员看清车后的障碍。

遭遇打雷时，千万不要下车避雨，倘若闪电击中汽车，那电流会经由车身传到地面，在车内反而安全。不过车窗一定要全部关紧，另外收音机的天线有避雷针的作用，会吸收闪电，所以在雷雨天一定要收起来。

5. 积水路段

大部分的人容易低估自己爱车的涉水能力。其实，现代汽车的密封性能很好，足够应付一般的积水路段了。只要积水不超过保险杆，汽车行驶起来都没问题。当积水超过车轮一半时，驾驶室会开始进水（指轿车）。如果不怕进水，车辆仍能行驶。

涉水再深一点，水开始进入排气管，这时虽紧急但仍不要紧张，只要挂低挡，并加大油门，就可以以较大的排气将水喷出。

6. 制动片潮湿

这是关系到行车安全的一个大问题，千万不要忽视。汽车在积水暴雨中行驶过后，要提防因制动摩擦片湿透而制动器失灵的情况出现。

制动鼓进水后，其水膜会使摩擦片和制动鼓之间的摩擦力显著降低而无法发挥制动效果。因此，在涉深水后而制动器失灵时，驾驶员可缓慢行驶，并同时轻踩加速踏板及制动踏板。如此反复几次，利用摩擦片和制动鼓之间的摩擦将水分蒸发掉。

如果是盘式制动器，因制动盘通常暴露在外，摩擦面上沾上了水也不会有太大影响。

7. 车辆陷入泥地

大雨过后，平常黄土滚滚的泥土路总会变成泥泞不堪。当车辆必须通过泥泞路时，可用以下几个方法：

（1）预先判断法。想要避免陷入泥泞，可预先判断这段路能否通过，然后再采取行动。方法十分简单，就是地上有辙的路线就是可能安全的路段。做出判断后以低挡通过，进入泥泞地后绝不可以换挡。因为泥泞路段的道路阻力大，当分开离合器时车就会停止，想再开动就难了。

（2）尽可能放低胎压。当车辆已陷入泥泞时，千万不要贸然踩油门，因为这时猛踩油门只能使车轮越陷越深。

这时，若无千斤顶或其他垫车轮的东西，可将打滑轮胎的胎压尽量放掉，放到车胎快要扁了为止。胎压减少后，轮胎的接地面自然增加，摩擦力也较大（这与雨中行车有所不同）。放掉胎压后慢慢加油，大都能顺利通过。过完泥泞地后，换上备胎即可继续前进。

（3）利用驻车制动器。若仅一侧轮胎打滑，则有另一妙法，就是轻拉驻车制动器手柄，同时踩下加速踏板，加大节气门开度。如此，因差速器的作用，空转的车轮会停止，另一边的车轮则增加驱动力，就可能轻松地驶出泥泞地了。需要指出的是，此法仅适合在传动轴上安装驻车制动器的车辆。

8.4.6 炎热条件下的驾驶

在炎热条件下驾驶汽车要注意以下几点：

（1）首先应检查发动机的冷却水是否满箱，如不满应加注；风扇皮带的张力是否符合标准，如不符合应调整；水温表是否正常工作，如损坏，应修复或更换。

（2）保持发动机的正常温度（80～90℃）。温度过高，容易烧坏汽缸盖，影响机油的润滑效果，加速机件的磨损。严重时，活塞、活塞环会相互卡死、粘合，从而使发动机停止工作。

（3）发动机的冷却水温过高时，应找阴凉透风处怠速停车休息，稍后再慢加冷却水。切不可熄火加注，以防活塞粘缸。

（4）行驶途中，轮胎的气压切不可过高。气压过高轮胎易爆破，使方向跑偏或车身倾斜，造成事故。

（5）经常检查蓄电池的液面高度（加液口到隔板应为10～15mm）。一般每间隔15～20天检查一次并加注。汽油箱的汽油不应加满，以免因热膨胀引起汽油外溢。炎热天气应时刻注意防火，做到不漏油，不漏电（高压跳火、线头松动打火等），杜绝一切火种靠近车辆。

（6）炎热天气下，驾驶员容易头晕、四肢乏力，夜间因蚊虫叮咬又易疲劳困倦。驾驶车辆要防止瞌睡和中暑，稍感不适，应选择安全、阴凉处停车休息。随车要带上水壶，多喝开水或淡盐水。

（7）夏季夜晚道旁乘凉人较多，儿童往往喜欢在路上追逐打闹，行人多利用清晨和晚上气温低的时候急急赶路，对此要给予充分注意。

（8）经常检查轮胎气压。天气炎热，温度高，有时路表温度高达50～60℃。轮胎温度高，易软化，并造成爆胎。特别是前轮，一旦爆胎，后果不堪设想。轮胎过热或气压过高，应选择阴凉处自然降温，不可用浇水法降温或放气来降胎压，这样会加速轮胎磨损。

8.4.7 雾天驾驶

雾天驾驶时应该打开雾灯。雾灯的灯光并不能使视野变得清晰，它的作用只是能使对面来车能够看见本车。如果车辆没有雾灯或者雾灯损坏，则应打开车头灯并经常做近、远光变换。

即使在白天，如果有雾，也要亮着车头灯，向对面车发出的信号，避免事故发生。

由于雾薄薄地贴在前方玻璃上，使视野模糊。应该开动雨刮器进行清理。遇到浓密大雾时，可开亮小灯，紧靠路边暂停，待到大雾散去，再继续行驶。

8.4.8 冬季行车

1. 注意事项

（1）冬天起动发动机前，应检查机油和冷却水是否足够。起动后不要猛加速（因为刚起动发动机，机油未变稀，一时压不到各润滑部位，容易导致各部件加速磨损），用中速运转几分钟后，再用怠速升温。

（2）当水温升到40℃以上才能起步行驶，起步只能用低速挡（最好用一挡）。当发动机温度升到60～70℃时，才能加高一级挡位行驶。当水温升到正常温度80～90℃时，才能用高速挡位行驶。此时，各机件开始了正常润滑和正常工作。

（3）冰雪道路驾驶操作方法。起步时，由于冰雪路面的附着力很低，在没装防滑链的情况下，起步时要少加油，缓抬离合器，以减小驱动轮上的驱动力，防止车轮滑转。起步后，不要急于加速，应先低速行驶一段距离，待传动装置、行走机构各部润滑脂的润滑效能正常后再提高车速。

在冰雪路面行车，应保持均匀的行驶速度。需提高车速时，应逐级缓慢地踏下节气门踏板，不要加速太急，以防驱动轮转速突然增加而空转。

为保证行车安全，在冰雪路面行车应保持足够的车距，并适当控制车速。转弯时，在不妨碍对方车辆行驶的前提下，转弯半径要大些，不要急转猛回。会车时，应尽量选择宽平地点，交会路线不要太靠路边，并注意两车的横向间距。倘若相遇地段不适宜会车，可由有条件的一方后退让路，切不可硬挤会车。右侧处于安全地位的车辆不要争道抢行。在冰雪路面上行车，原则上不能超车。若必须超车时，一定要选择宽敞平坦地段，并得到前车同意，决不可强行超车。

冰雪路面上利用脚制动器减速、停车容易发生侧滑，应尽量避免。要善于利用发动机的牵阻作用，灵活地运用手制动。必须使用脚制动时，一定要间歇地、缓慢地制动，不要一脚踏死。若遇到紧急情况，注意不要猛踏制动踏板。当车身有滑溜感觉时，应稍放松制动踏板，多次反复踏下、松开制动踏板。另外，还要逆着车头侧滑的方向微转方向盘，以免侧滑加剧。

（4）车辆在冰雪路面行驶冲坡时，应在坡下换好低速挡，不要待动力不够后再换挡，防止换不进低速挡而刹车刹不住，造成翻车事故。车辆下长坡或下坡转弯时，应在坡顶上换进低速挡或中速挡，利用发动机的牵阻作用来减慢车速，尽量少用脚制动器。

（5）车辆行驶在冰路或雪路会车时（必要时装上防滑链），应提前减速换入低速挡，选择好会车地点，安全会车。行驶中后车与前车应保持 50～100m 的车距，防止车距过近发生追尾事故。加速时，不要猛加油门后突然松油门，防止横滑翻车事故（此时突然松油门相当于踩刹车）。

（6）在冰雪道路上行驶，应装防滑链。山路行驶要注意冰层厚度，坡度大小和坡道长短，不可贸然通过。

草原、沙漠公路路基一般与两侧相平，大雪覆盖后，难以辨别方向。雪后首次通过车辆行驶时要特别谨慎，以防驶入坑沟。另外由于雪地对阳光的反射对驾驶员的眼睛有害，在雪路行车时间较长时，应适当闭目休息或戴有色或变色眼镜。积雪厚度超过车轴时，不要行驶。傍山险路降雪结冰后，应停止通行。

（7）礼让行人。冬季由于天气寒冷，行人和骑自行车者穿戴较多，避让机动车时速度缓慢。遇有这种情况时，要提前鸣喇叭减速，待让出路面后再通过。

（8）车辆在冰路上停车时，应停在平坦的公路上，防止车辆横移掉进路边沟。

（9）冬天行车应带防滑设备（如铁锹、木板条、防滑链、三角木等），必要时还可以带点白酒、温水、毛巾等，用于挡风玻璃结冰时去冰。

2. 冬季事故隐患——桥

冬季气温下降到 0～3℃时，驾驶员一般都会认为不下雪时路面是不会滑的，可是不要忘了事故隐患——桥（图 8—10）！因为公路桥的桥面上是没有地温的，外界环境的温度就是桥面的温度，尤其是在雾、霜、露的天气里，在阳光没有把桥面温度提高的情况下，桥面上覆盖着一层不易看到的薄冰。在这种情况下行车是相当危险的，稍有不慎就会发生多车相撞的重大事故。

图 8—10　冬季事故隐患——桥

8.4.9　车辆过渡

由于某些特殊情况，车辆需借助渡船通过江河才能到达目的地。汽车驶近渡口，应及早减速，按顺序排列待渡。随车人员应按规定下车，步行上船。驾驶员应注意察看气压表的指示读数，若气压下降过多，应趁未上渡船之前向贮气筒内充气，以保证汽车上渡船时制动可靠（指气压制动车辆）。待渡车辆一般都在坡道上，应适当拉长车距，驾驶员须在驾驶室内等候，如需下车，应将发动机熄灭，拉紧手制动操纵杆，变速杆挂入低速挡位置，用三角木或石块塞住车辆。

汽车上下渡船时，要用一挡或二挡缓慢行驶，不可加油猛冲，避免中途换挡或停车。当车轮接触跳板时，时常发生跳动，影响方向，须细心操作，力求平稳。驶上渡船后，缓行到指定位置停车，要避免紧急制动，车停稳后，拉紧手制动操纵杆，将发动机熄灭，变速杆挂入一挡或倒挡位置，用三角木将前后车轮塞住。在渡船上停车，如因发动机起动困难而不能熄火时，驾驶员不得离开驾驶室。下船时也要依次行进，保持船体平稳。上陡坡或码头道路泥泞时，要保持足够的车距，以防前车后退，发生碰撞。

8.4.10　涉水路驾驶

汽车涉水时与一般道路上行驶相比有许多特点：水的浮力会使车轮与水下路面的附着系数降低，推进力变小，水底松软时容易陷车；在较深水域，水容易进入排气管或使点火系统短路而熄火；流动的水会对汽车产生冲击，造成前进困难或侧向移动等。因此，汽车涉水时应注意以下几点：

1. 做好涉水前准备工作

（1）摸清路况。汽车涉水前，应认真查清涉水段的水流深度、流向和流速以及水底性质（淤泥、流沙、石质等）、进出水域的岸边与道路情况，并据此选择和标出行车路线（一般应顺水流斜向涉水）。若是涉水过河，要调查了解汛情，以防洪水袭击。

（2）车辆准备。一般轮式汽车，当涉水深度超过轮轴时，应做好各项防水准备；关闭百叶窗，拆下风扇皮带，用软管套在消声器上，并使之向上弯起，以利排气，或将消声器拆除；用防水布或塑料布包扎好分电盘、高压线等；将蓄电池升高到应有的位置。不同车型涉水时，采取的防水措施不同，一般根据本车型的最大涉水深度和当时水深来决定。

当水深超过汽车的最大涉水深度时，则不宜冒险涉水。

2. 涉水时谨慎驾驶

汽车涉水时，应在发动机运转正常、转向和制动机构灵活可靠的情况下进行。汽车开到水边，若轮胎和制动鼓温度较高，应稍休息一会儿，待其适当冷却后再下水。涉水时，应挂低速挡缓慢平稳地驶入水中，避免冲起水花浸湿发动机。越野汽车应该挂上前驱动和分动器低速挡涉水。行驶中应稳住方向盘，避免中途停车、换挡和急打方向盘。眼睛要看准固定目标，不可注视水流，以免扰乱视觉，使方向错乱。车队涉水时，不要同时下水，待前车到达彼岸，后车再下水。防止前车因故停车，迫使后车也停在水中。汽车在涉水中如车轮打滑空转，应立即停车，不可勉强进退，更不可猛踏加速踏板，以防越陷越深。应在发动机不熄火的情况下以人力或其他车辆协助驶出。如果水下路面是疏松的泥沙，则应关闭发动机，以免汽车在发动机的抖动下越陷越深。当汽车下陷严重时，可用柴草、木板、石块等填塞轮胎周围，提高地质强度。

如果水流深度刚超过汽车最大涉水深度而又要涉水时，在涉水段水流速度甚缓的情况下，可在汽车保险杠上和水流上游一侧的前轮处，绑牢一块长方形的木板，用中速挡驶过水域。这样，在涉水之际，汽车前方和上游一侧的水被推开，在汽车发动机部位形成一段浅水区，汽车的点火系统就不致因浸水而丧失功能，用此法可通过较深的水域。

3. 涉水后周密检查

汽车涉水后，应驶离岸边。选择空阔地点停车，卸除防水设备，将机件恢复原状，擦干电器的受潮部分。注意清除风扇上的漂流物、轮胎间的嵌石以及底盘上的水草杂物等。起动发动机至正常温度，烘干发动机的潮气和水珠。检查后，确认汽车技术状态完好，再用低速挡行驶一段路程，并轻踏几次制动踏板，让制动蹄片与制动鼓发生摩擦，使附着的水分蒸发。待制动效能恢复后，再转入正常行驶。

8.5 高速公路驾驶

我国的高速公路不断增加，越来越多的驾驶员将有机会在高速公路上驾驶车辆，感受到利用高速公路的安全、快速、舒适和经济。高速公路相对普通道路来说，有许多不同之处。对驾驶员来说，事先了解和掌握一些必要的知识，对在高速公路上安全驾驶有很大帮助。

8.5.1 高速公路的特点

高速公路（图 8—11）与普通公路相比，不论是构造、设施，还是管理和服务，都有很多不同，主要有下列一些特点：

（1）行驶速度高。高速公路上的时速限制，我国规定最低不得低于 50km/h，最高不得高于 120km/h。这里的时速不是指瞬时所达到的速度，而是要求车辆一直保持在这两个速度之间行驶。

图 8—11　京沈高公路

（2）汽车专用。只准许具有一定速度的汽车和摩托车通行，其他车辆、行人及牲畜不准进入。

（3）限制出入口。车辆只能从高速公路上受控制的进出口进出，在路段上是不能进出的。

（4）全部立体交叉。高速公路在与其他道路相交叉处，全都采用立体交叉，排除了横向干扰。

（5）严格分向行驶。高速公路用中间隔离带、隔离护栏等设施将上下行车辆完全隔开，排除了对向行驶车辆交会时的相互干扰。在主车道上，单方向有行车道、超车道。

（6）有加、减速车道。在高速公路的入出口处，设有加速和减速车道，以保证车辆安全、平稳地出入。

（7）路边护栏。沿高速公路两边设置有防护设施，用来警戒车辆驶离路基或防止冲出路外。

（8）交通标志完备。高速公路上有比较齐全、醒目的交通标志和路面标线，交通标志完备。

（9）紧急电话。供驾驶员在发生事故或车辆发生故障等情况下使用，该电话直通高速公路中心控制室，一般每千米设置一对。

（10）设有服务区。沿高速公路每隔一定距离就设有服务区，向驾驶员提供短暂休息、饮食、车辆维修、加油以及市内电话等服务。

（11）禁止停车。车辆在高速公路行驶中不准随意停车。因故障需要临时停车检修时必须驶离车道，停在紧急停车带内或右侧路肩上，禁止在行车道上修车。

8.5.2　怎样驶入高速公路

在进入高速公路前，要了解所要行驶的高速公路的情况。然后认真检查车辆，重点检查燃料、润滑油、制动液、冷却水是否足够；风扇皮带的张力是否适当；货物捆扎是否平稳牢固；灯光信号、转向、制动系统是否齐全有效等。

进入高速公路时应注意下列步骤：

1. 匝道上的行驶

（1）遵守限速标志。高速公路入口一般以匝道连接，匝道一般呈曲线形状。驶入匝道后，由于比一般公路条件好，驾驶员往往会超速，容易与弯道边护栏等设施发生碰撞或刮擦。所以，必须看清并严格遵守限速标志。

（2）避免在行车道的入口处遇车。从匝道进入加速车道，再从加速车道进入行车道，如果此时遇车而不能顺利地进入行车道，极易引起危险。因此，必须注意调整车速，避免与行车道上的机动车相遇。如果跟在加速性能差的汽车后面，要与该车保留足够的安全距离。

2. 汇入高速行驶的车流

（1）主车道的汽车一辆接一辆行驶的时候，在向行车道驶入的方向发出指示灯的同时，迅速推算平行车辆的车速；加速与该车并行；稍后减速，从该车辆的后方驶入并注意与该车的车间距离。

（2）行车道上的汽车以车队（车间距离很小）状态行驶时，要考虑自己车辆的加速性能和头车的速度，从领头车的前方驶入或保守一些，让车队全部通过，从其后面驶入。

（3）前车在加速车道上停止、堵住去路或行车道上车辆连续不断行驶时，必须在加速车道上等待并留有充分加速的余地。

8.5.3　高速公路行驶要点

1. 常识

（1）主车道一般为两条车道，右边车道用于正常行驶，左边车道用于超车。

（2）行车道上不准停车。遇有紧急情况时，应迅速向右发出变道指示，在路肩、紧急停车带平缓停车。

（3）高速行车途中，紧急制动是很危险的。需要减速时，可先降低一挡，利用发动机牵阻制动，同时分几次踩制动器。

（4）遵守限速要求，不要有“试试我这车到底能跑多快”的想法。

（5）不要将废纸、空瓶、空罐等抛弃在路上或将运载的沙石等物撒落路上。

（6）不能急转方向盘。

2. 控制车速

不要随意提高车速，频繁超车，应以与路上车流相一致的车速行驶。

3. 保持必要的车间距离

在高速公路上以 80km/h 的速度行驶时，一般认为车间距离应取 80m，即车间距离米数与速度数相同。但是，路面有水、冰时，其距离就应增加 1.5～3 倍。

4. 安全超车

（1）事故原因。在高速公路上发生超车事故的原因大致有没有很好地观察前车的动态；没有注意或照顾到后车的情况；没有发出超车的方向指示灯或发出太晚；在开始超车和结束超车时，打方向盘过急等。高速行驶时，转方向盘的角度对应当时的速度有一个叫“安全操作方向盘转角限值”的规律，其角度是与车速的平方成反比的，即速度越高转角要越小。因此，在高速公路上行驶时要变换车道时，用通常的转角经验来操作，就会发生意外，如平地翻车等。

（2）安全超车。首先观察和判断前车是否也要超车以及有没有从后面超上来的车。其次，向超车道变道时，先向左发出方向变道信号，然后不要马上转方向盘，而是稍等片刻，一边注意被超车的动向，一边平缓地驶出行车道。

返回行车道前，要在行驶从后视镜中看见被超车的全部后，然后向右发出变道指示灯信号，平缓地向右转方向盘驶入行车道。变道完成后，关掉右转向灯，恢复原车速行驶。

8.5.4 怎样驶出高速公路

1. 顺利出线

在高速公路出口前的 2km、1km、500m 及出口处都有相应的出口预告标志，所以到 500m 时，应做好驶出准备。进入减速车道时，应该从减速车道的始端驶入。将车速降低到匝道上的限速标志的数值。这时要看车速表，不能凭感觉。因为在高速公路上长时间驾驶后，感觉的车速总是比实际车速低。

2. 错过出口如何处理

如果不小心错过了出口，必须继续向前行驶，直到从下一个出口出去。在高速公路禁止紧急制动，停车，倒车，调头，穿越中心隔离带。

8.5.5 交通事故和车辆故障的特点

1. 交通事故的特点

高速公路与普通公路相比，交通事故率低，但也常有事故发生。

（1）最常见的事故是多车追尾相撞（图 8—12），并同时伴有起火、爆炸。这种事故多发生在交通量较大，车速较高，天气不好（雨、雪、雾）等情况下，但驾驶员的原因占主导地位。

图 8—12　2010 年 11 月 5 日沪昆高速公路江西境内恶性交通事故（41 车相撞 12 死 13 伤）

（2）大量的单独事故。事故状态多表现为碰撞中间隔离护栏或路边护栏，在路面上平地翻车。

（3）两车平行刮擦事故。平行刮擦事故多发生在变更车道或超车时，这种事故的原因是驾驶员不能正确使用灯光信号和没有很好确认车前、车后交通情况就变更行车路线，使后边超上来的车躲避不及而发生刮擦。

国外统计资料表明，高速公路上的交通事故比例如下：驾驶员采取避险措施不当的占36%；雨天路滑且高速行驶发生侧滑的占24%；违章超速、超车占16%。

2. 车辆故障的特点

高速公路上易出现的车辆故障有以下几点：

（1）轮胎爆裂。原因是车辆持续高速行驶使胎压增高，轮胎在薄弱处爆裂。

（2）燃油、润滑油及防冻液耗尽。车辆高速行驶对燃油及润滑油的消耗都较平常高。

（3）传动部分的机件断裂、脱落。这是因为在高速运转情况下，由于装配、调整不适当或材料质量较低所致。

8.5.6 交通事故和紧急情况的处理

1. 发生交通事故时

不论是自己的车发生交通事故还是发现其他车发生交通事故，都应将车辆停在紧急停车带或路肩上，立即用紧急电话向交通警察或高速公路中心控制室报告，简要叙述以下内容：紧急电话的编号、事故地点、事故状态（碰撞、翻车、燃烧等）、伤亡情况、车辆牌号、车种、驾驶员姓名等。

这时不可试图拦截车辆求助，或自行在行车道上抢救伤者。

2. 发生故障时

车辆出现故障时，要把车辆移到紧急停车带或路肩上，不要停在车道上，也不要让乘客在行车道上停留，不要自己检修，要用紧急电话通知交通警察或高速公路中心控制室。车辆无法移出车道时，应在车身后50～100m处设置三角形的“警告标志牌”或开启危险报警闪光灯，告诫后车。晚上以及雾天、阴天等视线不佳的情况下，还须开尾灯、示宽灯。

3. 坠落危险品或大件物品时

发现坠落危险品或大件物品时，要立即用紧急电话通知高速公路中心控制室，不要自己搬移。

4. 遇到阻滞时

高速公路上出现阻滞现象时应当遵照下列做法：注意可变标志的告示，或收听交通广播，接受引导；不要在路肩上或紧急停车带上行驶，这样会妨碍交通警察的车辆和救援车辆的通行；不要超车，应按顺序行驶。

5. 遇到检查时

在高速公路上，交通警察只有在特殊情况下才进行检查。驾驶员一定要注意标志和诱导物，并注意交通警察的指挥信号，以防发生冲撞事故。

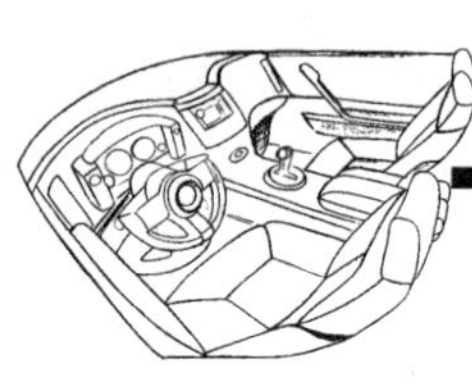

第9章

精彩纷呈——现代汽车文化

9.1 国际汽车博览会与概念车

9.1.1 国际汽车博览会

现代汽车博览会（亦称汽车展览会，简称车展）是汽车制造商宣传品牌、发布新车的最佳场所，是真正的汽车行业峰会。

香车美女交映生辉、科技时尚相得益彰的汽车博览会（图9—1、图9—2和图9—3）是所有爱车人的饕餮盛宴，精彩自然不容错过。同时，汽车博览会也是汽车制造商展示汽车科技、引领汽车潮流、推动汽车销售、传播汽车文化的重要舞台。通过车展可以看到汽车行业发展前景和未来的走向，因而国际汽车博览会倍受关注。

图9—1 汽车博览会花絮（别克）

图 9—2　汽车博览会花絮（奔驰）

图 9—3　汽车博览会花絮（SUV）

按国际惯例，目前被公认的大型国际车展共有 5 个，其中欧洲 3 个：法兰克福车展、巴黎车展和日内瓦车展；北美洲和亚洲各 1 个：北美车展和东京车展。在国内，每两年一届的北京车展较有影响。

1. 北美车展

北美车展的前身是美国底特律国际汽车博览会，至今已经有近百年历史，是美国创办历史最长的车展之一。

1957 年，欧洲车厂终于远渡重洋而来，首次出现了沃尔沃、奔驰、保时捷的身影，获得了美国民众的高度重视。从此，底特律车展的“王旗”正式树起。

1989 年底特律车展正式更名为北美国际汽车展。每年 1 月 5 日左右，北美车展率先在美国汽车城底特律拉开大幕。全球所有汽车大公司都会利用这一平台推出自己的概念车。北美车展“时装”味很浓，几乎成了概念车的天下。

各种千奇百怪的设计，能想到的、无法想到的，在北美车展上都能见其身影，因此给人以科幻、离奇甚至怪异的感觉。

图 9—4 和图 9—5 为福特公司在 2010 年北美车展上推出的新一代福克斯 2012 款车型。

2. 巴黎车展

巴黎车展起源于 1898 年的国际汽车沙龙，直至 1976 年每年一届，此后每两年一届。在每年的 9 月底至 10 月初举行。

巴黎是个浪漫之都，车展也不例外。隔年于 9 月底举行的巴黎车展法国味儿十足，每次车展都会拿出一个展馆展出老爷车。去巴黎车展你会发现，所有散发的车展资料都以价格表居多，展会上还会举行二手车拍卖，难怪有人说巴黎车展是五大车展中商业性最强的。

此外，巴黎车展还特别照顾一些不知名的超小型车，这在其他车展上是见不到的。

图 9—6 为巴黎车展上雷诺旗下的第三代全新梅甘娜（MEGANE）轿车。

图 9—4　福克斯 2012 款外形

图 9—5　福克斯 2012 款内饰

图 9—6　巴黎车展上雷诺旗下的第三代全新梅甘娜（MEGANE）轿车

3. 日内瓦车展

日内瓦车展创始于 1924 年。从 1931 年起，一年一度在瑞士日内瓦举办。每年的阳春 3 月，瑞士的日内瓦车展总会掀起一年中全球车展的首个高潮。

日内瓦车展上的展车不仅是各汽车厂家最新、最前沿的作品，而且参展的车型也极为奢华。各大汽车公司总是选择日内瓦车展作为自己最新旗舰车型的首发地，因而博得了“国际汽车潮流风向标”的美誉。

图 9—7 和图 9—8 为日内瓦车展上来自荷兰的拥有 150 多年悠久历史的豪华汽车品牌世爵 SPYKER C8 Aileron 量产版本跑车。

图 9—7　日内瓦车展上的荷兰世爵 SPYKER C8 Aileron 跑车（展翅欲飞）

图 9—8　日内瓦车展上的荷兰世爵 SPYKER C8 Aileron 跑车（蓄势待发）

4. 法兰克福车展

法兰克福车展前身为柏林车展，创办于 1897 年。1951 年车展移到法兰克福举办，每年一届，轿车和商用车轮流展出。法兰克福车展是世界规模最大的车展，有“汽车奥运会”之称。

展会期间，所有能运用的高科技手段都会派上用场；大型互动媒体演示、模拟驾驶等亲身体验活动，让参与者连呼过瘾。

此外，法兰克福车展的地域色彩很强，也许因为是名车的发源地，来看车展的老百姓不但汽车知识了解很全面，而且消费心理非常成熟。对他们来说，看车展就是逛街，理性实用的成分居多。

图 9—9 为德国大众汽车公司在法兰克福车展上推出的发动机中置型双座敞篷跑车 concept R。

图 9—9　大众双座敞篷跑车 concept R

5. 东京车展

东京车展创办于 1954 年，是五大车展中历史最短的。东京车展是亚洲最大的国际车展，被誉为“亚洲汽车风向标”。

车京车展选择在深秋的十月举行，单数年为乘用车展，双数年为商务车展。东京车展的突出特点是车型种类繁多，不但有展示最新科技的乘用车、动力强劲的赛车（图 9—10)，还有改装车、摩托车（图 9—11）等等，这恰恰体现了日本人的细腻。

由于市场竞争的激烈，精明的日本汽车制造商早已把市场细分成了无数个小块，甚至以性别、年龄层次和特殊需求在同一平台上设计不同的车型。

图 9—10　东京车展上的本田雅阁柴油发动机赛车

图 9—11　车京车展上的摩托车

6. 北京车展

两年一度的北京国际车展选择在六月上旬举行，也许是在时间上与其他车展“错位”，也许是想利用夏日的热情来烘托中国汽车市场的红红火火。一位外商毫不隐讳地说：“即使北京车展搭个棚子让人参展，跨国汽车巨头也会趋之若鹜。因为它们看中的不是车展本身，而是中国巨大的汽车潜在消费市场。”

尽管北京国际车展的参展商数目众多，成交额大，人气极旺，但是和真正的国际车展相比，北京国际车展还有很大的差距。

国际五大车展，除日内瓦本土没有汽车工业之外，其他四大车展都是以强大的本土汽车工业为支撑的。北美车展是美国通用、福特、克莱斯勒三大公司独领风骚，东京车展则是丰田、本田、日产为首的日本企业唱主角，法兰克福车展是德国汽车公司的天下，巴黎则是雷诺和 PSA 的节日。本土企业的展台不仅面积巨大，而且展出车型繁多，当然也是人气最旺。

对照北京车展，国内的几大合资公司虽然也组团参展，但除一汽集团的红旗旗舰抢眼外，其他基本都是跨国公司车型的拼盘，看过跨国公司展台，再看几大合资公司展台，就会感到索然无味，大有重复之感。

本土企业开发的车型只有吉利、奇瑞、长安等为数不多的几款，这不能不说是一种悲哀。

9.1.2　汽车博览会上的精华——概念车

古语有云：内行看门道，外行看热闹。汽车博览会上风情万种的美女车模、价格不菲的豪华名车固然吸引观众的眼球，但在专业人士看来，概念车才是汽车博览会上的精华。

1. 什么是概念车

设计新颖、造型别致的概念车（Concept Car，图 9—12）是汽车设计领域中概念设计的产物，也是汽车博览会上的精华和焦点所在。由于企业之间激烈的竞争以及产品频繁地更新换代的需要，企业必须对下一代产品甚至更长远的产品进行提前研究与开发，概念设计和概念车便应运而生。

图 9—12　零消耗、零污染的叶子概念车

概念设计是对下一代车型或未来车型进行概括描述，确定汽车的基本参数、基本结构和基本性能的初步设计。概念设计针对现有车型的生产、使用、销售等情况，对比竞争企业的同类产品，拟定更适用、更先进的车型方案。概念设计同样需要研究产品的开发目的、技术水平、企业条件、目标成本、竞争能力等。概念设计可能只停留在图画上或文件描述上，称为“虚拟”的概念车；也可能制造出实体的样车供试验研究。概念车可能只是一种参考方案或技术储备，也可能成为正式产品开发计划的组成部分，成为下一代车型的初步设计。

概念设计虽然是针对现实设计的改革，但一些超前程度较大的概念设计往往可以不受当前社会条件的局限，使设计师有较大的创作自由，以便释放其设计灵感，充分发挥其个性和能力。这种设计就有可能大胆地突破传统的格局和条条框框，开发出令人耳目一新的车型。

2. 概念车的设计目的

（1）提高企业和产品的形象、声誉。

概念车是展示新理念和新风格的作品，大部分由汽车公司自己出资制作，从投资上来说属于纯花费性项目。开发概念车一方面作为刺激创新和提高设计水平的手段，更重要的是展示自己的开发实力，建立声誉从而吸引客户。多年以来，许多汽车制造商都谙熟这样一个事实：通过概念车的展示，能大量地表述、充分地传达他们的事业以及公司的发展前景。

好的概念车能够告诉公众，企业所关注的趋势、风格以及企业的内部状态等。通过概念车，能把这些想要表达的东西，清晰、集中、鲜明地表达出来。企业通过对概念车的设计，向公众证明他们的实力，让公众对企业以及其产品产生一种不可动摇的信念，树立企业的信誉，使其旗下的产品拥有持久不变的品牌效应。而且，当公司决定改变品牌方向的时候，也会通过制作一系列的概念车来告诉公众和媒体关于品牌的精髓。开发概念车是努力树立企业形象和品牌效应的有效手段。

（2）增强产品的竞争力。

传统的汽车已经被公众习以为常，难以对人们产生视觉冲击力，公众更加希望有一种全新的、超越大家想象的产品出现在他们的面前。如果汽车制造商仍无动于衷地继续生产已有的车型，那么它将会失去很大一部分客户，甚至可能要面临停产。

前著名的汽车生产商克莱斯勒公司曾濒临倒闭，原因之一是在车型创新方面的失败，不重视概念车的开发。概念车能吸引公众目光，引起公众对产品的关注，换句话说，制造商只有不断地推出新的概念车，公众才会将注意力始终聚焦在它的身上，这样才会不断地增强其产品的竞争力，在商战中立于不败之地。

（3）推进高科技在生活和生产的应用。

概念车是梦想中的汽车，是一种人们热切盼望能看到预示未来的汽车。因此，在概念车设计和制造的时候，必然要采用一些全新的、高精尖的技术。人们在关注概念车的同时，必然也渴望看到这些技术的存在，这就有利于高技术迅速溶入和应用到人们的生活和生产中。

（4）创造舒适美好的环境。

任何设计都是要以人为本，本着让人们生活得更美好的宗旨进行的。概念车既然是对未来的设计，也要重视如何创造未来美好的环境。在概念车开发过程中，设计师们都尽可能使汽车对环境的污染达到最小。此外，在概念车设计过程中，有较多的精力和经费都被应用在室内的设计上，比如室内加入自动操控系统、导航系统、影音设备、空调设备等，都是为了让人在使用概念车的时候，得到一种舒适的感受。

（5）促进节能环保和综合利用。

概念车既然是未来的汽车，就必定会在节能环保、可持续发展等人类十分关注的课题方面着力研究探讨。因此，概念车的研制对促进节能环保和综合利用等技术具有重要作用。

（6）促进各学科的协作和技术的革新。

概念车的设计是一项复杂的工作，需要综合许多学科的实力，显示新的科技成果和新的设计思想。在进行概念车设计的时候，就需要把各方面的专家集合起来，一起来探讨未来社会和科技的发展方向，这就大大促进了各个学科技术的交流与协作。

在进行创作的时候，可能会出现这样的一些情况：一些构想在某种学科中可行，在另一种学科中却是不合理的；或者在一种学科中属优秀方案，在另一种学科中却实现不了。这就必然会刺激大家寻求最佳的解决办法，从而导致某种技术的革新或边缘技术的产生。

3. 经典概念车赏析

（1）精致造型复古而前卫——标致 4002 概念车。

标致 4002 概念车（图 9—13）是德国汽车设计天才——Stephen Schulze 的作品，在 2002 年标致概念车设计大赛上，该车不仅赢得了比赛冠军，同时还被评为 10 年来最具创造性的概念车。

Stephen Schulze 以 1936 年的标致 402 为原形，赋予复古兼前卫的理念，创造出了一头双眼坚毅地注视着未来的雄狮——改进型单排双座运动跑车。

最重要的设计元素莫过于那让人过目难忘的、从前部开始沿车顶贯穿至车尾的铬合金散热格栅，包含了标致 402 车型中经典的双头灯，车灯呈向上的走向，与轮胎的角度巧妙地搭配，更加突出了整车独特的外形曲线。

在挡风玻璃的中央有一条装饰带，似乎是将玻璃分成了两块。车轮的设计继承了上一代标致 402 的风格，采用了突起的轮毂罩，与轮胎上的白圈一起增添了复古的味道。

图 9—13　双眼坚毅地注视着未来的雄狮——标致 4002 概念车

此外，挡泥板和车顶均采用深色调，而车门则采用亮色调，这种深浅两色的搭配与对比同样是出于复古的考虑。柔和的外观、精致的轮廓与一体化的完美衔接（图 9—14），标致 4002 概念车已臻化境！

图 9—14　已臻化境的标致 4002 概念车

（2）造型圆润可爱的日产 Pivo 2 概念车。

日产公司推出的 Pivo 2 概念车有着如同蜗牛般的圆润可爱造型（图 9—15），更为奇特的是 Pivo 2 的驾驶舱能够进行 360°旋转！另外，配上可环视四周的 Around View Monitor（环视监视器）和贯穿行车死角的 See Through Pillar（透视 A 柱显示器），绝对可以确保视野开阔、洞察一切（图 9—16），能在拥挤的大都市里畅行无阻。

Pivo 2 概念车前、后各配备 1 台可通过 2 个轴输出的超级电机，可单独控制 4 个车轮的驱动力。

图 9—15　造型圆润可爱的日产 Pivo 2 概念车

图 9—16　视野开阔、洞察一切的日产 Pivo 2 概念车

（3）真正的个性化——丰田 i-swing 概念车。

日本丰田汽车公司的概念车设计一直走在世界前列，尤其在小型化、个性化、智能化方面引领着世界潮流。

从 2003 年发布的 PM（图 9—17）到 2005 年日本世界博览会上丰田展出的单座未来概念车 i-unit（图 9—18）都崇尚最小能源消耗的个性化移动方式，无限扩大个人的可能性。

在 2005 年 10 月广州车展上首次亮相中国的全新个性化移动概念车 i-swing 则是 i-unit 的后续之作。i-swing（图 9—19）应用了研制机器人的高科技技术，是以“人和汽车的崭新关系”为主题开发设计的。

图 9—17　丰田 2003 年发布的单座概念车 PM

图 9—18　丰田 2005 年发布的单座未来概念车 i-unit

i-swing 的车体由具有缓冲性、低回弹性的橡胶材料构成，外表蒙面采用质地柔软的布料材质，有如穿衣般舒适。i-swing 操作简单，通过两根操纵杆、踏板、人体重心转移进行操作。驾驶员的头部位于车轴的中央，“站立”时自动起动陀螺传感器控制系统，原地转身如同人环顾四周一样自然顺畅，甚至可以像跳舞一样随心所欲。

i-swing 具有两种行驶模式，当行驶在行人如潮的街道时，可以采用节省空间的 2 轮模式，更加方便实现移动中与步行的人对话；需要快速行驶时，使用按钮转换成充分享受驾驶乐趣的 3 轮模式，配合操纵杆、踏板和移动身体重心（身体前倾即可加速，身体后仰即可减速，身体侧倾即可控制转向）来控制行驶趋势。

此外，i-swing 还应用了大量个性化设计，可以根据心情调整前后 LED 发光面板上显示的影像，如同随意更换喜欢的服饰；运用 AICOMMUCA-TIONCOMCEPT（通信交流概念），在日常使用中自动记忆积累用户信息（驾驶习惯、喜好），并加以智能设定，和主人进行交流互动，是真正意义上的“个性化”汽车。

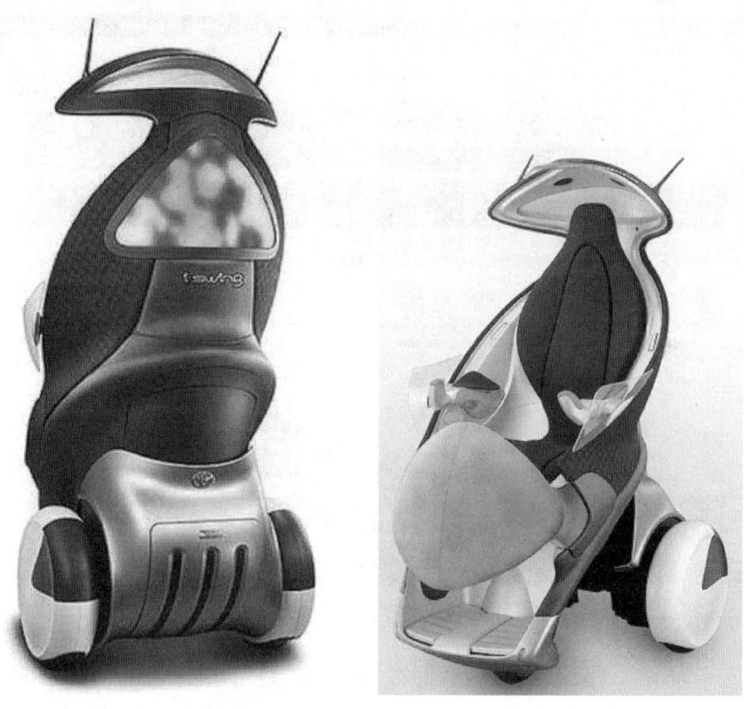

图 9—19 丰田 i-swing 概念车

9.2 网络汽车文化

9.2.1 精彩的网络世界

1. 汽车网站异军突起

面对火爆的汽车市场，网络家族又添新成员，汽车网站应运而生。各种汽车网站不仅提供及时的车市信息、详尽的汽车新品介绍与点评，还有准确全面的价格动态、丰富实用的驾车知识、大量的维修技巧以及精彩互动的汽车论坛。这一切都凭借互联网传播速度快、信息量大等优势得到众多汽车公司和汽车爱好者的喜爱，为广大车迷展示出一个精彩的网上汽车世界。

在网络媒体的细分市场上，出现了“汽车频道”这个新名词。这些门户网站的汽车频道一般是以门户网为依托，以汽车新闻和信息为纽带，上承行业、下启受众的综合信息互动网络枢纽和商务经营平台，承担着门户网普及汽车知识、开拓汽车行业、实施网络经营的责任。

主要门户网站的汽车频道如搜狐汽车（图 9—20）、腾讯汽车、网易汽车、新浪车魔、雅虎汽车等平均每天的浏览人数均突破 300 万，已远远超越单一的传统媒体（包括地方优势媒体、中央媒体以及广播和电视）的受众人数，社会影响力与主流舆论导向均达到举足轻重的地位，任何关注汽车产业的社会层面都不得不重视汽车产业界和汽车产业新闻界中的汽车网络媒体。

图 9—20　搜狐汽车频道主页

为了做强汽车网站，网络巨头们不仅在自己的门户网站推出汽车频道，还建立起专门的汽车网站，并且做出了品牌。大部分汽车网站都以资讯、导购、导用、社区为出发点，为网友提供汽车报价、导购、评测、用车、玩车等多方面的第一手资讯，并营造一个互动的车友交流空间。

比较著名的汽车咨询网有太平洋汽车网（图 9—21）、中国汽车网、汽车之家、车 168 网（图 9—22）、爱卡汽车网、网上车市、中国二手车、车盟网、购车网、51 汽车——二手车信息网、中华汽配网、学车网、中国汽车用品网、万车网、无敌改装车网等。

汽车咨询网站的建立，不仅让普通百姓能够对目前中国汽车产业的发展动态有一个基本的了解，还可以在网站上找到他们关注的汽车以及相关的生产商、销售商和维修商的各种信息。

汽车网站是一个汽车的信息枢纽，是汽车类的网站媒体，通过强大的新闻信息、汽车咨询、用车修车方面的服务咨询，建立起汽车商务、公众服务的立体式运行平台，为企业与企业之间、企业与消费者之间架起一座传递品牌、沟通信息的桥梁。

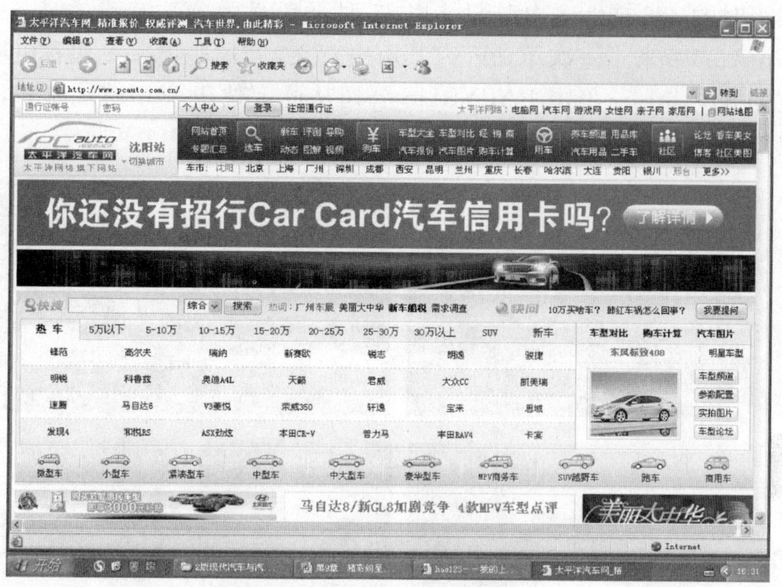

图 9—21　太平洋汽车网主页

图 9—22　车 168 网主页

2. 游戏世界天地宽

网络让地球变成了一个“地球村”，网络游戏使人们的生活更加精彩刺激。网络游戏中的汽车游戏使人们在虚拟的环境中体会到速度与激情，帮助人们在虚拟的环境中练习驾驶技术。网络游戏中，汽车作为“主角”的内容得到玩家的广泛认同，其中赛车游戏更是广为流行。

1989 年，由 PAPYRUS 公司开发的多平台赛车游戏《风驰电掣》（英文名为 INDIANAPOLIS500，图 9—23）上市。这是电脑上第一款能令玩家真切感受到速度魔力的赛车游戏。虽然当时的 286 或 386 电脑只能以 16 种颜色显示这款游戏，但《风驰电掣》的速度感给电脑游戏界带来了一次革命。究其历史意义，《风驰电掣》堪称电脑赛车游戏的先驱者，而它的开发者——美国 PAPYRUS 公司从此定位于赛车游戏领域，至今这家公司在此领域仍然拥有不可动摇的领先地位。

图 9—23　多平台赛车游戏《风驰电掣》视频截图

1996 年，英特尔奔腾一代中央处理器使电脑硬件升级，赛车游戏由此翻开崭新的篇章。国际汽联一夜间发现赛车游戏能够迅速普及赛车运动，于是将优秀的电脑赛车游戏纳入赛车运动。在游戏媒体和汽车媒体的宣传报道下，公众对赛车游戏的兴趣逐渐提高，电脑赛车游戏进入高速发展时期。

最具代表性的游戏是美国艺电公司 EA（Electronic Arts Inc）开发的《极品飞车》（英文名为 NEED FOR SPEED，图 9—24 和图 9—25）系列，它是 EA 大规模进入赛车游戏市场的第一部作品，奔腾电脑进入家庭对这款配置要求很高的游戏起到了推波助澜的作用。

《极品飞车》的制作人更注重娱乐性，正如游戏的英文名称——速度的欲望，游戏的精华是“警匪追逐”。

近几年来，电脑赛车游戏进入到一个新的历史时期，电脑赛车游戏产业已发展到一个相当完善的程度，一些高水平的作品模拟度接近 90%。程序引擎在各公司之间相互交流并转售，数学和物理人才的加入使业界涌现出一批新公司，汽车厂商给游戏公司以更多的品牌支持、数据支持和资金支持，玩家看到越来越多的以汽车企业作为冠名的赛车游戏，就连游戏中虚拟的广告牌也贴满花花绿绿的企业广告。

网络汽车游戏中逼真的汽车和赛道，如电影般唯美的游戏画面，像真正驾车一样的手感和操控，精确的车辆损坏计算、震撼的车辆碰撞效果，还有游戏中出现的景色、使用的地图都充满现实气息，使广大玩家如身临其境，能够体验到真实的驾驶感受，体会到速度与激情。

图 9—24　《极品飞车 13：Shift》游戏视频截图（身临其境）

图 9—25　《极品飞车 13：Shift》游戏视频截图（你追我赶）

正因为如此，不仅普通民众玩赛车游戏，很多职业赛车手也开始用游戏辅助自己的日常训练，有的人还担任了游戏公司的顾问或试车手。玩家们自发组建的游戏俱乐部和赛车游戏网站，对赛车游戏的发展起到了推波助澜的作用，电脑赛车游戏行业方兴未艾。

9.2.2　互联网上汽车缘

“这是我的车友兼网友。”时下，经常可以听到有人这样介绍自己的朋友。听着有些拗口，不过细思量竟有些许内涵在里头，你想想，时下两大时尚元素不就是汽车与网络嘛！

现在，一些有车族通过网络形成一个个小圈子，每个小圈子都有充满个性的网络语言，他们在网上互相交流有关汽车的话题，进而成为朋友，这种现象正渐渐地成为汽车社会的流行趋势。

1. 汽车生来就与网络结缘

汽车也许与生俱来就与网络结缘。举个例子，奇瑞汽车公司的 QQ 牌汽车的名字本身就是与网络即时通讯工具 QQ 联姻的结果（图 9—26）。

图 9—26　汽车 QQ 与即时通讯工具 QQ 联姻

QQ 牌汽车起名之初，奇瑞汽车公司的创意团队经过几个昼夜的讨论，提出了几十个车名方案均不能达成共识。提案之期在即，创意总监情急之下提议每人再看一眼车的照片，然后用一个词来描述第一印象。当“Cute”（可爱）这个词出现在大家面前时，便有人叫道，不如简化就叫 Q（与 Cute 谐音）吧。众人接话说那不如就叫它“QQ”！利用网络上广为流行的 QQ，借势传播。

于是，QQ 的车名就这样被定了下来。从此，一个年轻人耳熟能详的名字，一个代表网络、时尚、新生活、年轻、自由的符号——“QQ”就成了汽车的名字。汽车的名字与网络就这样成为亲密的伴侣。

年轻的富有朝气的车主引领着当今的时尚，把自己的爱车赋予人性化。一位车主说，自从他把爱车买回家以后，就一直把它当成自己的孩子——那前大灯分明是虎视眈眈的两只眼睛，保险杠下方的进风口和上方的进气格栅便是用来呼吸的鼻口，发动机盖当然就是脑门，一边一个的后视镜是耳朵！它的四轮就是四脚，车身即躯体，流动的燃油便是血液。

2. 网上汽车俱乐部

由于网络的普及，有车族上网的比例越来越高。在网上浏览新闻之余，也会登录一些汽车网站，了解车市动态，学习汽车知识，交流用车养车的经验。

现在在互联网上，除了搜狐、新浪、网易等门户网站上有汽车频道之外，还有各个汽车品牌的网上汽车俱乐部以及综合性汽车俱乐部，如 XCAR 汽车俱乐部（http：//www. xcar. com. cn，图 9—27）、TOM 汽车论坛（http：//auto. tom. com）、阳光汽车俱乐部（http：//www. suncarclub. com）等属于综合性汽车俱乐部，而吉利车友论坛（http：//www. wecar. cn/geelyclub/bbs）、QQ 车主的交流园地“Q 行天下—QQ 车主俱乐部”（http：//www. qxtx. com/bbs）、POLO 车主的菠萝派汽车俱乐部（http：//www. rupolo. com/forum）等则是品牌汽车的网上汽车俱乐部。

有车族在网上发帖子，用最流行的 QQ，偶尔也发 E-mail，和车友聊天，无论爱车有什么烦恼或是对方有什么苦恼，都在谈笑间变得烟消云散了。

一些车主最初上网是因为碰到有关爱车的疑难问题想找高手解答，一来二去，车主与车主之间彼此就熟悉了，于是便开始发表些关于心情、趣闻之类的帖子，引得众人纷纷跟帖。

上网次数多了，这些车主便成为网上的“固定成员”。接下来，这些固定成员便开始组织聚会、旅行以及其他圈内活动。

图 9—27　XCAR 汽车俱乐部辽宁论坛主页

时间一长，圈内人们的语言、网上网下生活开始趋同，形成了颇有特色的文化氛围。一位乐在其中的车友自豪地表示：网络、汽车是如今最流行的两大元素，一个都不能少，我们不引领潮流谁引领?!

3. FB 活动成必修课

中国人历来是想象力丰富、语言表达精确。外来语、特定词就是其中的重要来源之一。

FB，本来只是“腐败”一词拼音的缩写，从文字上解释，意指食物腐烂、败坏或行为堕落或组织黑暗等等，但在这里，却是网友对圈内人自行组织的聚会、娱乐、郊游、开展活动的代名词。

有车族在举办 FB 活动时，一般都是事先在网络上发布 FB 活动召集通知，同意参加者采用跟帖方式报名。到时候准时到达集中地点，所有的费用都是 AA 制，上交的钱由财务管着，一次活动结一次账，账目在网络上公开，多退少补。

上网，就像是生活中的一只广角镜，将自己原有的视野空间拉得更宽阔，色彩更丰富。它让人进入了另一个世界，结识到更多的新朋友，学到新的知识，使生活增加了新的内容，甚至发掘出潜在的活力。但是，这种状况毕竟是虚幻的，是一种在屏幕上的、平面的交流。然而 FB 活动，将这种虚拟变成了现实。它能让人真实地结识和感受对方，也是与新朋友面对面地进行交流的最佳方式之一。

在 FB 活动中，可以用语言（平时的文字和现在的语言的差别就表现出来了）侃感想、侃愿望、侃悲喜、侃车经……而平时上网的文字表达，在此时就会成为了言语交谈的极重要的话题。所以说，上网如果像一只广角镜，那 FB 活动就好比是一只滤色镜，让视野更清晰、色彩层次更分明、更形象、更立体。

FB 活动就像催化剂——当进行 FB 活动时，人们在交流的过程中，从讨论的话题焦点、动作举止、行为规则、言语表达就能直接地感受到对方，从而找到知音，并使大家从认识到熟悉，自熟悉到深交，甚至共同探讨生活、事业的互助、合作和发展，使纯粹是情趣上的交流产生出利益上的共享。试想，如果没有 FB 活动作为桥梁的催化和黏合作用，仅仅只是网上的你往我来，交流将会受到很大的局限，也根本达不到 FB 活动后的效果。因为车，因为网络，因为 FB 活动，因为有着相同的爱好，凑在一起，车友兼网友们永远有说不完的话题，FB 活动已经成为有车族的必修课。

4. 交流用车体会成朋友

除了自驾出游，这些网友兼车友在一起还经常交流修车养车的心得体会。一位刚买了新车的网友问，他想给爱车做贴膜，但他不知道哪家汽车美容店物美价廉。随后就有几个网友跟帖，告诉他自己的经验和体会，大家七嘴八舌地给他推荐汽车美容店。这些人谁也不认识谁，得到这种帮助，只因为你是在网络上求助的有车族。

“网络是我们最重要的沟通手段。”另一位车友将自己修理汽车的经过在网上公布，引来车友纷纷跟帖，这位车友才知道，自己多花了一倍的价钱。热心的车友们不但告诉他多花了钱，而且还详细介绍各种零配件的价格以及维修价格，以后再去修车，心里会有个谱了。

这样的事在一般整天忙忙碌碌追逐权力的都市人看来似乎不可思议，但在这些网友兼车友们看来却是很平常的事。用他们的话说，有车族谁都会遇到与车相关的问题，大家相互交流，今天你有问题了，我帮你解答；明儿我有问题，你帮我解决。这样一个氛围不但会让大家心里暖洋洋的，而且也真正能够解决一些实际问题，大家在这个过程中慢慢地就成为了无话不谈的朋友。

有人说，当人们吃饭不再仅仅是为满足生理需求时，就迎来了餐饮文化；当穿衣不再是为遮羞保暖时，就迎来了时装文化；当汽车不再仅仅是交通工具时，就迎来了汽车文化。看来，汽车与网络的联姻预示着汽车文化的又一个触角开始延伸。

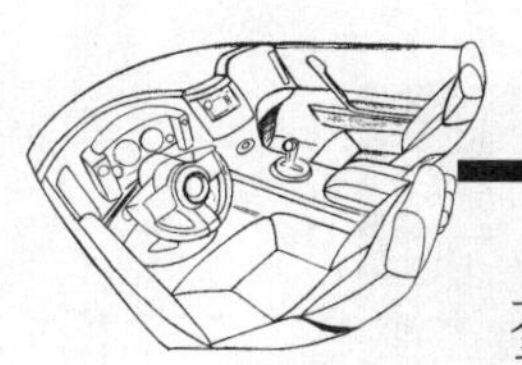

参考文献

1. 凌永成．汽车文化．北京：中国人民大学出版社，2008
2. 凌永成．汽车工程概论．北京：清华大学出版社，2010
3. 凌永成．现代汽车文化．长春：吉林教育出版社，2009
4. 帅石金．汽车文化．北京：清华大学出版社，2007
5. 金国栋．汽车概论．北京：机械工业出版社，2004
6. 宋景芬．汽车文化．北京：电子工业出版社，2005
7. 曲金玉．汽车文化．北京：机械工业出版社，2006
8. 方集林．现代汽车文化．上海：上海人民出版社，1995
9. 关文达．汽车构造．北京：机械工业出版社，1999
10. 祖连生．旅游交通安全常识．沈阳：东北大学出版社，1996
11. 陈家瑞．汽车构造．北京：机械工业出版社，2004
12. 中国机械工业教育协会．汽车构造．北京：机械工业出版社，2003
13. 庞洪波．机动车驾驶培训实用教材．沈阳：辽宁民族出版社，2004

彩图 1　1969 年款 jaguar 轿车

彩图 2　1992 年款 porsche turbo 鱼型鸭尾式轿车

彩图 3　雪橇式汽车

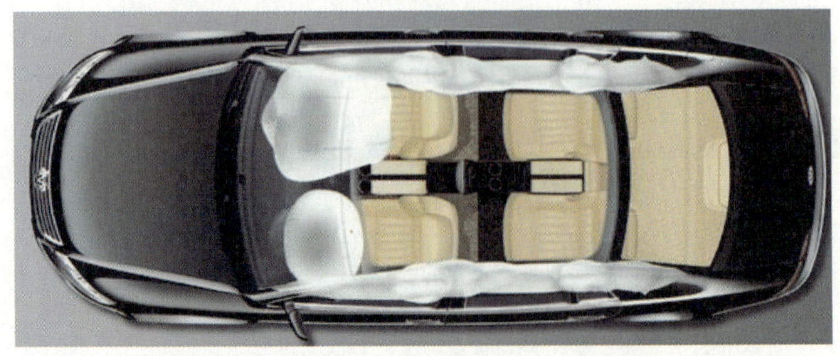

彩图 4　大众辉腾轿车的安全气囊和侧向安全气帘

彩图 5　法拉利 F1-f2007 赛车

彩图 6　1918 年款 Cadillac Type 57

彩图 7　阿尔法·罗密欧跑车

彩图 8　柴油机发明者鲁道夫·狄塞尔以及第一台柴油机原型机、MAN 公司和布兴汽车的 LOGO

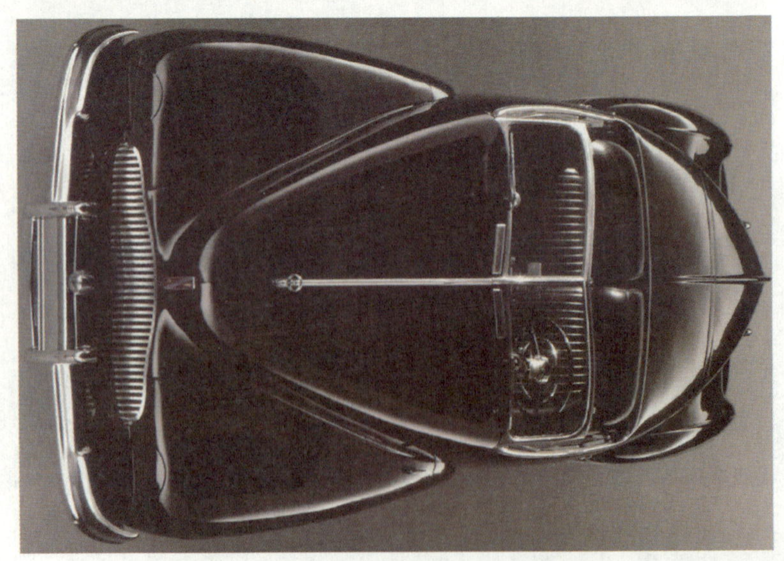

彩图 9　1938 年款 Buick Y Job（俯视）

彩图 10　1959 年款 Cadillac Cyclone

彩图 11　制作油泥模型

彩图 12　我国枭龙军用越野车进行通过性试验（跨越凸岭）

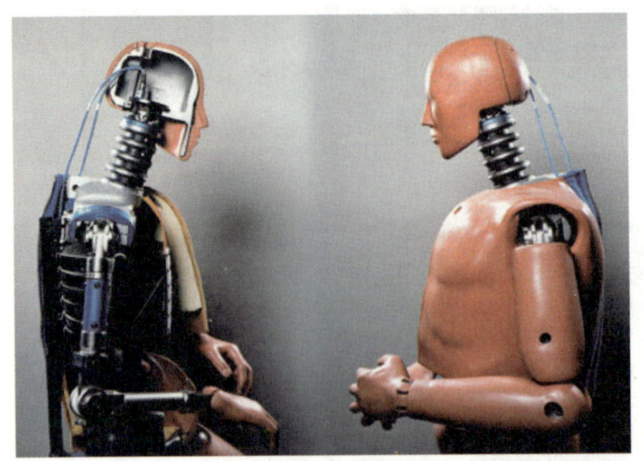

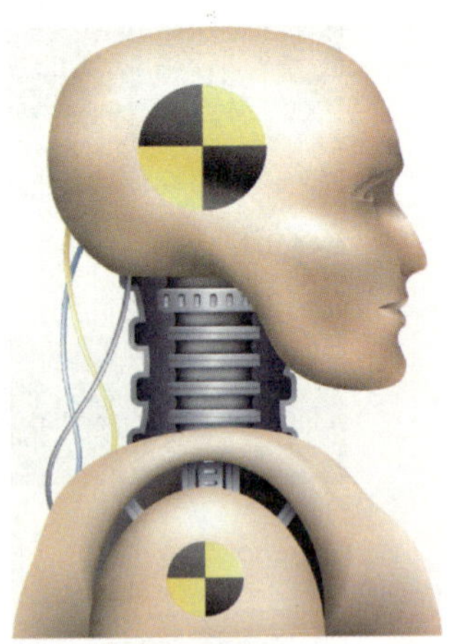

彩图 13　在假人身上装备有各种传感器

彩图 14　实车碰撞试验

彩图 15　模拟汽车撞假人示意图

彩图 16　长城哈弗 SUV 在做 40%坡道爬坡试验

彩图 17　通用公司的汽车风洞（技术人员在检查巨大的风洞叶片装置）

彩图 18　大脚车凌空跃起砸向小轿车

彩图 19　采用焊接机器人进行轿车车身焊装

彩图 20　双眼坚毅地注视着未来的雄狮——标致 4002 概念车

图书在版编目（CIP）数据

汽车文化/凌永成等主编．—2版．—北京：中国人民大学出版社，2011.9
21世纪高职高专规划教材·汽车运用与维修系列
ISBN 978-7-300-14490-0

Ⅰ．①汽…　Ⅱ．①凌…　Ⅲ．①汽车-文化-高等职业教育-教材　Ⅳ．①U46-05

中国版本图书馆CIP数据核字（2011）第198686号

21世纪高职高专规划教材·汽车运用与维修系列
汽车文化（第二版）
主　编　凌永成　李美华
副主编　董　旭　王冠五
主　审　黄晓云

出版发行	中国人民大学出版社		
社　　址	北京中关村大街31号	**邮政编码**	100080
电　　话	010－62511242（总编室）		010－62511398（质管部）
	010－82501766（邮购部）		010－62514148（门市部）
	010－62515195（发行公司）		010－62515275（盗版举报）
网　　址	http://www.crup.com.cn		
	http://www.ttrnet.com(人大教研网)		
经　　销	新华书店		
印　　刷	北京玺诚印务有限公司	**版　　次**	2008年9月第1版
规　　格	185 mm×260 mm　16开本		2011年10月第2版
印　　张	20	**印　　次**	2020年8月第6次印刷
字　　数	459 000	**定　　价**	35.00元

教师信息反馈表

为了更好地为您服务，提高教学质量，中国人民大学出版社愿意为您提供全面的教学支持，期望与您建立更广泛的合作关系。请您填好下表后以电子邮件或信件的形式反馈给我们。

您使用过或正在使用的我社教材名称		版次	
您希望获得哪些相关教学资料			
您对本书的建议(可附页)			
您的姓名			
您所在的学校、院系			
您所讲授课程名称			
学生人数			
您的联系地址			
邮政编码		联系电话	
电子邮件(必填)			
您是否为人大社教研网会员	□是 会员卡号:________ □不是,现在申请		
您在相关专业是否有主编或参编教材意向	□是 □否 □不一定		
您所希望参编或主编的教材的基本情况(包括内容、框架结构、特色等,可附页)			

我们的联系方式:北京市海淀区中关村大街31号
中国人民大学出版社教育分社
邮政编码:100080
电话:010-62515913
网址:http://www.crup.com.cn/jiaoyu/
E-mail:jyfs_2007@126.com